Prof. Dr. Dr. med. Leon Kaplan
Ein Mann bleibt ein Mann

Beeinträchtigungen im Sexualleben sind heute die verbreitetste Befindlichkeitsstörung bei Männern:
75 Prozent erleben den Samenerguß als zu schnell für ihre eigene Befriedigung oder die ihrer Partnerin, 55 Prozent sind unzufrieden mit ihrem Sexualleben, 40 Prozent klagen über fehlendes Liebesverlangen, 15 Prozent leiden unter einer unzureichenden Versteifung des Penis, 5 Prozent sind impotent, und 20 Prozent aller jüngeren Männer sind durch Versagensängste in ihrem Liebesleben blockiert.
Dieses Buch ist Ratgeber und Lebenshilfe zugleich – von den tausend Tips für die Liebespraxis bis zu Erfolgsrezepten für den Neuanfang in der Ehe. Da kaum ein Mann bereit ist, über seine sexuellen Probleme offen mit einem Arzt zu sprechen, ist es Hauptanliegen des Buches, die Vielzahl von möglichen Ursachen in verständlicher Weise klarzumachen. Durch das Bewußtmachen der wirklichen Probleme *kann* bei etwas Selbstbeobachtung *neun von zehn betroffenen Männern durchaus geholfen werden.*
Wer Bescheid weiß, bei dem muß heute die Einnahme von individuell »falschen« Medikamenten nicht mehr zu sexuellen Funktionsstörungen und vermindertem Liebesverlangen führen. Außerdem braucht keine Krankheit mehr ein sexuelles Erleben auszuschließen. Zu viele Vorurteile und angebliche Normen stehen einem erfüllten Liebesleben im Weg. Beispielsweise wenn es um die »Altersgrenze« geht – die es nämlich gar nicht gibt! Männer kommen nie in die Wechseljahre. Gerade ein befriedigendes Liebesleben ist der beste Schutz gegen Altern und Krankheit, werden dadurch doch die Selbstheilungskräfte des Körpers aktiviert. Dieses Buch berichtet außerdem über neueste, revolutionierende Forschungsergebnisse bezüglich Homosexualität, »Perversionen« und AIDS.

*Professor Dr. Dr. med. Leon Kaplan,* 1936 geboren, studierte an Elite-Universitäten und promovierte in Medizin und Biochemie. Für seine bahnbrechenden Arbeiten zu den Regulationsmechanismen aller außerhalb der Willensbeeinflussung gelegenen Körpervorgänge wurde er bereits mit 30 Jahren zum Professor ernannt. Er veröffentlichte zahlreiche Fachpublikationen. Im Ariston Verlag erschien 1987 auch sein Buch *»Mit Diabetes leben, ohne zu leiden«.*

Prof. Dr. Dr. med. Leon Kaplan

# Ein Mann bleibt ein Mann

## Lösungen für sexuelle Probleme

Ariston Verlag · Genf/München

CIP-Titelaufnahme der Deutschen Bibliothek

KAPLAN, LEON:
Ein Mann bleibt ein Mann: Lösungen für sexuelle Probleme /
Leon Kaplan. – 5., überarb. Aufl. – Genf/München: Ariston Verlag 1995
ISBN 3-7205-1507-9



Zeichnungen: Renate Althuber, Wels/Oberösterreich
Gestaltung des Einbandes:
Atelier Höpfner-Thoma, GraphicDesign BDG, München
Satz: Fotosatz Uhl + Massopust, Aalen
Gesamtherstellung: Wiener Verlag, Himberg bei Wien
Erstauflage September 1988
Fünfte, überarbeitete Auflage Januar 1995
Printed in Austria 1995

ISBN 3-7205-1507-9

# Inhalt

*Gedanken zur Einführung*

# Sexualprobleme der Männer dürfen kein Tabuthema sein!

Sexuelle Probleme sind heutzutage wohl diejenige »Befindlichkeitsstörung« bei Männern, die zahlenmäßig am stärksten ins Gewicht fällt. Nach Untersuchungen der amerikanischen Mayo-Klinik haben zehn Millionen Männer in den Vereinigten Staaten gravierende sexuelle Probleme. Illustrierte nehmen sich zwar genüßlich oder pseudowissenschaftlich dieser Themen an. Doch bei uns in Europa, im deutschen Sprachraum, redet kaum jemand gern darüber, wenn es ihn selbst angeht. Den betroffenen Männern ist es ganz einfach peinlich. Deshalb werden Ärzte in der Bundesrepublik auch »nur« von jährlich 480 000 Männern wegen Sexualproblemen aufgesucht. Und viel zu selten ist bisher noch ein therapeutischer Erfolg zu beobachten, da in der ärztlichen Ausbildung die *Andrologie* (Männerheilkunde) zu kurz kommt. Nur an drei deutschen Universitäten gibt es bisher einschlägige Abteilungen. Auch viele der üblichen psychologischen »Behandlungen« nützen wenig, denn sie setzen meist nur an Begleitsymptomen an – und welcher betroffene Mann würde nicht »zusätzlich« zu einem organisch bedingten Versagen psychische »Einbrüche« erleben? Selbst die persönliche Zuwendung von Heilpraktikern und Seelenheilern »zum Ausblenden der Lebensängste« nützt in diesen Fällen nur selten.

Was also soll ein Mann tun, der sexuelle und folglich auch seelische Probleme hat?

Es ist das *Anliegen dieses Buches*, den Männern und den mit ihnen fühlenden Frauen und Freunden, den behandelnden Ärzten und Psychologen, *klarzumachen, wo die wirklichen Ursachen liegen* und was alles heute dagegen getan werden kann. Denn *bei neun von zehn betroffenen Männern gibt es durchaus wirksame »Lösungsformeln« für ihre sexuellen Probleme.* Allerdings ist dieses Buch nicht etwa eine Sammlung von Liebesrezepten zur Steigerung der Potenz, wie Sie sie allenthalben in Zeitschriftenartikeln nachlesen können, und auch keine Anleitung zur Selbstbehandlung. Es ist als Ermutigung gegen die Angst gedacht, gegen die Angst, als Mann ein »Versager« zu sein und zu bleiben. *Erklärt wird, was medizinisch machbar und wünschenswert ist.* Dabei wird es immer Fälle geben, wo schon eine Tablette oder eine Spritze helfen kann – doch auch diese Maßnahme sollte erst am Ende eines ausführlichen Gespräches mit einem in der Sexualmedizin erfahrenen Arzt stehen. Allerdings sind die bisher in zwei Dritteln aller Fälle verordneten Tabletten mit männlichen Sexualhormonen selten das richtige Mittel. Genauso wichtig wie eine organische Behandlung muß in der Sexualmedizin auch die psychologische Zuwendung sein, denn bei keiner »Befindlichkeitsstörung« ist die Seele so sehr betroffen. Mitunter helfen einem Mann deshalb auch schon scheinbar banale Ratschläge zur Verbesserung des Liebesalltags.

Auch wenn es für Sie als Mann nur ein schwacher Trost sein dürfte – Sie teilen Ihr Problem mit Hunderttausenden von »Leidensgenossen«. Am schwersten bedrückt es einen Mann sicherlich, wenn trotz aller Mühen sein Penis nicht mehr ausreichend steif wird – was nach neuesten amerikanischen Untersuchungen mindestens sieben von hundert Männern betrifft – oder wenn die Erektion beim Geschlechtsverkehr nicht erhalten bleibt – was bei weiteren neun von hundert Männern der Fall ist.

Während diese von Frank, Anderson und Rubinstein 1987 publizierten Daten einer »Zufallsauswahl« aus der männlichen Bevölkerung entsprechen, beklagt sich in einer medizinischen Poliklinik bereits jeder dritte Mann über eine Erektionsschwäche.

Dazu kommen noch all jene, die einen »zu frühen« Samenerguß haben. Doch was heißt schon »zu früh«? Nach den Angaben des HITE *Reports über das sexuelle Erleben des Mannes* »kommt« jeder fünfte Mann innerhalb einer Minute; weitere zwei Drittel halten es zwischen einer und fünf Minuten durch. Das wäre oft kein Problem, vorausgesetzt, daß die Partnerin dabei eine gefühlsmäßige Befriedigung empfindet. Und hier sind die von den Medien verbreiteten »Leistungsnormen« – und da finden sich Zeitangaben, die besser ins *Guinness-Buch der Rekorde* gehörten. Da die Werbung im Zusammenhang mit Sex so ziemlich alles an Glück und Wohlbefinden verspricht, entsteht hier ein regelrechter sexueller Konsumzwang. So kommt es unnötigerweise zu Leistungsängsten und Erwartungsstreß. Kein Wunder, daß sich nach den *amerikanischen Statistiken von 1987* an Tausenden von beliebig ausgesuchten Männern (mit einem Durchschnittsalter von 37,5 Jahren) *von jeweils 100 Männern 16 über Erektionsschwäche* und *24 weitere über einen vorzeitigen Samenerguß* beklagen.

Auch die männlichen »Leitbilder«, vom aggressiven »Macho« der Pornofilme und Sexliteratur bis hin zu dem von manchen Feministinnen gewünschten »Softie«, verunsichern lediglich die Männer, die nicht mehr wissen, welche Rolle sie in den intimsten Stunden spielen, welchen Normen sie gerecht werden sollen. So hat *inzwischen jeder achte Ehemann keine Lust mehr zur körperlichen Liebe*. Und *zehn Prozent aller jüngeren Männer haben das Sexualleben ganz aufgegeben*. Die Gründe sind immer Ängste und Hemmungen, vor allem die Angt, zu versagen oder sonstwie den Ansprüchen der Partnerin nicht zu genügen.

Ein typisch männliches äußeres Erscheinungsbild hat dabei nichts mit dem Seelenzustand eines Mannes zu tun. Der erfolgreiche Darsteller von Liebhabern in zahlreichen Filmen, RICHARD CHAMBERLAIN, hat zeit seines Lebens Angst vor Frauen gehabt. Und RAINER MARIA RILKE, der Schöpfer vieler einfühlsamer Liebesgedichte, hatte Angst vor der körperlichen Liebe.

Ausgesprochene Berührungsängste gegenüber Frauen sind in einer bereits im Mutterleib festgelegten höheren Ansprechbarkeit des »Sexzentrums« für weibliche »Signalhormone« begründet. Dann kann nur der Geschlechtsverkehr mit einem anderen Mann eine gefühlsmäßige Befriedigung verschaffen. Mitunter gibt es sogar nur ein unbewußtes Bedürfnis, »sich als Frau zu fühlen«, das periodisch wiederkehrt, wie es bei bisexuellen Männern oder beim zwanghaften Tragen von Frauenkleidern der Fall ist.

Doch viele solcher Ängste und Zwänge haben ihren Ursprung in der Pubertät – in einer Zeit, da alles Denken, Fühlen und Handeln unter dem sexuellen Diktat der hormonellen Überproduktion steht. Erfahrungen und Erlebtes werden in sexuell gefärbten Phantasien und Träumen verarbeitet. Hier liegt der Ursprung für die späteren Vorlieben, aber auch für abnorme Verhaltensweisen im sexuellen Bereich – vom Masochismus, bei dem der Mann den »Genuß« aus der Bestrafung für etwas »Verbotenes« erlangt, bis hin zur offenen Feindseligkeit Frauen gegenüber, wie beim Exhibitionismus, bei der Vergewaltigung und beim Sadismus, wo immer erst das Erschrecken oder Quälen die sexuelle Befriedigung verschafft.

Jedoch räumt dieses Buch auch sozusagen im Gegenzug mit Vorurteilen auf und klärt, welche Vorlieben bei Liebesspielen durchaus »normal« sind. So kann zum Beispiel in Zeiten relativer Erektionsschwäche der zarte Mundverkehr durch die Frau – wenn diese so etwas auch mag – absolut erfüllend und heilend für den erschöpften Mann sein. Neben der Untersuchung möglicher *Ursachen sexueller Störungen aus medizinischer Sicht* gibt das Buch an die *hundert praktische Ratschläge zur Verbesserung Ihres Liebeslebens.* Man muß ja nicht gerade ELVIS PRESLEY imitieren, der Spiegel an allen Wänden und an der Decke seines Schlafzimmers hatte und sich noch dazu durch Videoaufzeichnungen seiner eigenen Sexspiele »dabei« anheizte...

Als ganz und gar »abartig« sollten Sexfilme und -magazine wohl nicht abgetan werden, wenn dafür beispielsweise in den

USA mehr Geld als für die gesamte übrige Film- und Schallplattenproduktion ausgegeben wird. Außerdem fühlt sich auch manche Frau durch solche »Erotika« in Liebesstimmung versetzt. Es bedarf da allerdings einigen Fingerspitzengefühls, denn Frauen können sich durch derartiges »Beiwerk« auch mitunter angewidert fühlen. Vorlieben nach individuellem Zuschnitt können nun einmal die Qualität des Liebeslebens beeinflussen und bereichern – bis ins hohe Alter hinein. Denn *für ein erfülltes Liebesleben gibt es bei Männern keine Wechseljahre und keine Altersgrenze;* nur »dabeibleiben« sollte ein Mann immer, und sei es auch zur Not durch Masturbation, denn für nichts hat die Lebensweisheit »Wer rastet, der rostet« mehr Gültigkeit als für das Liebesleben! Jedes Organ des Körpers bleibt nur so lange funktionstüchtig, wie es gefordert und trainiert wird.

In der Mehrzahl sind es organische Ursachen, die für sexuelle Störungen verantwortlich sind, und die sind praktisch alle behandelbar. Eine ernstzunehmende Ursache ist auch eine typische Erscheinung unserer Zeit: die *sexuelle Störung* als Begleitkrankheit *bei der Einnahme von Medikamenten.* In den Vereinigsten Staaten ist dieses Problem besonders ausgeprägt. Nach Slag, Morley und Elson sind dort ein Drittel aller Erektionsversager auf für den jeweiligen Patienten unzuträgliche Medikamente zurückzuführen. Besonders »störend« sind Medikamente, die den Spiegel des Hormons *Prolaktin* beeinflussen (was viele Beruhigungsmittel für Nerven und Magen tun), machen sie dadurch den Mann doch unnötig ängstlich in seinem sexuellen Verhalten. Doch anstatt das Arzneimittel zu wechseln, behandelt man solche Männer oft jahrelang psychotherapeutisch ... *Krankheiten sollten nur in ganz seltenen und extremen Fällen den Verzicht auf die körperliche Liebe erfordern.* Das Glücksgefühl infolge eines aktiven, erfüllten Liebeslebens mobilisiert nämlich zudem die Selbstheilungskräfte des Körpers!

Betrachtet man die Vielzahl der sexuellen Probleme bei Männern insgesamt, so sind die meisten davon »hausgemacht«. Es sind echte Partnerschaftsprobleme. Wieder liegen einige der Fehlprogrammierungen weit zurück in der Vergangenheit, in der Zeit des Heranwachsens. Alles mögliche wird ja den Jungen im Sexualkundeunterricht und außerhalb der Schule über Sex beigebracht – doch wer klärt sie über die Zusammenhänge zwischen seelischen Faktoren und den körperlichen Reaktionen auf? Die Technisierung des sexuellen Zusammenseins läßt das Liebesleben oft zu einer Fummelei an der Hautoberfläche verkümmern. Wie soll sich auch ein zärtliches Liebhaben entfalten können, wenn man auf seelischer Distanz bleibt? So entstehen unnötigerweise vielerlei Beziehungsängste. Statt eine Quelle der Lebensfreude zu sein, die über Lebenskrisen hinweghilft, wird die Liebe so zu einem neuen Spannungsfeld.

In der seelischen wie körperlichen Verschmelzung wird ein wirklich erfülltes Liebesleben nicht nur von momentanen Wünschen und Sehnsüchten bestimmt. Da auch tief im Unterbewußtsein schlummernde Erinnerungen und Hoffnungen eine Rolle spielen, wirken erlittene Enttäuschungen auch in neue Partnerschaften hinein. Das löst gleichsam vorbeugend abschirmende »Vermeidung« bei 12 Prozent aller Männer und bei doppelt so vielen Frauen aus. Kein Wunder, daß nach meinen Erfahrungen ein Drittel der fest gebundenen Männer und ein Fünftel der entsprechenden Frauen mit dem sexuellen Bereich ihrer Beziehrungen restlos unzufrieden sind. Dem stehen ein Drittel relativ glückliche Paare gegenüber, während nur jeder fünfte männliche oder weibliche »Junggeselle« mit seinem oder ihrem sexuellen Leben und Erleben zufrieden ist. Sie sehen, »sexuelle Freiheit« ist keineswegs eine Erfolgsgarantie.

Wie viele Mißverständnisse ließen sich klären, würden nur beide Partner miteinander über ihre Empfindungen reden (besonders auch über ihre Gefühle beim Sex), doch die Mehrheit der Männer ist im Bett recht »sprachlos« – auf jeden Fall »danach«, also gerade in solchen Momenten, in denen eine Frau sich voll öffnet und es für sie so wichtig ist, daß der Mann ihr Zärtlichkeiten sagt, mit ihr spricht und vor allem ihr zuhört. Es soll keine generelle Entschuldigung für die Männer sein, aber eine Art neue »Krankheit« grassiert geradezu, die *Alexithymie* oder die Unfähigkeit der Männer, ihre Gefühle und Wünsche oder überhaupt Zuwendung dem Partner gegenüber auszudrücken. Die Ursachen für diese »Impotenz der Gefühle« liegen in der zunehmenden seelischen Verletzbarkeit der Männer und der damit verbundenen Abkapselung begründet, wobei selbst Erfahrungen aus der Kindheit für die oft unbewußten späteren Abwehr- und Vermeidungsmechanismen verantwortlich sind. Wenn Männer unglücklich sind, hüllen sie sich in Schweigen. In ihrem Buch *»Frauen und Liebe«* beschreibt SHERE HITE, daß sich unter den 4500 von ihr befragten amerikanischen Frauen 82 Prozent über solche »emotionale Verweigerung« der Männer beklagten. Auch wenn das möglicherweise keine statistisch repräsentative Zahl ist (denn von 100 000 verschickten Fragebogen kamen nur diese 4500 zurück) – es ist sicher ein sehr ernstzunehmendes Problem! Denn nach einer Umfrage von »Journal für die Frau« beklagen sich auch in der Bundesrepublik 43 Prozent der Frauen über entsprechende Gefühlsdefizite in der Partnerschaft.

Auch das Verhalten der Frau – seien es nun Nörgeln oder ständige Unzufriedenheit, aber ebensosehr ein vernachlässigtes Äußeres – kann vernichtende Auswirkungen auf das sexuelle Verlangen des Mannes haben. Das Resultat: Impotenz durch Lustverlust.

So versucht also dieses Buch, in speziellen Kapiteln Ihnen als Mann, aber auch einer weiblichen Leserschaft, medizinisch fundierte, praxisnahe, leicht zu realisierende Lebenshilfe zu geben für den Umgang mit dem jeweils anderen Partner. Damit sich keine sexuelle Langeweile einschleicht und nicht anderweitig Abwechslung gesucht wird, sind im siebten Kapitel auch einige Anregungen für die Stunden zu zweit enthalten: von der richtigen Umgebung, den wirksamen Liebkosungen der erogenen Zonen bis hin zu Liebesspielen und -stellungen.

Zur beglückenden Liebe gehört aber auch die richtige Vorsorge, um eine unerwünschte Schwangerschaft zu vermeiden. Nur dürfen dabei nicht die falschen Verhütungsmaßnahmen das Liebesleben am Ende ganz verhüten. Umgekehrt findet auch die Behandlung des gegensätzlichen Problems – der männlichen Zeugungsunfähigkeit – breiten Raum, und zwar nicht nur, weil der Gedanke, unfruchtbar zu sein, so sehr am männlichen Selbstwertgefühl nagt und damit eine weitere Quelle für sexuelle Probleme und andere Erkrankungen ist. Nein, es trifft leider meist gerade solche Paare, die sich ganz bewußt Kinder wünschen. Auch wenn es viele Ursachen für die Zeugungsunfähigkeit gibt, die meisten davon sind heute mit Erfolg behandelbar, manche sogar ausgesprochen vermeidbar.

Dieses Buch über sexuelle Probleme bei Männern wäre nicht vollständig, würde ich als Arzt nicht auf solche Störfaktoren wie Geschlechtskrankheiten und gutartige wie bösartige Gewächse unterhalb der Gürtellinie eingehen. Wer informiert und vorgewarnt ist, steht dem Eventualfall nicht hilflos gegenüber. Rechtzeitiges Erkennen garantiert eine erfolgversprechende Behandlung. Und es sind ja im allgemeinen die Spätschäden verschleppter Erkrankungen, die das Sexualleben nachhaltig ruinieren können.

Manche Ärzte haben es sich angewöhnt, männliche Patienten mit sexuellen Schwierigkeiten kurzerhand zu trösten: »Wenn Sie keine anderen Sorgen haben...« oder »Ihr Problem wird sich schon von selbst erledigen«. Doch es geht nicht um Trost, sondern um Hilfe. *Immer* ist es ein ernstzunehmendes Problem, und jeder Mann muß etwas dagegen tun; nur in ganz wenigen organisch bedingten Fällen kommt jede Hilfe zu spät.

Ein befriedigendes Sexualleben ist nun einmal die Quelle des Glücks und des Wohlbefindens in jeder Beziehung. Da Sexualität die unmittelbarste Möglichkeit zum Austausch von Gefühlen ist, hat sie auch unentbehrlichen Wert, wenn es darum geht, eine noch intakte Beziehung zwischen zwei Menschen zu stärken und lebendig zu erhalten.

# 1

# Falsche Erwartungen – sichere Enttäuschungen

Wir verbringen unser ganzes Leben in einem Zustand der Erwartung – ganz besonders dann, wenn wir nicht einmal genau wissen, was wir eigentlich zu erwarten haben. Das gilt weitgehend für den Bereich der männlichen Sexualität. Durch mangelndes Wissen und durch unrealistische Leistungsnormen, wie sie etwa die Medien verbreiten, kommt es zu falschen Erwartungshaltungen, wobei die eigene latente Unsicherheit in Sachen Sex die unheilvolle Wirkung der in das Unterbewußtsein dringenden Fremdbotschaften noch verstärkt. Wenn sich solcherart übersteigerte Erwartungen im Liebesleben dann jedoch nicht erfüllen lassen, sind Männer allzuleicht enttäuscht, verunsichert, entmutigt – und es entwickeln sich nachhaltige Probleme im Sexualbereich.

## Der Geschlechtsverkehr wird überbewertet

Das Problem beginnt da, wo wir – unsere Tradition, unsere Zeit, unsere Gesellschaft und unsere Medien – den Geschlechtsverkehr mit gefühlsmäßigen Erwartungen überladen. Was vielen Männern und Frauen oft besser täte, wären nur ein paar ungezwungene Zärtlichkeiten, ein paar liebevolle Worte ohne die Verpflichtung, daß anschließend »etwas passieren« muß. Das zwanglose Zusammensein mit geistiger wie körperlicher Nähe kann sehr viel zu der Bindung zweier Menschen und zum gemeinsamen Glück beitragen. Es ist wohltuender als ein Leistungsdenken im Bett, bei dem ein Mann mit neuen technischen Tricks, sei es beim Vorspiel oder Stellungswechsel, alles immer intensiver und interessanter gestalten zu müssen glaubt. Körper sind keine Roboter, die beim richtigen Knopfdruck das passende Programm ablaufen lassen. Es ist auch eine unverantwortliche Irreführung durch Pornofilme und Sexmagazine, uns vorzumachen, daß ein »richtiger« Mann immer Sex wolle und immer in der Lage sei, »es« zu bringen.

Wenn die individuelle Gefühlswelt eines Mannes oder einer Frau mit ihren tiefsitzenden Ängsten und Problemen momentan nicht zum Programm Sex paßt, dann kann eben ein Penis nicht steif oder die weibliche Vagina nicht aufnahmebereit werden (siehe Kapitel 8). Jeder Mann braucht seine »Anreger«, um erregt sein zu können, und wenn der Reiz des Neuen nicht mehr wirkt oder ein Mann müde und abgespannt ist, müssen die Stimulationen durch die Partnerin entsprechend intensiver sein, falls es zu einer für beide befriedigenden sexuellen Begegnung kommen soll.

Um »schöne Gefühle« zu haben, muß der Penis keineswegs *ganz* steif sein – nicht einmal für die Partnerin ist das erforderlich. Frauen, die ihre Beckenmuskeln bewußt zusammenziehen, können sogar mit einem halbsteifen Penis wesentlich mehr anfangen, vorausgesetzt der Mann läßt *sie* alle Bewegungen machen. Ganz abgesehen davon – es muß nicht immer ein Spiel mit dem Penis sein, das allein das Liebesglück zu schenken vermag!

In der Überbetonung des Geschlechtsverkehrs liegt die Ursache vieler Probleme, die Männer heutzutage haben. Das fängt schon bei dem Irrglauben an, er müsse unter allen Umständen lange dauern, denn nur so würde eine Frau die erforderlichen Höhen und Wonnen des Orgasmus erreichen, um wirklich befriedigt zu sein. Für jede Frau, die ein Ausdauerprogramm mag, gibt es wiederum eine andere, die schnell und leidenschaftlich zum Höhepunkt gebracht werden möchte. Viele Frauen werden bei einem lang ausgedehnten Liebesspiel zu »trocken«, um noch

Spaß daran zu haben, und selbst die schönste Sache der Welt kann »mit der Dauer« langweilig werden.

Möglicherweise hat Shere Hite mit ihrer Feststellung übertrieben, daß dreiviertel der amerikanischen Frauen überhaupt nur bei Stimulierung der Klitoris durch Streicheln und Küssen zum Orgasmus kämen. Wie dem auch sei – eine Frau wird nun einmal durch das Zusammenspiel von liebevollen Worten und Gesten sowie der richtigen Berührung ihrer verschiedenen erogenen Zonen (siehe *Abbildung 2* in Kapitel 4) wirklich erregt. Viele Frauen finden es wunderbar und erfüllend, wenn der Mann erst im Zustand ihrer höchsten Erregung zu ihnen kommt.

Die Vorstellung vom alleinseligmachenden gemeinsamen, gleichzeitigen Orgasmus muß ähnlich relativiert werden. Abgesehen davon, daß es sowieso eine Seltenheit ist, daß beide Partner zur selben Zeit den Höhepunkt erleben, hindert das intensive Bemühen darum auch viele Paare daran, überhaupt einen echten Orgasmus zu erreichen. In diesen Augenblicken höchster Erregung darf nämlich jeder einmal ganz egoistisch sein und sich nur auf die eigenen Gefühle konzentrieren. Es ist sogar für den Partner schön, das Glück des anderen auf diese Weise bewußt zu erleben. Wer allerdings der erste ist, sollte danach mithelfen, daß es auch eine(n) zweite(n) gibt!

Nie sollten Sie sich als Mann vom ersten Zusammensein mit einer Frau zuviel erwarten. Frauen sind meist ohne die entspannende Sicherheit einer längeren Partnerschaft zu gehemmt und verkrampft. Eine Frau versucht natürlich, dem neuen Partner um jeden Preis zu gefallen. Dieses unbedingte Wollen blockiert aber den Erregungsaufbau bei einer Frau um so mehr. Genauso können auch Erwartungsstreß und Leistungsangst erschlaffend auf den Penis wirken. Für den Höhenflug der Liebe braucht es Zeit. So seien Sie bitte nie ärgerlich auf sich oder Ihre Partnerin, wenn der Zauber der Liebe beim ersten Mal nicht wirkt.

## Ein Riesenpenis und häufige Orgasmen sind nicht der Schlüssel zum Liebesglück

Auch wenn Pornofilme und die erotische Literatur immer wieder darstellen, wie Männer beim Anblick einer Frau sofort »stahlharte« Erektionen bekommen und es dann stundenlang und auch gleich noch mit mehreren Frauen treiben können – all das sind nur Illusionen. Hier werden ganz gezielt Kunstprodukte nach den Wunschträumen der Männer fabriziert. Die Männer in Sexfilmen und auf Illustriertenbildern sind »handverlesen«, sozusagen Messeausstellungsstücke; der Zauber der Kamera tut sein übriges, um das Objekt zu vergrößern. Und bei Filmen werden Sequenzen aus verschiedenen Einstellungswinkeln aneinandermontiert; das verlängert alles.

Da die meisten Informationen zum Thema Sex aus typischen Männergesprächen und aus der Welt von Presse und Medien kommen, muß sich ein Durchschnittsmann mehr oder weniger auf das verlassen, was ihm da aufgetischt wird. Doch kein Thema lebt so von Übertreibungen wie dieses! Ich kenne eine ganze Reihe von jungen Männern, die nach dem Beisammensein mit einem Mädchen wunder welche Geschichten erzählen, obwohl so gut wie nichts passiert ist. Da man aber kaum je zusehen kann, wie andere es tun, werden also alle Unsicherheiten und Ängste durch »mannhafte« Übertreibungen überspielt. Das Schlimme ist nur, daß die falschen und oft völlig irrealen Erwartungen später das Vergnügen an der Wirklichkeit des sexuellen Geschehens behindern. Wie schon gesagt: Falsche, zu hoch gesteckte Erwartungen ziehen lediglich Leistungsängste und Enttäuschungen nach sich.

Ganz egal, was da so alles geschrieben und verbreitet wird – Sex ist in den allermeisten Fällen *kein* Erdbeben, die Frau verfällt *nicht* in absolute Ekstase, sie erlebt auch *keine* Kaskade von unaufhörlichen Orgasmen, und ein Mann ist auch *kein* automatisches Schnellfeuergewehr!

Das liegt ganz bestimmt nicht an *Ihrem* Penis! Ein Penis, der im erigierten Zustand etwa 8½ Zentimeter lang ist, reicht für die Befriedigung praktisch jeder Frau aus. Denn alle wichtigen erregbaren Strukturen liegen sowieso im ersten Drittel der weiblichen Scheide (wie Sie im Kapitel 8 erfahren). Die Größe eines Gliedes im erschlafften Zustand hat nichts mit der erigierten Größe zu tun. Das ist nur eine Frage des Füllzustandes der Schwellkörper im Zustand der Erregung. Seien Sie damit zufrieden, wenn Ihre Schwellkörper noch so elastisch sind, daß sie durch das einströmende Blut auf Mehrfachgröße gebracht werden können. Außerdem paßt sich die erregte Scheide der Frau genau dem Penis an.

Nur zwei von hundert Frauen wünschen sich einen großen Penis. Dagegen tut es vielen Frauen sogar ausgesprochen weh, wenn harte Stöße eines übergroßen Penis zarte innere Strukturen verletzen. Wenn Frauen wirklich so beeindruckt vom männlichen Penis wären, gäbe es eine viel größere Nachfrage nach Peep-Shows mit männlichen Akteuren und nach entsprechenden Magazinen.

Es ist nicht der »Zauberstab«, der Frauen maßlos erregt und allein glücklich machen kann. Entscheidend für den Erregungszustand einer Frau – und damit auch für ihre Fähigkeit, eventuell einen Höhepunkt zu erreichen – sind zärtliches Miteinandersprechen, Küssen, Kuscheln und Streicheln. Frauen, die hart und zielstrebig »genommen« werden wollen – ohne viele Worte und ohne Rücksicht auf ihre Wünsche –, solche Frauen gibt es praktisch nur in Magazinen und anderen erotischen Publikationen. Lassen Sie sich als Mann auch nicht dadurch entmutigen, wenn Ihr Erregungszustand beim Zusammensein mit einer Frau zwischendurch einmal nachläßt. Da ein Erregungszustand nie über längere Zeit aufrechterhalten bleiben kann, sind Unterbrechungen in Form von entspannten Ruhe- und Gesprächspausen wünschenswert, am besten sogar, wenn man in solchen Pausen ein wenig miteinander lachen kann.

Männlichkeit wird ebensowenig dadurch bewiesen, daß man

die statistische Norm des wöchentlichen Zusammenseins im Bett erfüllt. Professor CARL SCHIRREN hat als Präsident der Deutschen Gesellschaft für Männerheilkunde 1985 das Ergebnis einer breitangelegten Studie vorgestellt. Danach haben Fünfzig- bis Sechzigjährige im Durchschnitt monatlich sechsmal Geschlechtsverkehr, Vierzig- bis Fünfzigjährige achtmal und Dreißig- bis Vierzigjährige zehnmal. Da es ein statistischer Mittelwert ist, müssen soundso viele Männer es öfter tun und eine entsprechende Zahl auch weniger häufig. Doch was heißt das schon! Sex hat nichts mit Quantität zu tun, eher mit Qualität – und mit Stimmungen. Ärger und Abgespanntsein, Langeweile und Unlust, Hektik und Selbstzweifel, Passivität und Kritik der Partnerin – das sind die echten Liebestöter.

## Wünschen Sie sich lieber nicht die aggressive Verführerin!

Auch wenn in Pornofilmen die Männer reihenweise von lüsternen Frauen verführt werden, mangelt es doch an ihnen in der Realität des täglichen Lebens. Phantasievorstellungen von einem sexuellen Schlaraffenland, wo ein Mann sich ohne jede Anstrengung und ohne weiblichen Widerstand bedienen kann, schaffen eine eher schädliche Distanz zur Wirklichkeit der Beziehungen zwischen Mann und Frau und stellen den Geschlechtsakt völlig entpersonifiziert dar – als Sofortbefriedigung einer beiderseitigen Sexgier. Es stimmt, es wird immer wieder Männer geben, die einfach keine psychischen Energien in das Werben investieren wollen – denn man weiß ja nie, ob die Frau nach dem gepflegten Abendessen auch wirklich mit einem ins Bett gehen will... Solche Männer nehmen darum auch gern die »Liebesdienste« einer Prostituierten in Anspruch; die spielt die Rolle der sexhungrigen, allzeit bereiten Frau, weil es zum Geschäft gehört.

Trifft aber ein Mann tatsächlich einmal auf eine Frau, die sich ihm ständig anbietet und auch beim Liebesspiel ausschließlich die

Initiative ergreift, vielleicht sogar noch Sex in den verrücktesten Stellungen fordert, dann bekommt normalerweise dieser Mann eher Ängste. Die Folge kann eine Erektionsstörung sein.

Übrigens haben solche Phantasien von wilden Frauen eine Schutzfunktion; sie dienen dazu, die im Unterbewußtsein schlummernde Angst vor dem Versagen oder Zurückgestoßenwerden zu beruhigen – genauso wie die Männerwitze über Sex. Belassen Sie es lieber bei den erregenden Gedankenspielen; »nackten Tatsachen« schauen Männer nicht immer gern ins Auge.

## Wenn eine Frau den Mann nur zur Selbstbestätigung »anmacht«

Sie können als Mann Ihren Blick nicht von ihr wenden, von der Frau mit dem schönen Körper, deren kurzer Blick eine Welt voller sexueller Erfüllung ahnen läßt. Das Wippen ihrer Brüste oder ihres Pos, der verrutschende Rock, der ihre schönen Beine bis zum Spitzenhöschen entblößt, die Art, wie sie den Rauch einer Zigarette hinausbläst oder beim Nippen am Eis ihre Lippen sinnlich formt – all das ist die lebendig gewordene Verführung. Diese Traumfrau mit dem Lächeln und dem Augenaufschlag der »Unschuld vom Lande« muß etwas Einmaliges sein.

Vorsicht, Sie jagen einer Illusion nach! Hier läuft ein genetisch fixiertes Lockprogramm der Natur ab. Fast immer sucht eine solche Frau nur einen lebendigen Spiegel, der ihre Reize bestätigt und bewundert. Denn *sie leidet unter der Sucht, gefallen zu wollen.* Nur für *ihr* Ziel – die für sie so lebenswichtige Selbstbestätigung, die sie täglich neu braucht – setzt die »Traumfrau« alle ihre Verführungskünste ein. Mal ist es der tiefe Ausschnitt, mal der durchsichtige, hauteng anliegende Stoff, mal der im Wind flatternde Faltenrock, mal ein Schlitz – womit »alles« versprochen wird. Durch gekonntes Nachhintenwerfen des Kopfes, Schütteln der Haare und Übereinanderschlagen der Beine werden permanent Signale ausgesendet, die den männlichen Betrachter ermutigen sollen. Das Tragen von Schmuck soll die bewundernden Blicke der Männer an die richtigen Stellen lenken. Durch die Wahl eines erotisierenden Parfüms und mit dem Spiel ihrer Stimme weiß sie, wie sie jedes ihrer Opfer erregen kann. Und sie weiß auch genau, was Männer hören wollen.

Auch wenn es Sie enttäuscht – aber als Mann sind sie solch einer Frau ziemlich gleichgültig – denn was sie auf keinen Fall will, das ist *wirklich* erobert zu werden. Sie hat in Wirklichkeit Angst vor dem körperlichen Zusammensein mit Männern. Ihr geht es nur darum, daß sie ständig umschmeichelt und umworben wird. Wenn es Ihnen Spaß macht, einer weiblichen Fata Morgana nachzujagen, schön und gut; nur versprechen Sie sich nichts davon!

In diese Kategorie gehört als Extremfall übrigens auch die *Nymphomanin,* die aus einem inneren Zwang heraus Männer »aufreißt«. Ihre kurz andauernde sexuelle Befriedigung erhält sie nur im unmittelbaren Augenblick des Erfolges – der eigentliche Geschlechtsverkehr läßt solche Frauen dann meist kalt.

## Warum Karrierefrauen oft Pech in der Liebe haben

Es gibt viele gutaussehende Frauen, die im Berufsleben sehr erfolgreich sind und trotzdem im Liebesleben überwiegend frustrierende Enttäuschungen erleben. Viele Männer, die angeblich zwar nichts gegen Intelligenz oder Erfolg bei Frauen haben und auch in der Partnerschaft die Unterstützung durch eine selbstbewußte Frau als wohltuend empfinden, scheitern jedoch an starken Frauen mit überlegenem Intellekt, die die Bestimmende sein wollen. Manche Frau, die im harten Berufsleben erfolgreich sein muß, neigt dazu, ihre Verhaltensweisen aus dem Geschäftsleben in das Geschlechtsleben zu übertragen. Was jedoch im Sitzungszimmer erfolgreich sein mag, bedingt im Schlafzimmer den

Mißerfolg. Der Mann verliert die Lust und wird »impotent«. Viele solcher Frauen heiraten darum echte »Schwächlinge« – nur um hinterher noch unglücklicher zu sein.

Andere spielen dem Mann zuliebe im Anfang die Rolle von der schutzbedürftigen Frau, die bewundernd zu *ihm* aufblickt. Am Anfang einer Beziehung finden Männer das oft sehr schmeichelnd, macht es sie doch zum bestimmenden Teil. Wehe jedoch dem Mann, der glaubt, das wäre bei einer erfolgsgewohnten Karrierefrau ein Dauerzustand!

Natürlich gibt es auch das Gegenstück. Tief im Unterbewußtsein verwurzelt wünscht sich wohl jede Frau einen starken Mann, ihren Märchenprinzen. Erfolg im Beruf ist sicher sehr schön, doch eine Frau bleibt auch eine Frau, und manche moderne Frau bekommt Angstzustände beim Gedanken an ständige Unabhängigkeit. Doch Männer, die wegen ihrer Bindungsängste glaubten, daß sie bei einer emanzipierten Frau »sicher« seien, ziehen sich zurück, wenn eine solche Frau plötzlich Hausfraueninstinkte entwickelt und ihnen zu verstehen gibt, daß sie gern heiraten und Kinder bekommen möchte.

## Der »entmannte« Mann der Feministinnen: ein Mann mit vorprogrammierten Problemen

In der Zeit der »Revolution der Geschlechter« vor ein paar Jahren galt der Generalangriff dem »Macho«, der die Frauen zu »Lustobjekten« degradiert. Denn der Macho braucht das Gefühl der Überlegenheit – auch im Bett –, um sich gegenüber Frauen behaupten und durch zahllose Eroberungen bestätigen zu können. Es steht außer Frage, daß Männer über viele Generationen hinweg dazu erzogen wurden, auch das Sexualleben mit Initiative, Ausdauer und Wettkampfdenken anzugehen. Soweit es darum ging, dem Mann klarzumachen, daß das Sichöffnen für menschliche Kontakte und das Zeigen von Gefühlen in einer Partnerschaft zwischen Mann und Frau für beide Teile beglückenden Sex ermöglichen, haben die Feministinnen sehr viel Gutes bewirkt. Wie so viele Revolutionen geriet auch diese etwas außer Kontrolle. Jetzt ging es nur noch gegen die »ejakulatorische Sexualbefriedigung des Mannes auf Kosten der Frau«. Von nun an sollte der ideale Mann und Liebhaber ein zärtlicher »Softie« sein, der sich ständig erkundigt, ob und wie es denn der Partnerin im Bett auch angenehm sei. Aus der Sicht des Mediziners verwundert es nicht, daß ein solcher Mann, der ständig nur den Gefühlsgehalt einer Beziehung hinterfragt und nie Eigeninitiative entwickelt, auf die Dauer langweilig auf eine Frau wirkt. Verträumte, weiche Männer, die leicht verletzbar sind, wecken dann bestenfalls noch mütterliche Gefühle.

Welche Frau will schon ein schematisiertes, nach ihren Normalbedürfnissen konzipiertes Sexprogramm; aufregend ist der Wechsel zwischen entspannter Ruhe und heftiger Erregung. Das bedeutet auch das gelegentliche Weglassen des bewährten Vorspiels zugunsten einer leidenschaftlichen »Eroberung«. Das Liebesspiel darf niemals zur gekonnten, aber berechenbaren Technik verkommen.

Und bitte lassen Sie es als Mann nie wahr werden, was die französische Philosophin ELISABETH BADINTER in ihrem Buch *»Ich bin Du«* voraussagt: »Mann und Frau werden sich in einer künftigen leidenschaftslosen Sexualbeziehung absolut ähnlich. Als gleichberechtigte Partner bringen sie die Anfangsschritte beim Kennenlernen zügig hinter sich, um schnell von der Fremdheit zur Vertrautheit zu gelangen. Keine süße Qual des Werbens und Hinhaltens mehr« – zur Sache, Schätzchen!

Doch ein Mann muß ein Mann bleiben, und das bedeutet weiter: erobern. Denn das ganze sexuelle Programm, welches ein Mann ererbt hat, ist per Urinstinkt auf Werben und Eroberung abgestellt. Wird er daran gehindert, wird er impotent. Übrigens, selbst die überzeugteste Feministin will nach meiner Erfahrung gelegentlich einmal »Gegenstand männlicher Begierde« sein.

# 2

# Warum die Pubertät den späteren Mann prägt

Nicht nur weil in der Phase der Pubertät die Jungen gegen alles rebellieren, was ihrer angestrebten Eigenständigkeit im Wege steht, und weil sie sich selbst verwirklichen wollen, prägt diese Zeit den späteren Mann. Durch die seelischen und die körperlichen Veränderungen steckt ein pubertierender Junge voller Energie, voller Wünsche und Leidenschaften, doch fehlen ihm noch die Ziele und Objekte, um damit sein Leben gestalten zu können. Diese Phase geht vorbei, genauso wie die sie verursachenden Hormonschwankungen, doch sie hinterläßt Spuren und Erinnerungen.

Die Pubertät ist deshalb so wichtig, weil in dieser Zeit im Bewußtsein, aber auch im Unterbewußtsein des Jungen alles festgelegt wird, was später seine Beziehung zu Frauen und zur Sexualität bestimmt. Es entwickeln sich fundamentale Gefühle wie Angst, Schuld, Scham und Verlegenheit, aber auch die Vorstellung vom eigenen Körper. Ein Junge fängt an, sich durch Selbstbeobachtung zu kontrollieren, und er beginnt – wenn er im Vergleich mit den ihm von Medien und Werbung präsentierten Idealbildern nicht günstig abschneidet – im Umgang mit Frauen gehemmt zu werden. Es bedarf nun einmal der Entwicklung einer hinreichenden Selbstachtung, eines Selbstwertgefühls, das sich unabhängig von den Vorstellungen der Eltern etabliert.

Wichtig für diese Entwicklungsphase sind die sexuellen Phantasien des Jungen, seine Tag- und Nachtträume. In dieser Zeit haben alle Träume sexuelle Inhalte, wobei die Phantasien helfen, das Erlebte und auch Erinnerungen zu verarbeiten. Die feuchten Traumspuren auf dem Bettlaken sind nur der Beweis dafür, daß inzwischen die Ausschüttung des männlichen Sexualhormons Testosteron durch die Hoden und der Samenerguß funktionieren. Die Pubertät hat eingesetzt. *Bei Jungen kann die Pubertät irgendwann zwischen dem elften und dem sechzehnten Lebensjahr beginnen und sogar erst mit dem zwanzigsten Lebensjahr abgeschlossen sein.*

## Eltern sollten aufmerksam, doch nicht ständig beunruhigt sein

Sicher ist es für den Jungen wie für seine Eltern gleichermaßen beunruhigend, wenn alle Altersgenossen um ihn herum gewachsen sind, nur er nicht. Doch ein solcher Wachstumsschub setzt immer erst in der zweiten Hälfte der Pubertät ein, und die kann sogar erst mit dem sechzehnten Lebensjahr beginnen. Durch ein Wechselspiel des Sexualhormons Testosteron und des Wachstumshormons nimmt die Muskelmasse des Körpers zu, die Schultern werden breiter, und die Hüften bleiben schmaler. Testosteron allein ist für das Wachstum von Hoden und Penis (einschließlich der Schambehaarung) sowie für das Wachsen des Kehlkopfes und der Stimmbänder (und damit den Stimmbruch) verantwortlich. Doch leider verhornen unter dem Hormoneinfluß auch die Abflüsse der Talgdrüsen. Die in der Haut angestauten Sekrete entzünden sich – und es entsteht eine Akne. Die häßlichen Pickel beeinträchtigen das Selbstvertrauen des Pubertierenden beträchtlich – besonders im Hinblick auf die verwirrenden Werbeaussagen von der einzigartigen Bedeutung eines schönen Körpers, wie wir sie auf Plakaten immerzu vorgeführt bekommen. Jede Akne läßt sich heute jedoch problemlos behandeln, wie ich in meinem Buch *»Die Krankheiten unserer Zeit«* (Ariston Verlag, Genf 1986) geschrieben habe.

*Wenn Sie Ihren Sohn nach dem vierzehnten Lebensjahr als viel zu klein empfinden,* bitten Sie Ihren Hausarzt, dem Jungen monatlich je eine Testosteron-Spritze zu geben. Nach drei Monaten hat sich die Wachstumsgeschwindigkeit verdoppelt, ohne daß sich dadurch die genetisch festgelegte Körpergröße verändern würde. Der Kinderarzt wird auch feststellen, ob vielleicht eine chronische Krankheit, wie ein Nierenschaden, eine entzündliche Darmerkrankung oder eine seltene Störung der Produktion von Sexualhormonen vorliegt. Auf letztere weist meist ein gleichzeitig bestehender Verlust des Geruchssinns hin.

Mehr Beachtung verdient eine *vorzeitige Pubertät*, wenn ein Junge schon mit neun Jahren Schamhaare und einen größeren Penis bekommt und in die Länge schießt. Diese sehr seltenen Fälle sind fast immer durch einen gutartigen Tumor im Hypothalamus des Gehirns (Teil des Zwischenhirns) verursacht, was durch eine Computertomographie leicht festgestellt werden kann. Oft reicht es aus, wenn die damit einhergehende zwanghafte Selbstbefriedigung durch Androcur® unterdrückt wird. Der Junge wächst dadurch auch wieder normal weiter.

Sollte Ihr Junge ein Spannen im Bereich der Brustwarzen zusammen mit einem *Busenansatz* spüren, so ist das normal, wenn sich diese Brustdrüsenschwellung nach etwa sechs Monaten wieder zurückgebildet hat. Besteht ein Brustansatz jedoch noch nach einem Jahr und sind die Hoden kleiner als zwei bis zweieinhalb Zentimeter, dann liegt ein KLINEFELTER-Syndrom vor (siehe Kapitel 11), bei dem die Brustdrüsen wegoperiert werden.

Normalerweise muß sich bei einem Jungen in der Pubertät die Vorhaut des Penis schmerzlos zurückstreifen lassen. Besteht eine Verengung oder auch nur eine feste Verklebung mit der Eichel des Penis, so muß eine solche *Phimose* durch eine Beschneidung der Vorhaut beseitigt werden. Ein medizinischer Notfall ist es, wenn eine – zum Beispiel bei der Selbstbefriedigung – hinuntergeschobene Vorhaut die Eichel abschnürt und so zu einer schmerzhaften Stauung der geschwollenen Eichel, einer *Paraphimose*, führt.

Auch *wenn die Hoden sehr schmerzen,* heißt es sofort, zum Arzt zu gehen. Ist ein Hoden nicht mit Stützgewebe hinreichend fixiert, kann er sich nämlich wie ein Glockenklöppel um seine Achse drehen (*Hodentorsion*) und so die Blutversorgung abdrehen. Wird nicht binnen zehn Stunden operiert, stirbt der Hoden ab.

Nicht aufzuregen brauchen Sie sich, wenn Ihr Sohn während der Pubertät *lieber mit Jungen zusammen* ist. In der Sicherheit der Gruppe kann man sich stark und überlegen fühlen und ein neues Verhalten ohne den Einfluß der Erwachsenen ausleben. Gerade ältere Jungen werden in dieser Zeit zu bewunderten Helden – auch wegen ihres größeren Penis und wegen ihrer »sexuellen Erfahrungen«, womit wir denn schon bei den sexuellen Problemen wären.

## Sexuelle Probleme in der Pubertät

Die Einstellung eines pubertierenden Jungen zur Sexualität entspricht immer noch der Geschichte von ADAM und dem Apfel. Adam wollte nicht den Apfel um des Apfels willen, sondern weil er etwas Verbotenes war. Trotz Sexualkundeunterricht und Aufklärung durch die Medien sind die Probleme im Sexualbereich nicht geringer geworden – nur anders. Immerhin betreffen sie zwei von drei heranwachsenden Männern.

Sicherlich ist es eine bessere Grundlage für eine spätere Partnerbeziehung, daß den Mädchen heute von Jungen ganz selbstverständlich das gleiche Recht auf Treue oder Freizügigkeit in einer Verbindung und auf die Befriedigung ihrer sexuellen Bedürfnisse zugestanden wird. Und es ist sicher später von Vorteil, wenn Jungen Erfahrungen mit den Gefühls- und Köperreaktionen bei einer Reihe von Partnerinnen sammeln können. Gewiß ist es nicht leicht für Eltern, heute dem sexuellen Konsumzwang durch die allseitige Vermarktung der Ware Sex entgegenzuwirken. Wird aber nicht durch offene Gespräche von seiten der Eltern das Verständnis bei einem Jungen dafür geweckt, daß Liebe ein gemeinsam erlebter Gleichklang von Körper und Seele ist, droht bei der Fülle von rein technischen Informationen die Liebe zu einer Fummelei am Körper der Partnerin auszuarten. Dabei bleibt keine Zeit, Empfindungen wahrzunehmen und Gespür zu entwickeln. Die Sprache über Sexualität verarmt immer mehr, ist eher technisch oder voll von Obszönitäten. Die Hälfte aller Mädchen äußern sich dementsprechend unzufrieden über die Jungen, vor allem fehle ihnen dabei die Zärtlichkeit, die ja erst die erregte Stimmung erzeugt. Will ein Mann aber einen Höhepunkt bei einer Frau allein durch schnelle Handgriffe erreichen, dann erfordert das Perfektion und Leistung. Und so entstehen Leistungsängste bei den Jungen.

Die größte *Angst* der Fünfzehn- bis Achtzehnjährigen ist es, *beim* ersten *Geschlechtsverkehr zu versagen*. Das tatsächliche Versagen und die Angst davor sind ein wesentlicher Grund dafür, daß 22 Prozent der fünfzehn- bis fünfundzwanzigjährigen Jungen (und auch noch viele ältere!) noch »Jungfrau« sind. Für den Reifeprozeß der Persönlichkeit ist solch eine sexuelle Enthaltsamkeit auf jeden Fall besser als der krampfhafte Versuch, von Altersgenossen aufgestellte Normen zu erfüllen. Wenn es um Berichte über sexuelle Abenteuer geht, ist vieles davon sowieso nur Angeberei. Das sexuelle Imponiergehabe so mancher Jungen ist in Wirklichkeit ein Überspielen von Minderwertigkeitsgefühlen oder einer tiefsitzenden Angst, von ihrer Freundin wegen sexueller Unzulänglichkeiten ausgelacht, verachtet oder verlassen zu werden.

Jeder achte Junge durchlebt irgendwann *Ängste und Schuldgefühle wegen seiner zu häufigen Selbstbefriedigung*. Es wird ihm ja nachdrücklich klargemacht, daß die Eltern das mißbilligen. Doch bei Vollendung des fünfzehnten Lebensjahres masturbiert praktisch jeder Junge – es ist nun einmal der schnelle Ausweg aus einem hormonell bedingten Sturm der Triebe. Und bevor Eltern ihre Söhne vorschnell und ungerechtfertigterweise deswegen verurteilen, sollten sie bedenken, daß häufige Selbstbefriedigung *auch* eine Ersatzhandlung ist, wenn Zärtlichkeit und Geborgenheit im Elternhaus fehlen. Oder wäre es Ihnen – als Eltern – lieber, wenn Ihr Sohn allzu frühen Geschlechtsverkehr mit einem Mädchen aufnähme? Mit Recht werden Sie nein sagen wegen der damit verbundenen Risiken. Ja, es ist wahr, die Hälfte aller Mädchen macht sich keine Gedanken um eine Empfängnisverhütung – darum auch der hohe Anteil an ungewollten Schwangerschaften bei Teenagern! Und viele Jungen tragen ein Kondom nur als Statussymbol mit sich herum, ohne es im geeigneten Moment zu benutzen.

Weil nun aber viele Jungen es wissen, daß ihre Eltern dagegen sind, erzählen sie zu Hause nichts von ihrem Intimleben. Selbst wenn das in der Gruppe gutgeheißen wird, entwickeln sich bei jedem Fünften der betroffenen Jungen *Schuldgefühle wegen eines früh aufgenommenen Sexuallebens,* denn er hintergeht ja seine Eltern. Solche Schuldkomplexe nach dem Geschlechtsverkehr können im Unterbewußtsein nachwirken und zu Schuldgefühlen bei dem Vergnügen oder zu einer Angst vor der gefühlsmäßigen Hingabe werden, was dann die Ursache für Sexualstörungen im späteren Leben sein kann. Deshalb ist der beste Rat an alle Eltern: Versuchen Sie immer ein Vertrauensverhältnis zu Ihrem Sohn aufrechtzuerhalten und mit ihm zu reden – auch wenn Sie seine Verhaltensweisen und Reaktionen nicht immer verstehen! Häufig geht es dem Heranwachsenden nur darum, seine Eigenständigkeit in Form des Sexuallebens zu demonstrieren. Doch einen guten Rat kann jeder werdende Mann vertragen – und wenn er nur die Empfängnisverhütung betrifft. Insgeheim wird er sogar dankbar jede neue Information in das Mosaik seiner Vorstellungen von Sexualität einfügen. Besser als die meist völlig abwegigen Sexualinformationen der Freunde oder die verzerrten Normen des Fernsehens ist ein vertrauensvolles Gespräch. Zu den vermittelten Ratschlägen sollte auch gehören, daß einem Jungen klargemacht wird, wie wichtig für Mädchen die Erfahrung beim ersten

Mal ist. Für eine Frau ist es nun einmal oft das Wertvollste, was sie verschenken kann – und sie möchte es möglichst nur aus einem großen Gefühl heraus tun. Sie könnten Ihrem Sohn auch erzählen, daß aus diesem Grund heute noch jede dritte Frau zwischen sechzehn und zwanzig Jungfrau ist. Es gibt andererseits immer genügend junge Mädchen, die schon länger und unbekümmerter mit Jungen ins Bett gehen, die es auch ohne Druck und Erpressung tun. Ein intimes Zusammensein ist kein auf »Busendruck« zu liefernder Beweis für eine Liebe, sondern das Ergebnis eines über viele Monate gefestigten Gefühls und gegenseitigen Vertrauens.

Werden Sexualität und Lust im späteren Leben immer noch als etwas Schuldbeladenes angesehen, so können diese Männer ihre Befriedigung mitunter nur bei »verbotenen« Formen der Sexualität, wie etwa der Prostitution, finden. Auch Hemmungen werden so überspielt, denn bei einer Prostituierten bedarf es keines Werbens und Wartens. Und seinen scheinbaren Erfolg spielt sie jedem Mann gekonnt vor.

Versuchen Sie als Eltern, auch *die Schüchternen und Gehemmten* zu verstehen und ihnen zu helfen, so gut es geht. Gut, es dauert sicher seine Zeit, bis ein Junge reif ist für den ungehemmten Umgang mit Mädchen und bis Sexualität nicht mehr als etwas Verbotenes, geheimnisvoll Lockendes, Bedrohliches empfunden wird. Oft ist Gehemmtheit aber auch Ausdruck einer großen, unerfüllten Liebe zu einem Mädchen. Ein aufgeklärtes Mädchen findet stilles Anschmachten und Seufzer oft nur lästig. Sie erhört lieber den Draufgänger, dem es gar nicht um echte Gefühle, sondern um den Erfolg geht. Und so glaubt mancher wirklich einfühlsame Junge bald nicht mehr daran, daß sich wahre Gefühle bei Frauen lohnen – eine belastende Hypothek für alle späteren Partnerschaften!

## Liebeskummer macht krank

Liebeskummer läßt sich nicht vermeiden. Gerade in der Zeit der Pubertät und des Erwachsenwerdens ist Liebeskummer am meisten für abfallende schulische Leistungen und schwere Depressionen verantwortlich – bis hin zum Selbstmord. Wir alle tragen in uns ein Fahndungsphoto eines geliebten Wesens – ein Wunschbild, geformt aus unseren Kindheitserinnerungen und Erfahrungen, aus Eindrücken beim Fernsehen und beim Lesen. Trifft ein Junge in diesen Jahren größten Gefühlsaufruhrs und höchster Empfänglichkeit auf das perfekte, lebendiggewordene Ebenbild seiner Gefühle und Wunschvorstellungen und wird seine Liebe erwidert – so ist das ein wunderbares und bleibendes Erlebnis. Wird ein Junge nicht erhört, ist er zwar sehr traurig, kommt aber relativ schnell darüber hinweg – nach dem Motto: Ideale sind eben unerreichbar. Anders aber, wenn die Auserkorene nur beinahe dem Steckbrief entspricht (doch hinreichend nah an einer perfekten Übereinstimmung bleibt), dann entsteht bei fehlender Gegenliebe das, was die Medizin ein CLERAMBAULT-KANDINSKY-Syndrom nennt. Der Betroffene wird aus Liebe krank. In der Extremform treibt ihn die seelische Verwirrung zum Mord oder Selbstmord. Die unerfüllte Liebe zum Filmsternchen JODY FOSTER brachte JOHN HINCKLEY am 6. März 1981 dazu, auf Präsident RONALD REAGAN zu schießen. In einem verzweifelten letzten Versuch, seine große unerreichbare Liebe zu beeindrucken, schrieb er ihr in der Nacht vor dem Attentatsversuch die Zeilen: »Lebwohl! Ich liebe dich billionenmal. Magst Du mich nicht wenigstens ein bißchen? Du mußt zugeben, daß ich mich von anderen Jungen unterscheide. Dein Gefühl würde allem, was ich jetzt tun werde, einen Sinn geben.«

Solange aber Ärzte die Liebeskrankheit bei Jungen nicht ernst nehmen (bei Mädchen ist das Krankheitsbild sehr viel seltener), wird die Öffentlichkeit auch weiterhin über scheinbar sinnlose Selbstmorde junger Menschen in den Zeitungen lesen.

## Die Ursachen für sexuelle »Perversionen« liegen in der Pubertät

Das Fahndungsphoto, das sich das männliche Unterbewußtsein vom begehrten Liebesobjekt aufbaut, wird durch Einflüsse in der Zeit der Pubertät ergänzt oder verzerrt. Hormonstürme in dieser Zeit erhöhen die Intensität und Häufigkeit sexueller Phantasien.

Nehmen wir nur den Fall, daß ein Junge bei der Selbstbefriedigung erwischt und dafür von Vater oder Mutter geschlagen wird. Der Grund für Schläge kann natürlich auch ein anderer sein. Durch die bei Pubertierenden herabgesetzte Erregungsschwelle ist es keineswegs selten, daß bei Schlägen (besonders aufs Gesäß) Erektionen auftreten, die als angenehm empfunden werden, ja daß sogar Orgasmen ausgelöst werden. Übrigens werden auch manche erwachsenen Männer durch diesen intensiven Hautreiz hemmungslos erregt. So entstehen spätere *masochistische Bedürfnisse* nach Züchtigung. Ohne Schlagen mit Birkenzweigen, Rohrstock oder Peitsche auf Pobacken, Bauch und sogar auf den Penis kann schließlich kein Orgamus mehr erlebt werden.

Außerdem wurde ja von den Eltern mit der Bestrafung auch das Vergehen verziehen, das macht den Genuß der sexuellen Erregung nur noch angenehmer. Auch andere Schuldkomplexe im Zusammenhang mit der sexuellen Befriedigung können besser bewältigt werden, wenn man für die erlebte Lust »bestraft« wird oder dazu »gezwungen« ist – einer der Gründe für das relativ häufige Fesseln beim Geschlechtsverkehr.

Wurde ein Orgasmus gerade im Zeitpunkt der Entdeckung bei der Selbstbefriedigung erlebt oder traten Erektionen in Zuständen der Angst (zum Beispiel vor dem Entdecktwerden) auf, dann entwickelt sich daraus im Erwachsenenalter entweder ein Masochismus oder im Extremfall eine *Symphorophilie.* Bei letzterer kommt es zum Orgasmus nur beim Durchleben einer Katastrophe, wie dem Legen eines Brandes, bei einem Verkehrsunfall oder bei einer Explosion.

Gab es in der Zeit der Pubertät gravierende Anlässe zur Feindseligkeit und Minderwertigkeit im Verhältnis zu einer dominierenden Mutter, dann kann das (beginnend mit dem vierzehnten Lebensjahr) meist nach dem einundzwanzigsten Lebensjahr Grund für die Entwicklung von *Exhibitionismus* sein. Hierbei wird der Penis – der ja schon bei Tieren das männliche Dominanzsymbol ist – plötzlich vor einem in der Pubertät befindlichen Mädchen entblößt, seltener wird auch dabei masturbiert. Den Täter befriedigt dabei nur die Reaktion von Furcht oder Abscheu. Meist wird eine solche Situation nur herbeigeführt, wenn der Stolz des Mannes Kränkungen bei der Arbeit oder im Eheleben erfahren hat. Und Aggressionen sind nun einmal ein nahezu unfehlbarer Erektionsauslöser. Jedes Jahr werden in Großbritannien über dreitausend Exhibionisten verurteilt. Da sie aber den Mädchen nichts tun, dürfen Eltern in diesem Fall beruhigt ihren Kindern raten, einfach wegzuschauen, denn solch ein Mann sei ja nur ein Spätentwickler.

Eine andere Form, sexuelle Feindseligkeit gegenüber Frauen auszudrücken, sind anonyme *Telefonanrufe mit obszönen Inhalten.*

Natürlich kann die Vergangenheitsbewältigung auch aktiver und extremer sein. Im Widerstreit mit der Erinnerung an eine frustrierende und dominierende weibliche Person während der Pubertät quälen *Sadomasochisten* wegen der angestauten Aggressionen ihre Partnerinnen. Der Genuß besteht darin, die Frau zu unterwerfen, nur bedingt im Erreichen eines Orgasmus. Geht der sexuelle Lustgewinn bei einer solchen Veranlagung ganz verloren, kommt es zum Extremfall des Sexualmordes.

Sind Schüchternheit und Minderwertigkeitsgefühle gegenüber Mädchen nach der Pubertät nicht verarbeitet worden, dann entwickelt sich daraus immer wieder ein *Voyeurismus.* Die jungen Männer werden leicht vom Anblick einer sexuell aktiven Frau erregt, vorausgesetzt es besteht nicht die Gefahr, Kontakt aufnehmen zu müssen. Also wird aus einem Versteck oder durchs

Fenster zugeschaut. Es ist dagegen durchaus normal, wenn Männer beim Anblick von Sexszenen erregt werden, dann aber auch mit dieser Frau selbst Geschlechtsverkehr haben möchten.

Wenn Voyeurismus, Exhibitionismus und Sadomasochismus später das Eheleben des erwachsenen Mannes nachhaltig zu gefährden drohen, ist eine Behandlung mit täglich 50 Miligramm Androcur® zu empfehlen.

Die unbewältigte Vorstellung, daß Frauen etwas Bedrohliches sind, führt bei erwachsenen Männern dazu, die Dominanz einer Frau durch *Lederkleidung, Stiefel und Peitsche* aufzubauschen – doch am Ende gehört die Frau ihnen. Daß es schwarzes Leder sein muß, hat damit zu tun, daß eine schwarze Haut beängstigend aussieht. Oder solche Männer brauchen einen schützenden Gegenstand, einen *Fetisch*, auch als »Penis-Verstärker«, um diesen »gefährlichen« Frauen gegenübertreten zu können. Der wohl prominenteste Fetischist war JOHANN WOLFGANG VON GOETHE. Die Angst vor Frauen war bei ihm so ausgeprägt, daß er erstmalig im Alter von 39 Jahren in Rom mit dem »Beistand« eines Fetischs die körperliche Vereinigung mit einer Frau erlebte (siehe Prof. Dr. med. KURT ROBERT EISSLER: *»Goethe – eine psychoanalytische Studie«*. Frankfurt 1984).

Relativ leicht verständlich ist ein Fetischismus noch in Verbindung mit Frauenkleidung, entdeckt doch ein pubertierender Junge sehr schnell, daß gerade der Anblick weiblicher Unterwäsche Erektionen auslöst. Von Frauen getragene Gegenstände werden dann als Teil des weiblichen Körpers gesehen. Doch sehr oft sind es Gegenstände, welche die Einbildungskraft des Mannes stärken und so ihm erst den sexuellen Kontakt mit einer Frau ermöglichen. Für GOETHE stellten Tabakspfeifen und Federhüte den Penis unterstützende Fetische dar.

Generell sind für *Fetischisten* Erektionen nur im Zusammenhang mit dem Ansehen oder Riechen des »Liebesobjektes« möglich. Mitunter reicht sogar die alleinige Existenz des Fetischs aus, um einen Orgasmus auszulösen. Ein nicht ungewöhnlicher Fetisch sind in dieser Hinsicht Frauenschuhe. Im Schuhleder setzen sich nämlich die von der weiblichen Scheide verströmten »Sexduftstoffe« fest. Der Geruchssinn des Mannes nimmt sie unbewußt wahr. Das Lustzentrum im Gehirn wird angeregt (siehe Seite 209). Außerdem assoziiert das Unterbewußtsein des Mannes hochhackige Schuhe mit einem aufreizend wackelnden Frauenpo.

Leider hat auch die *Pädophilie*, also der Zwang zu sexuellen Handlungen mit Kindern, ihren Ursprung in einem verzerrten Partnerbild aus der Pubertät. Aus übertriebenen Ängsten vor Frauen – meist aus den Erfahrungen mit der Mutter oder in einer gescheiterten Ehe – haben diese Männer enorme Schwierigkeiten, eine Partnerbeziehung einzugehen. Eine unbedrohlich erscheinende »Kind-Frau« ist dann leichter als Sexualpartner zu akzeptieren. Überwiegend fühlen sich solche Männer instinktiv zu Mädchen zwischen acht und elf Jahren hingezogen, in dem Alter, da sich die kindliche Sexualität zuerst deutlich bemerkbar macht. Auch wenn es häufig nur um eine Berührung der Geschlechtsteile geht, leidet die Mehrzahl der Mädchen doch hinterher unter Verhaltensstörungen wie Schuleschwänzen oder Bettnässen, aber auch unter Ängsten und Depressionen. Die meisten Pädophilen werden bei ihrem Tun nicht einmal entdeckt.

Jungen, die sich in der Pubertät wegen ständiger Zurückweisungen durch Mädchen bei Phantasien über *Vergewaltigungen* selbstbefriedigt hatten, werden auch im späteren Leben mehr durch solche Phantasien erregt als andere Männer. Kommen dann einmal Ärger oder gar eine Demütigung wegen eines sexuellen Versagens hinzu, will sich solch ein persönlichkeitsgestörter Mann seiner Männlichkeit durch eine Vergewaltigung versichern. Da es sich ja um eine Abreaktion von Haß gegen Frauen handelt, stärkt die Gegenwehr des Opfers noch die sexuelle Erregung. Doch haben auf der anderen Seite widerstandsloses Dulden oder sogar Schmeicheln von vergewaltigten Frauen (aus Angst vor Gewalttätigkeit) den Tätern die »innere« Rechtfertigung gegeben, noch weitere Frauen zu vergewaltigen. Übrigens ist eine Vergewaltigung deshalb für Frauen so schrecklich, weil für jede Frau die Hingabe eine Sache ihres persönlichen Entscheidenwollens und der Rechtfertigung vor ihrem Unterbewußtsein ist. Deshalb leiden auch Prostituierte – die es ja sonst für Geld tun – unter Vergewaltigungen.

Sie sehen, welches Leid prägende Eindrücke bei der Mannwerdung für das spätere Leben verursachen können! – Nun werden Sie fragen: Warum hört man kaum etwas über abnormale sexuelle Verhaltensweisen auch bei Frauen? Es stimmt, abgesehen vom Sadomasochismus gibt es kaum sexuelle Abartigkeiten bei Frauen.

Die Antwort ist vielleicht ganz einfach: Da sie keine spontanen Orgasmen erleben oder durch Erektionen ständig mit sexuellen Bedürfnissen konfrontiert werden, können Mädchen ihre Sexualität unbeeinflußt von Versagensängsten und ohne Schutz und Hilfe von Fetischen reifen lassen. Allerdings kann der Zwang, einem Vater sexuell zu Willen sein zu müssen, bei einem jungen Mädchen zu einer schuldbeladenen Einstellung zum Sexualleben führen. Vorgezeichnet ist dann der Weg zu Scheidenkrämpfen beim Versuch des Partners, seinen Penis einzuführen, zu Orgasmusunfähigkeit – oder sogar in die Prostitution, den Alkoholismus und die Jugendkriminalität.

Was die Jungen anbetrifft, so hinterlassen solche sexuellen Belästigungen nur bei jedem zehnten Spuren im späteren Liebesleben. Auch wenn man eine neuere Untersuchung bei italienischen Studenten nicht ohne weiteres auf deutsche Verhältnisse übertragen kann, so werden eine von drei jungen Frauen und einer von zehn jungen Männern in der Zeit der Pubertät von Verwandten oder Freunden der Familie sexuell genötigt. Diese Zahlen deuten darauf hin, daß es sich um ein größeres Problem handelt, als allgemein angenommen wird.

Viele sexuelle Probleme in der Zeit der Pubertät würden nicht entstehen oder wären leichter zu bewältigen, wenn die Eltern ihre Kinder bereits mit zehn Jahren voll aufklären würden und es auch in der Bundesrepublik, in Österreich und in der Schweiz einen nationalen Telefondienst gäbe, wo Kinder mit sexuellen Problemen (anonym) anrufen können. In Holland hat »*Rutgers Stitching*« auf diese Weise bereits erreicht, daß die Zahl der Schwangerschaften und Schwangerschaftsabbrüche unter Teenagern dort weltweit am niedrigsten geworden ist.

# 3

# Homosexualität ist ein »Partnerprogramm« der Natur

Auch wenn früher einmal der Mediziner Magnus Hirschfeld den Homosexuellen als Zwischenstadium zwischen den Geschlechtern definiert hat, steht es außer Frage, daß ein Homosexueller in jeder Hinsicht ein Mann bleibt, nur eben ein Mann, dessen gefühlsmäßige Bedürfnisse nach Zweisamkeit und sexueller Erfüllung nicht einer Frau, sondern einem anderen Mann gelten. Nur das Zusammensein mit einem gleichgeschlechtlichen Partner kann für ihn die Bedürfnisse nach Nähe und Zärtlichkeit befriedigen. Sexuelle Probleme – soweit sie auftreten – sind in Art und Häufigkeit die aller Männer.

Die Homosexualität ist ein Verhalten, das die Natur dem Jungen schon im Mutterleib »einprogrammiert«. Festgelegt ist mit der Befruchtung der Eizelle nur das Geschlecht des Embryos. Das spätere sexuelle Verhalten dagegen wird durch die relative Konzentration an männlichen und weiblichen Hormonen bestimmt, der das sich entwickelnde Gehirn im Mutterleib im letzten Drittel der Schwangerschaft und in den ersten sieben Tagen nach der Geburt ausgesetzt ist, wie zuerst in Untersuchungen an Menschenaffen festgestellt. Genauso wie ein Schmetterlingsmännchen beim Anblick bestimmter Muster und Farben auf den Flügeln des Weibchens in Liebesstimmung kommt, so trägt auch jeder Mensch sein »Fahndungsbild« für sexuelle Reize in sich. Für den homosexuellen Mann sind das männliche Muskulatur, Pobacken, Behaarung auf der Brust, Bärte – und vor allem der Penis.

Natürlich verstärkt die Erfahrung der ersten Sexualerlebnisse dieses Verhalten in Form der Belohnung durch eine emotionale Befriedigung. Wer aber von der Natur kein sexuelles Verlangen in Richtung Mann mitbekommen hat, der kann auch durch noch so zahlreiche Sexspiele mit anderen Jungen oder Männern niemals homosexuell werden. So durchlaufen zwar fast alle Jungen eine entwicklungsbedingte homosexuelle Phase, und ein Viertel aller Jungen probiert in der Zeit der Pubertät (in der sich Jungen anfangs mehr zu Jungen hingezogen fühlen) typische Sexualpraktiken Homosexueller miteinander aus – allerdings ohne sich dabei zu küssen; nach Durchlaufen dieses Erkundungsstadiums nehmen sie später aber ohne Probleme befriedigende sexuelle Beziehungen zu Frauen auf. Dasselbe gilt auch für Jungen, die für Geld oder auch aus Einsamkeit die Nähe von Homosexuellen suchen. Breitangelegte wissenschaftliche Untersuchungen haben gezeigt, daß durch körperliche Annäherungsversuche eines älteren Homosexuellen noch nie ein Junge homosexuell geworden wäre oder beträchtlichen seelischen Schaden gelitten hätte. Solche Kontakte von Homosexuellen mit Kindern sind sehr selten (denn es fehlen die richtigen Reize, um das sexuelle Verlangen anzuregen), finden sie aber statt, dann sind sie eher von Zartheit bestimmt. Und damit sind wir bei den weiblichen Verhaltens- und Empfindungsmustern von Homosexuellen.

Ich meine keineswegs die typischen »Tunten« mit einem übertriebenen femininen Gehabe. Das findet man sowieso nur bei fünf von hundert Homosexuellen. Sehr oft ist es entweder ein aufgesetztes Lockverhalten oder eine Form des Protestes gegen die Diskriminierung der Umwelt – genauso wie der übertriebene Männlichkeitskult mancher Homosexuellen. Den weitaus meisten sieht es niemand an. Berühmte Beispiele sind Erroll Flynn und Rock Hudson, aber auch Kriegshelden wie Alexander, Cäsar, Richard Löwenherz, Prinz Eugen und Friedrich II. von Preußen.

## Warum homosexuelle Männer wie Frauen empfinden

Bleiben wir beim Sexualleben, obwohl dies nur ein Teilbereich der homosexuellen Persönlichkeit darstellt; aber es macht vieles verständlicher. Genauso wie Frauen sehnt sich die Mehrheit der Homosexuellen in der Liebe nach sehr viel Zärtlichkeit und Küssen am ganzen Körper, nach Streicheln und In-die-Arme-genommen-Werden. Vor allen Dingen soll es ein langes, zärtliches Kuscheln sein, bei dem viel gesprochen wird. Doch für einen Großteil der Homosexuellen braucht das keineswegs immer im Geschlechtsverkehr zu enden – schon die gefühlsmäßige Nähe vermittelt Zufriedenheit. Überhaupt muß nach den ersten Jahren des Sturm und Drangs fast immer Liebe im Spiel sein, wenn es für einen Homosexuellen zu einem wirklich erfüllten körperlichen Zusammensein kommen soll. Und dann berichten Homosexuelle auch immer wieder, wie wichtig es für sie sei, bei einem Partner das Gefühl der Sicherheit und Geborgenheit suchen und empfinden zu können.

Wie im HITE *Report über die sexuellen Vorlieben und Praktiken des männlichen Geschlechts* angegeben, betreiben 86 Prozent der amerikanischen Homosexuellen Analverkehr oder erreichen einen Höhepunkt durch Stimulierung ihrer Prostata mit einem Finger im Rektum (Enddarm). Wenn der Penis ihres Partners in sie eindringt, erleben sie ein Gefühl des Verschmelzens und der Selbstaufgabe, ja sogar ein über Tage andauerndes »Nachglühen«. Ein Großteil der Homosexuellen ist auch gefühlsmäßig tief bewegt von einem Liebeserlebnis. Ähnliche Schilderungen kennt man als Sexualmediziner nur von Frauen, ganz besonders solchen Frauen, die über die Gefühle bei der Stimulation ihres G-Punktes, also ihrer »Prostata«, berichten (siehe Kapitel 8).

Das sexuelle Signalhormon *LH* (luteinisierendes Hormon) stimuliert bei jedem Mann die Bildung von Testosteron in den Hodenzellen, was ja sexuelles Interesse überhaupt erst einmal auslöst. Und diese Ausschüttung von LH durch die Hirnanhangdrüse braucht ein Anstoßen exakt alle 90 Minuten, wie bei einer Digitaluhr. Bei ausschließlich auf Frauen programmierten Männern ist der Impulsgeber das männliche Hormon Testosteron, sozusagen ein Rückkopplungsmechanismus. Doch wie wir aus Untersuchungen von GLADUE, GREEN und HELLMAN wissen, schütten Homosexuelle charakteristischerweise das Signalhormon LH beim plötzlichen Anfluten von weiblichen Östrogenen aus. Wenn aber das Liebesleben von Homosexuellen durch ein weibliches Sexsignal reguliert wird – wie auch aus den Leipziger Studien von DÖRNER hervorgeht –, dann ist es nicht überraschend, wenn das Sexualverhalten und die Empfindungswelt solcher Männer »anders« ist.

Es ist nicht wahr, daß etwa Umweltfaktoren homosexuelle Neigungen entstehen ließen. Homosexuelle Praktiken, wie sie häufig in Gefängnissen, Kasernen und Internaten zu finden sind, haben nichts mit einer entsprechenden sexuellen Veranlagung zu tun – es ist mehr ein Problem des Abbaus von körperlichen Spannungen und der Suche nach gefühlsmäßiger Nähe unter Isolationsbedingungen. Die Homosexualität entsteht auch nicht etwa durch eine mangelnde Gefühlsbindung zum Vater oder bei Überbehütung oder Dominanz durch die Mutter. In solchen Familien werden jüngere oder ältere Brüder nämlich keineswegs auch homosexuell, wohl aber ein anderer Zwilling – denn der erfährt im Mutterleib das gleiche Hormonschicksal.

Bereits 1973 haben YALOM, GREEN und FISK gezeigt, daß Jungen solcher Mütter, die zur Vermeidung einer Fehl- oder Frühgeburt relativ spät in der Schwangerschaft mit Östrogenen behandelt wurden, alle weniger aggressiv und männlich in ihrem Verhalten waren als ihre Altersgenossen. Es gibt aber auch das Gegenbeispiel: nämlich Mädchen, deren Mütter während einer Risikoschwangerschaft mit vermännlichenden Gestagenen behandelt wurden; diese Mädchen zeigten später ein auffallend maskulines Verhalten. Dazwischen liegen alle möglichen abgestuften Effekte für Verhaltens- und Empfindungsmuster.

## Die Sexualprogramme der Natur sind ein Breitbandspektrum

Es gibt in der Natur kein Alles-oder-nichts-Programm. Das wäre bei der Vielzahl sich verändernder Einflußfaktoren auch nicht möglich. Man muß sich die Musterbildung sexueller Reize in der Natur und deren Häufigkeitsverteilung wie eine Glockenkurve vorstellen (siehe *Abbildung 1*). An einem Ende werden Männer nur von Männern angezogen, am anderen Ende Frauen nur von Frauen. Bei solchen Lesbierinnen scheint ein erhöhter Spiegel des männlichen Hormons Testosteron zum Verhaltensauslöser zu werden. Dazwischen gibt es gleitende bisexuelle Übergänge, wo Menschen auf Partner beiderlei Geschlechts reagieren können – und einen breiten Gipfel der ausschließlichen Anziehung von Mann und Frau, was sich in der Natur als ein Optimum für ihr Fortpflanzungsprogramm bewährt hat.

Nach amerikanischen und englischen Daten gibt es etwa vier Prozent ausschließlich homosexueller Männer und weitere sechs Prozent, die ihre Befriedigung sowohl bei Männern als auch bei Frauen finden. Dem entsprechen etwa zwei Prozent Lesbierinnen und drei bis vier Prozent bisexuelle Frauen. Dazu kommen noch spezielle Spielarten, wie etwa das Verlangen von Männern, auf Zeit eine weibliche Identität anzunehmen, indem sie sich Frauenkleider anziehen (Transvestiten). Und dann gibt es noch zahlreiche Männer, die ihre nur sehr kurz anhaltende Befriedigung aus immer neuen sexuellen Begegnungen – meist mit anderen Männern – ziehen. Bei diesen Männern ist es ein oft jahrelang anhaltendes Übergangsstadium bei der Suche und dem Bewußtwerden ihres Partnerbildes. Die Extremform eines solchen neurotischen Zustandes stellen Schizophrene dar, die beinahe unaufhörlich masturbieren, weil sie die Nähe keines Geschlechtspartners mehr ertragen.

Daß diese vom gesellschaftlich akzeptierten Mittelwert abweichenden Sexualprogramme mehr bei Männern vorkommen, ist

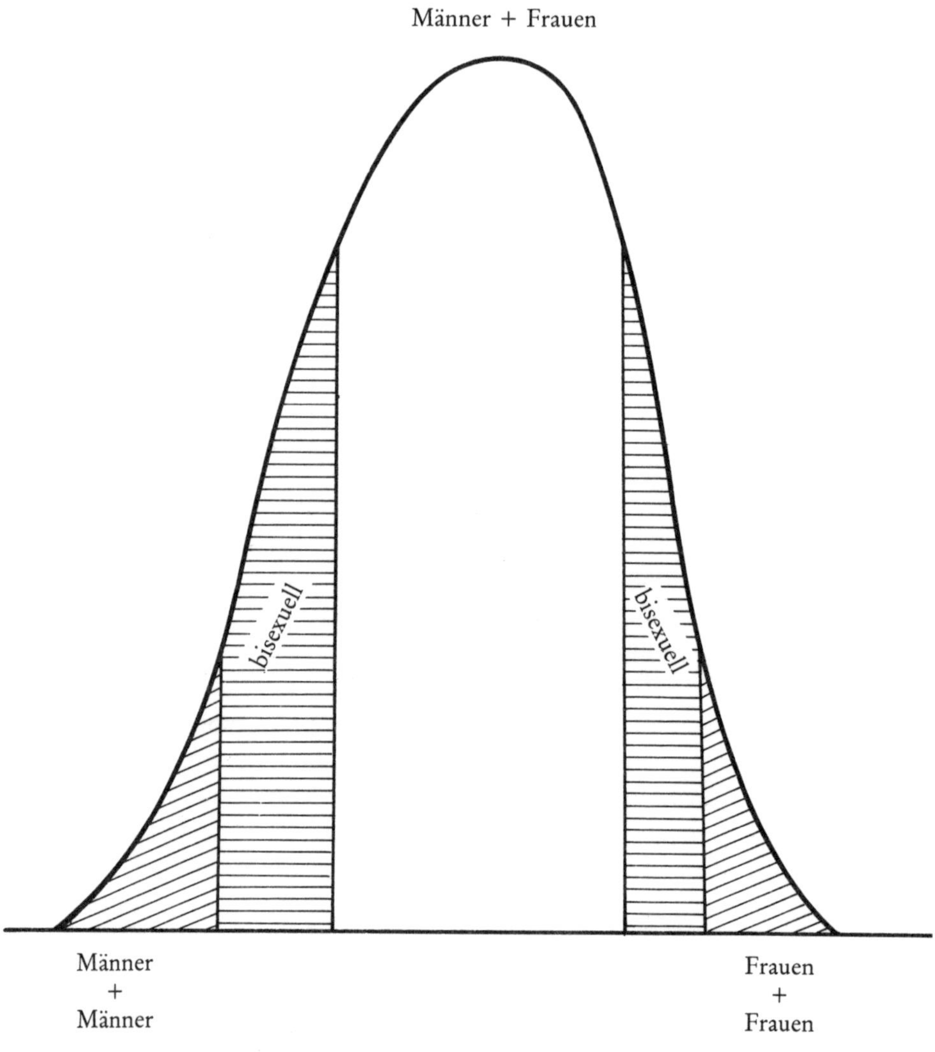


*Abbildung 1:* Häufigkeitsverteilung der sexuellen Anziehungskraft zwischen Männern und Frauen.

gar nicht so verwunderlich, denn durch die höhere Zahl männlicher Embryos hat die Natur mehr Möglichkeiten »Alternativprogramme« durchzuspielen. Außerdem ist gerade das Gehirn des männlichen Embryos für Veränderungen des Sexualhormonspiegels empfindlicher.

*Bisexualität* ist bei Männern doppelt so häufig wie bei Frauen, obwohl beim Gruppensex Frauen leichter und ohne Hemmungen bereit sind, mit einer anderen Frau Berührungen auszutauschen. Die meisten bisexuellen Männer sind verheiratet – oft allerdings, um eine gesellschaftliche Fassade aufrechtzuerhalten, denn es besteht keine Hemmschwelle gegenüber der Berührung einer Frau wie bei einem »echten« Homosexuellen. Bisexuelle Männer finden aber den Geschlechtsverkehr mit einem Mann emotional und körperlich befriedigender. Sie können sich dabei leichter entspannen. Manche bisexuellen Männer können zum Beispiel nur beim Zusammensein mit einem Mann einen Orgasmus erreichen. Bei vielen funktioniert jedoch das Eheleben einigermaßen gut, und der Mann bricht nur aus, wenn der sexuelle Druck zu groß wird. Dann gibt es vielleicht zwei oder drei schnelle und völlig anonyme sexuelle Erlebnisse im Monat mit anderen Männern, meist in öffentlichen Toiletten oder in der Sauna. Niemals sollten aber Männer, die in einer homosexuellen Partnerschaft immer der passive Teil waren, heiraten – denn durch die gegenüber einer Frau entstehenden Ängste werden sie unweigerlich impotent.

In schwach ausgeprägter Form ist eine gewisse Bisexualität gar keine Seltenheit. Aus der Sexualberatung kenne ich eine ganze Reihe von Männern, die vom Anblick eines gutgebauten Mannes oder durch körperliche Kontakte beim Sport sexuell erregt werden. Nur wünschen sie sich deswegen noch keine Intimitäten. Manche Männer bevorzugen aus ähnlichen Gründen knabenhaft gebaute Frauen, oft sogar mit durch Bodybuilding betonten Muskelpartien.

Eine Variante der Bisexualität ist, wie gesagt, das *Tragen von Frauenkleidern* durch meist verheiratete Männer, die sogenannten Transvestiten. Beherrschend ist die Vorstellung, beim Anziehen der Frauenkleider selbst eine Frau mit Brüsten und Scheide zu sein. Die emotionale Befriedigung resultiert vor allem aus der zeitweiligen Annahme einer weiblichen Geschlechtsidentität. Die Phantasievorstellung, dadurch ein andersgeschlechtiges »Ich« als Sexualpartner zu produzieren, wird jedoch auch von einigen dieser Männer bei der Selbstbefriedigung benutzt. Doch sofort nach Erreichen des Samenergusses werden die Kleider ausgezogen. Dann ist der erregende Zauber des Tragens von Frauenkleidern wieder vorbei. Allerdings kann der Wunsch dieses Kleidertragens ein Eheleben belasten. In England ist daher die *Beaumont-Gesellschaft* gegründet worden, die tausend solcher Männer die Möglichkeit zu Zusammenkünften unter Gleichgestimmten verschafft. Auch der Transvestitismus beginnt praktisch immer in der Pubertät. Für viele Jungen bleibt es jedoch nur ein Hilfsmittel, besonders in getragener Unterwäsche der Mutter oder älteren Schwester zu onanieren. Für den alternden Transvestiten bietet das ständige Tragen von Frauenkleidern letztendlich eine Möglichkeit, im ermüdenden Kampf mit der gespaltenen Männlichkeit seine innere Ruhe zu finden.

Besteht jedoch von Kindheit an der beständige Wunsch nach einer weiblichen Geschlechtsidentität und sogar das Gefühl, durch den Penis eine Mißgeburt zu sein, dann wird oft auch eine operative Geschlechtsumwandlung gewünscht. Solche *männlichen Transsexuellen* sind innerlich völlig weiblich programmiert und wollen sogar erst dann Geschlechtsverkehr mit einem Mann ausüben, wenn sie auch über eine Scheide verfügen. Die Operation ist kein großes chirurgisches Problem, und sogar einen Orgasmus können diese »Frauen« erreichen, doch löst eine Flucht von einem Geschlecht ins andere nicht automatisch alle Probleme. Ich rate daher Mann-zu-Frau-Transsexuellen, erst einmal wenigstens ein Jahr lang in Frauenkleidern und mit einer neuen Frauenidentität zu versuchen, sich im Berufsleben zurechtzufinden, bevor sie auf dieser irreversiblen Operation bestehen. Es sind keineswegs häufige Fälle, und nur bei einem von hunderttausend Männern ist der hormonbedingte Einfluß weiblichen Verhaltensmusters so stark, daß er seine männliche Identität aufgeben will.

Auch eindeutige Homosexuelle machen irgendwann im Leben – mitunter nur kurze – bisexuelle Phasen durch. Typisch hierfür sind die Maler SANDRO BOTTICELLI und MICHELANGELO, der Komponist PETER TSCHAIKOWSKI, die Schriftsteller und Poeten NOEL COWARD, WILLIAM SOMERSET MAUGHAM, TENNESSEE WILLIAMS und OSCAR WILDE. Andere Homosexuelle versuchen dagegen nur, ihre weiblichen Gefühle immer wieder in Form des Annehmens einer weiblichen Identität auszudrücken. Am leichtesten fällt das natürlich Künstlern. Typischstes Beispiel ist LEONARDO DA VINCI. Seine berühmte *Mona Lisa* ist in Wirklichkeit ein Selbstbildnis. Das jedenfalls wurde in den amerikanischen *Bell Laboratories* herausgefunden, in denen die modernsten Polizeifahndungscomputer der Welt entwickelt werden. Doch es ist schon sehr pikant, daß sich gerade das Frauenmagazin des Zweiten Deutschen Fernsehens nach einem Homosexuellen benannt hat. Vielleicht ist es aber auch nur eine Hommage an die künstlerischen Fähigkeiten, die nachgewiesenermaßen in sehr starkem Maße bei der Umprogrammierung des männlichen Gehirns in Richtung weibliches Fühlen angelegt werden. Übrigens führen überschießende Sexualhormone im Mutterleib in einer anderen Schwangerschaftsphase auch noch zur Umprogrammierung des Gehirns vom Rechtshänder zum Linkshänder.

## Sexualhormone im Mutterleib bestimmen sogar die Anlage zum Linkshänder

Es mag sein, daß Sie bei meinen Ausführungen über den Entstehungsmechanismus der Homosexualität noch recht skeptisch gelächelt haben. Doch der Hormonspiegel der Mutter entscheidet zum Beispiel auch darüber, ob das Gehirn des Embryos in Richtung Linkshänder programmiert wird. Aufgrund der Arbeiten von NORMAN GESCHWIND an der *Harvard University* und seines Schülers PETER BEHAN in Glasgow wissen wir, daß erhöhte Konzentrationen des Hormons Testosteron im fötalen Blutkreislauf die Entwicklung der linken Hirnhälfte zugunsten der rechten verlangsamen. Es trifft mehr kleine Jungen, da ihre Hoden bereits im Mutterleib selbst Testosteron produzieren. Durch eine zusätzliche mütterliche Bildung von Testosteron als Nebenprodukt bei der Synthese von weiblichen Hormonen wird die für die Gehirnentwicklung kritische Hormonkonzentration damit schneller überschritten.

Die Folge dieser Umprogrammierung der normalen Gewichtung beider Hirnhälften ist verblüffend. Das Linkshänderdasein ist nur ein äußeres Maß, weil eben Hand und Arm von der rechten Hirnhälfte – anstelle von der linken wie bei den Rechtshändern – gesteuert werden. Da aber ein spezielles Hirngebiet, das mit dreidimensionalen Vorstellungen zu tun hat, in der rechten Hirnhälfte stärker entwickelt ist, haben Linkshänder im allgemeinen ein besseres Raumverständnis und Abstraktionsvermögen. Unter Linkshändern sind deshalb ungewöhnlich viele Künstler, wie zum Beispiel das Allroundgenie LEONARDO DA VINCI oder der Bildhauer AUGUSTE RODIN, eine große Zahl erfolgreicher Architekten oder die Tenniskünstler MARTINA NAVRATILOVA, JIMMY CONNORS und JOHN MCENROE. Linkshänder zeichnen sich durch die Gabe aus, geistig mit Objekten und Ideen zu jonglieren, wie es ALBERT EINSTEIN und THOMAS ALVA EDISON so erfolgreich taten. Im amerikanischen Silicon Valley sind nahezu vier von fünf Computerspezialisten Linkshänder.

Doch durch die Umstellung »erprobter« Hirnabläufe können natürlich Versager mitentstehen, denn sonst hätte die Natur diese Art von Programmentwicklung längst übernommen. Weil jetzt die Fähigkeit zum Lesen nicht mehr in der linken Hirnhälfte lokalisiert ist, kommt es mitunter zu Schwierigkeiten beim Lesen und Buchstabieren – der *Dyslexie*. Kein Wunder, daß schon ALBERT EINSTEIN genau da seine Schwachstelle in der Schule hatte. Wenn die Gehirnveränderungen zu groß sind, erhöht sich bei solchen Linkshändern auch die Neigung zur Epilepsie, zu schwerer Migräne und zu Kontaktängsten – der Betreffende kann sich der Umwelt nicht mitteilen oder stottert aus Angst.

Doch Linkshänder zahlen für ihre Anlage zur Genialität auch mit einer Übererregbarkeit der Immunabwehr des Körpers. So werden körpereigene Zellen dreimal so häufig wie bei Rechtshändern versehentlich als Fremdzellen verkannt und von Killerzellen angegriffen. Sind diese Zellen in den Gelenken, kommt es dadurch zu Rheumaschüben, ist die Haut das Zielgebiet, so sind es Ekzeme. Ein ausgleichender Vorteil des übererregten Abwehrsystems der Linkshänder ist der bessere Schutz gegen Infektionskrankheiten und möglicherweise auch gegen Krebserkrankungen.

Für alle jene, die weiterhin glauben, daß Homosexuelle und Bisexuelle schuld an ihrer sexuellen Partnerneigung seien und unbedingt behandelt werden müßten, sei gesagt, daß bei Linkshändern, bei denen ähnlich gravierende Verhaltensumstimmungen durch Sexualhormone im Mutterleib ausgelöst worden sind, Umerziehungsversuche nur zu Depressionen und Gedächtnisstörungen geführt haben. Wenn man aber in der Schule endlich begriffen hat, daß Linkshänder nicht als krankhaft einzustufen sind, dann ist es an der Zeit, ähnliche Schlüsse auch für das Sexualverhalten zu ziehen.

# 4

# Ratschläge für ein erfülltes Liebesleben

Hier soll es nur um Ratschläge für Männer gehen, die ihr Liebesleben bereichern oder retten wollen und die Interesse daran haben, dem Entstehen sexueller Probleme vorzubeugen. Wer unpersönlichen Sex als Abenteuerersatz, zur Stärkung seines Selbstwertgefühls oder einfach als Sammelleidenschaft betreibt, hat keine sexuellen, sondern seelische Probleme.

Jedes Stadium im Werben und Zusammensein mit einer Frau hat seine typischen sexuellen Probleme. Betrachten wir sie also »stufenweise«.

## Zuerst müssen Sie Ihre Schüchternheit loswerden

Sie wissen es, Sie nehmen sogar Ihren ganzen Mut zusammen, und doch kommen Sie vor lauter Hemmungen nicht dazu, bei einer Frau, die Sie interessiert, den Mund aufzumachen. Doch bedenken Sie, wie viele »Körbe« sich auch die sogenannten erfolgreichen Männer auf dem Weg zum Erfolg geholt haben! Nicht jede Frau reagiert auf jeden Mann, und nicht jede Frau ist immer zum Anbandeln aufgelegt. Was Frauen aber bestimmt nicht mögen, sind Männer, die nur auf Eroberungen aus sind und mit einstudierten Redewendungen schnell etwas erreichen wollen. Außerdem gibt es genauso viele schüchterne Frauen, die ihre Hemmungen nur unter kühler Distanz verbergen. Für eine Frau ist es nämlich erheblich demütigender, wenn sie einmal ihr Interesse zu erkennen gibt und dann zurückgewiesen wird. Übrigens sind 50 Prozent aller Menschen mehr oder weniger gehemmt.

Bekämpfen Sie also alle Gefühle der Schüchternheit, sonst hindert Sie die ständige Selbstbeobachtung daran, sich unbefangen zu geben. Kommen Sie in eine fremde Umgebung, dann atmen Sie zuerst einmal tief durch, und sehen Sie den Leuten ruhig in die Augen. Lächeln Sie! Dadurch, daß Sie selbstbewußter wirken, wirken Sie auch auf Frauen interessanter. Das aber macht zuerst die Frauen – und in der Reaktion darauf auch Sie selbst – entspannter und offener. Und beim ersten Gespräch dürfen es ruhig banale Themen zur Eröffnung sein, außerdem dürfen Sie sich auch einem Gespräch anschließen. Haben Sie nie Angst, ganz Sie selbst zu sein, und sagen Sie das, was Ihnen gerade einfällt. Das macht Sie lebendig und unverkrampft. Mit dieser Art gewinnen Sie die Herzen der Frauen, weil Sie deren Innerstes berühren. Wenn Sie dann noch Anteilnahme und Einfühlungsvermögen im Gespräch mit einer Frau zeigen, dann werden Sie als charmant gelten.

Sollten Sie aber zu den Männern gehören, die eine schier unüberwindliche Angst vor dem anderen Geschlecht haben, so probieren Sie doch für einige Wochen die Wirkung von *Tafil®* oder *Tofranil®*. Doch ist es das Händezittern und Rotwerden, was Ihnen Angst macht, dann helfen niedrigdosierte Betablocker wie zum Beispiel *Lopresor® mite*. Das sind aber nur Notlösungen.

Wenn Sie generell Hemmungen haben, überhaupt jemanden anzusprechen oder um etwas zu bitten, üben Sie es erst einmal mit Reklamationen beim Kellner und bei Behörden, oder gehen Sie zu Ihrem Chef und bitten Sie ihn um etwas. Warum setzen Sie sich nicht einfach in der Kantine zu einer fremden Frau an den Tisch und eröffnen ein ganz belangloses Gespräch mit ihr? Wenn Sie dazu keinen Mut mehr brauchen, werden Sie auch im »Ernstfall« nach und nach Ihre Schüchternheit loswerden können.

Und wenn Sie nun noch mit dem Argument kommen, Sie wüßten ja nun wirklich nicht, ob die Frau Ihrer Wahl sich nicht etwa durch Ihre Annäherungsversuche beleidigt fühle, – dieses Risiko können Sie von vornherein eingrenzen. Erwarten Sie nicht, daß eine Frau, wenn sie Ihre Blicke bemerkt, gleich forsch zurückschaut. Zuerst wird sie sogar demonstrativ wegschauen. Blicken Sie halt in die gleiche Richtung, mit gelegentlichen Seitenblicken zu ihr hin. Hat Ihre Traumfrau Interesse, wird sie bald wenigstens mit kurzen Blicken aus den Augenwinkeln antworten. Wirft sie sich gar in Positur und streicht das Haar zurück, dann wird von Ihnen sogar erwartet, daß Sie ein Gespräch eröffnen. Thema frei wählbar. Schaut sie Ihnen jetzt voll in die Augen, haben Sie praktisch schon halb gewonnen. Wenn sich die Frau allerdings im Gespräch nervös räuspert und immer den Kopf zurückwirft, dann ist auch sie eine Schüchterne. Gähnen ist in diesem Stadium ein Zeichen großer Verlegenheit. Jetzt müssen Sie ihr durch ein lockeres Gespräch helfen. Neigt sie dabei Kopf und Körper Ihnen zu, streicht sie sich über Körper und Haare oder zeigt Ihnen die Handflächen, dann akzeptiert sie Ihr Werben. Und wenn nicht – ein Mann muß auch einmal einen Abend abschreiben können, ohne wegen eines Mißerfolges zu glauben, daß er überhaupt auf keine Frau wirke.

## Was Männer für Frauen anziehend macht

Eine Frau ist sicher angetan von einem treusorgenden und liebevollen Mann, denn tief in ihrem Unterbewußtsein sucht eine Frau nach dem geeigneten Vater für ihre Kinder, auch wenn sie verstandesmäßig gar keine will. Doch zur Liebe gehören – wie das Salz in der Suppe – auch ein wenig Spannung und Aufregung. Eine Frau hat das natürliche Bedürfnis, sich mit einem gefühlsbetonten Mann vom Alltag zu lösen und in einer Welt der Romantik und Lebensfreude ins Schweben zu kommen. Erscheint ein Mann einer Frau zu brav und berechenbar, so kommt sich auch die Frau irgendwie uninteressant und langweilig vor. Ein bißchen Jagen erhöht die Freude am Beutemachen. Für die Mehrheit der Frauen muß eine begehrte Liebesbeute etwas Besonderes an sich haben. Ganz oben an stehen deshalb wichtige Männer, Männer mit Erfolg oder Geld, Männer die auch von anderen Frauen bewundert und »gejagt« werden, um die man sich wirklich bemühen muß. Deshalb sind auch der Skilehrer im Wintersport und der Surfinstrukteur am Mittelmeer begehrt, weil diese Männer in ihrer Umgebung als etwas Außergewöhnliches wirken. Gutes Aussehen (besonders was Augen, Hände und Po betrifft) hilft dem Mann, löst aber bei einer Frau nicht das Gefühl der Faszination aus, das der Liebe vorausgehen muß. Eine Ausstrahlung des Mannes, geprägt von innerer Zufriedenheit, von Lebhaftigkeit und Humor – und das bei sportlich legerer Kleidung –, »überstrahlt« seine rein körperlichen Eigenschaften.

Frauen achten aber sehr darauf, ob ein Mann gesund aussieht. Deshalb ist Herrenkosmetik heute nicht nur für ein sicheres und selbstbewußtes Auftreten wichtig. In der Bundesrepublik werden jedes Jahr nicht weniger als 85 000 Schönheitsoperationen an Männern ausgeführt. Eine besonders große Gruppe sind Männer zwischen 42 und 52, die ihren beruflichen Erfolg durch ein jugendliches Aussehen »absichern« wollen. Übrigens, die von Männern so gefürchtete Glatze gilt nur bei den wenigsten Frauen als Schönheitsmanko.

Je weniger eine Frau über den von ihr begehrten Mann weiß, um so mehr kann sie ihrer Phantasie freien Lauf lassen. Erfolgreiche Verführer umgeben sich darum auch immer mit dem Hauch des Abenteuerlichen. Die Natur hat solchen Männern einen sechsten Sinn mitgegeben, um instinktiv zu begreifen, was eine Frau fühlt oder sich wünscht. Schon CASANOVA »las in der Seele der Frau«, bevor er der Angebeteten genau das sagte, was ihr Selbstwertgefühl stärkte. Sein Grundsatz: »Ich bin gewiß, daß eine Frau mit mir zufrieden ist, wenn es mir gelingt, sie zufrieden mit sich selbst zu machen.« Die modernen Frauen mögen noch so selbstbewußt und intelligent sein – doch sie reagieren unverändert weiblich auf einen phantasievollen und sinnlichen Liebhaber.

## Liebe ist schön – nur darf man sie nie sterben lassen

Alles beginnt mit einem Gefühl der Erregung, der Erwartung und des Glücks, das uns mitteilungsbedürftig und mutig macht. Doch danach wird es ein Gefühl, das vom Zauber der Zärtlichkeit lebt. Daß es wirklich Liebe sein muß, wird erst daran klar, daß praktisch nichts dieses Gefühl auslöschen kann. Wenn ein Mann den Geruch der Frau in sich (unbewußt) aufnimmt, ihren Blick oder ihre Umarmung spürt, den geliebten Körper betrachtet – dann möchte ein liebender Mann die Zeit anhalten. Auch eine aufs tiefste in ihren Gefühlen berührte Frau braucht Stunden, wo sie den Mann ihres Lebens nur ansehen und berühren will, vor allem aber von ihm träumen möchte. Teilen Sie diese Zeit mit ihr. Es ist die gewinnträchtigste Investition in Sachen Glück. Wer verliebt ist, sieht sich durch die Augen des anderen Ich. Es gehen unglaublich positive Veränderungen auch im Äußeren vor. Keine Gehässigkeit der Welt kann am Bild der (des) Geliebten rütteln. Letzten Endes liebt man das Bild, das in den Stunden des süßen Träumens von dem anderen entstanden ist. Man tut zwar, was einem Freude macht, aber unbewußt und selbstlos tut man es auch, damit es dem anderen Freude macht. Das Seelische ist ein Teil des Körperlichen. Darum vermittelt uns die Liebe auch so ein belebendes Gefühl, wir fühlen uns voller Energien und rundum gut.

Unmittelbarer Gradmesser der Intensität einer Liebe ist der *Kuß*. Bereits der griechische Philosoph PLATON sprach von einem »Zusammenfliegen zweier Seelen«. Im Kuß wird die Verbundenheit zwischen zwei Menschen sehr viel deutlicher als beim Geschlechtsverkehr. Deshalb wollen Prostituierte auch fast nie geküßt werden. Leider zeigt auch die schwindende Zahl und Dauer der Küsse die abnehmende Verliebtheit an. Am Ende sind es nur noch flüchtige Küsse oder Küsse als Überleitung zum Sex, und damit haben sie ihren eigentlichen Wert verloren. Küsse sind wichtig für das körperliche Sinnesgefühl. Zarte Küsse auf Hals,

Ohrläppchen, Schultern, Hüften und die Innenseiten der Schenkel sind immer aufregend. Schon ein tiefer Zungenkuß kann bei manchen Frauen die Erregung bis zum Orgasmus steigern. Doch es sind die kleinen sinnlichen Küsse schon lange vorher, die bei einer Frau Wohlbehagen und Gelöstheit bewirken und ihre Phantasie rechtzeitig in Liebesstimmung versetzen.

Dann sind auch die *erogenen Zonen* empfangsbereit für die intensiveren Signale der Liebe. Jede Frau hat *ihre* eigenen erogenen Zonen, und die muß ein Mann entdecken. *Abbildung 2* zeigt Ihnen die »erotische Landkarte« einer Frau und auch, auf welche Signale jede Zone anspricht. Eine Streichmassage bedeutet, daß ein Mann einer Frau mit der gesamten Handinnenfläche über die Haut streicht, und zwar so sanft, als ob er einem Baby über den Kopf streichen wollte. Aber selbst der Penis kann zum Streicheln benutzt werden, sei es über die Gesäßfurche oder beim Umkreisen der Brüste. Der Venushügel will zart rhythmisch massiert werden, wobei die Haut nach oben etwas abgehoben wird; so entsteht ein Zug an der Klitoris.

Auch wenn das bei einer von hundert Frauen einen Orgasmus auslöst – nicht jede Frau liebt den Zungenkuß im Ohr. Die echten *Orgasmuszonen* sind die Brustwarzen und der gesamte Warzenvorhof und natürlich die Schamlippen sowie die Klitoris. An diesen Stellen bedarf es eines »zärtlichen Dialogs« in Form sehr zarter Berührungen mit der Zunge, den Lippen oder den Fingerspitzen. Doch bitte kein Kneten! Und niemals in Ohr oder Scheide blasen!

Zum Verliebtsein gehört im Anfang auch Unruhe und ein wenig Liebesqual. Erst der Zustand glücklichen Zusammenlebens kann zur Idylle werden. Die beste Garantie für ein glückliches Zusammenleben ist eine Mischung zwischen Sicherheit und ein wenig Ungewißheit über die Stärke des gegenseitigen Gefühls, zwischen knisternder Spannung und wohliger Harmonie.

Doch *wenn ein Mann sich erst einmal der Geliebten sicher ist, schleichen sich Nachlässigkeiten* im Umgang *ein.* Das kann der

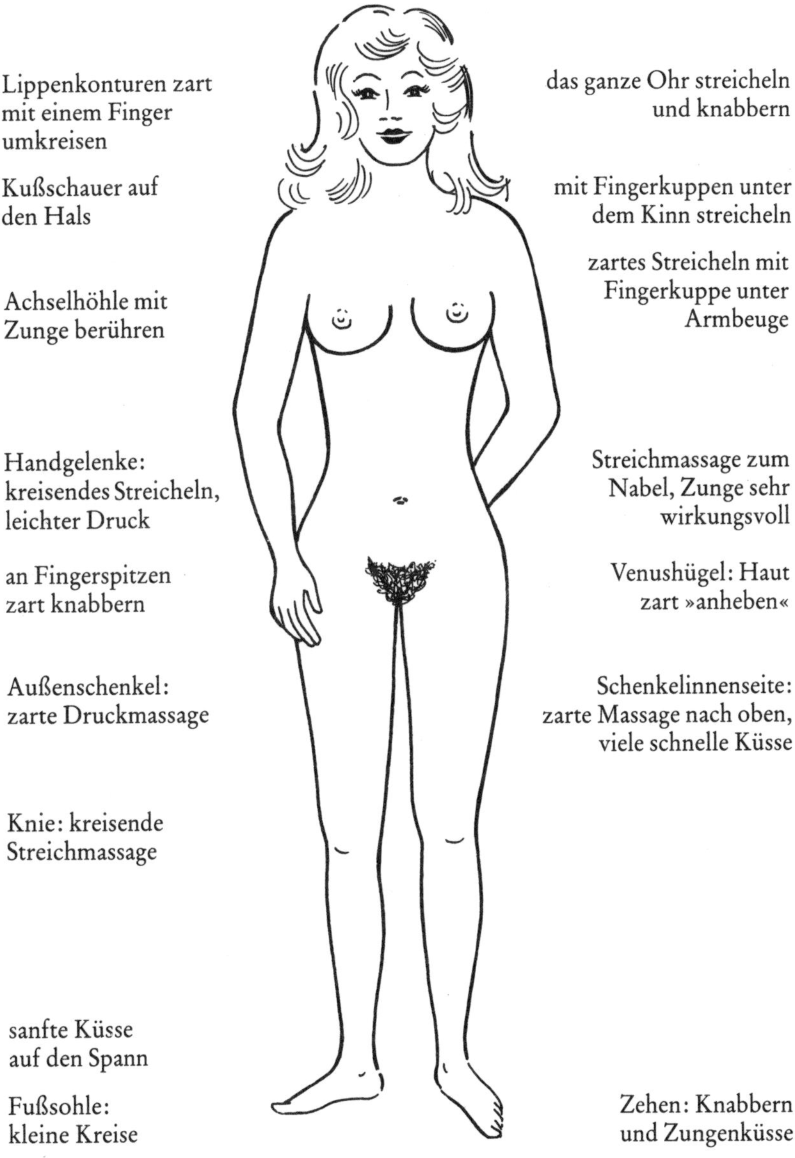


*Abbildung 2a:* Die erogenen Zonen der Frau.

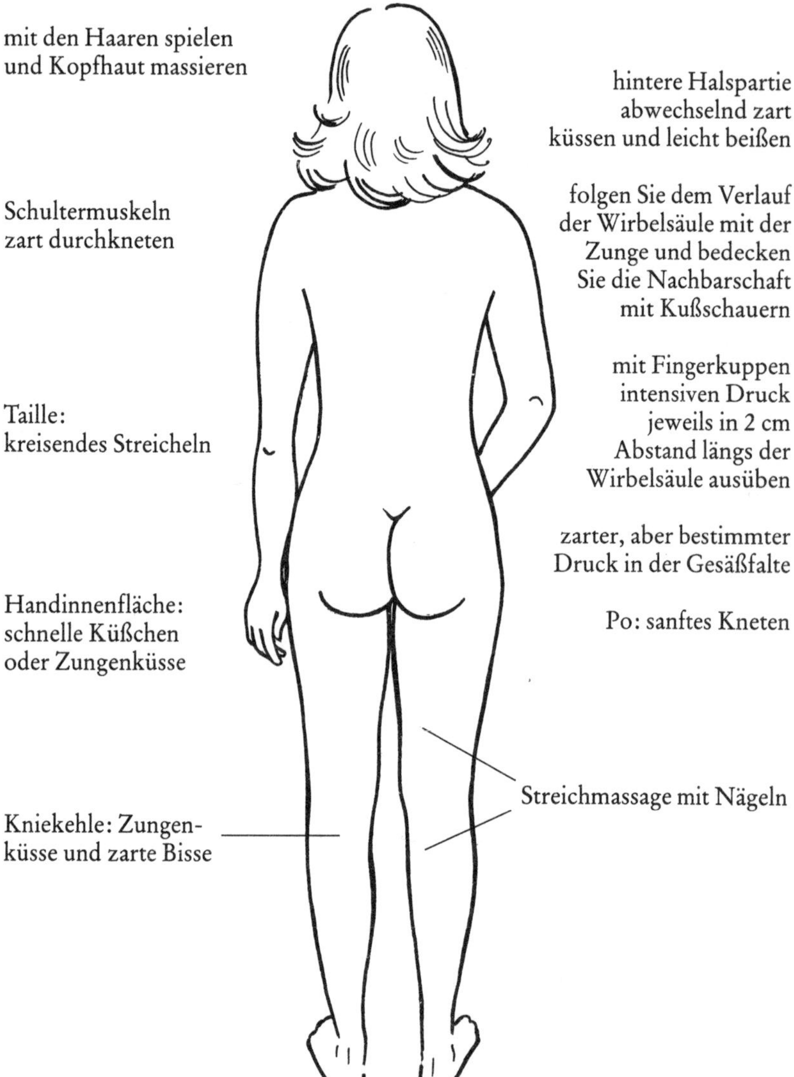


*Abbildung 2b*

immer wieder beanstandete offene Toilettendeckel sein, Bierdunst, der Geruch nach kalter Zigarettenasche oder nach Schweiß, denn Frauen haben einen vielfach stärker entwickelten Geruchssinn als Männer. Oder es ist nur das Herumstehen von angebrochenen Bierflaschen, das Tragen von ausgelatschten Pantoffeln oder das nachlässige Anziehen zu Hause (»weil man es halt gemütlich haben will«). Frauen reagieren aus der Sicht des Mannes überempfindlich – doch »Wiederholungstäter« ersticken im Unterbewußtsein einer Frau jedes sexuelle Verlangen. Ausgesprochene Liebestöter sind körperliche Ungepflegtheit wie fettiges Haar, schmutzige oder abgebrochene Fingernägel, fleckige Unterwäsche und nicht zuletzt Mundgeruch (von den Zähnen oder aus dem Magen).

Keine Macht der Welt kann ein erstorbenes Gefühl der Liebe wieder zum Leben erwecken. Es kann noch einmal befriedigender Sex sein, doch wo die Einheit zwischen Verliebtheit, Zärtlichkeit und sexuellem Begehren fehlt, da wird ein nur Vakuum vorübergehend durch Liebestechniken ausgefüllt.

*Liebe läßt sich nie durch Sex herbeizaubern* – sie ist und bleibt die einzig verläßliche Voraussetzung für ein erfülltes Sexualleben. Und in einer langen Ehe wird Liebe zu Einsatz für den anderen, zu Geduld, Nachsicht und Gemeinsamkeit. Doch durch Gleichgültigkeit, Nachlässigkeit und Unnachgiebigkeit wird sie im Alltagstrott erstickt. Wehren Sie den Anfängen!

Es können ganz winzige Zärtlichkeiten sein, solange sie nur die Botschaft enthalten, »wir gehören zusammen«:

- Suchen Sie wenigstens einmal am Tage *ihre* Hand – verführerisch ist ein zarter, aber fester Druck in den Handinnenflächen.
- Schauen Sie die Frau Ihres Lebens hin und wieder intensiv an, ganz so als ob Sie sie zum ersten Mal sehen würden.
- Schmusen Sie auch gelegentlich einmal in der Öffentlichkeit.
- Berühren Sie ihr Bein unter dem Tisch im Restaurant.
- Umfassen Sie ihre Schultern beim Anziehen einer Jacke oder

des Mantels, und hauchen Sie ihr einen Kuß auf den Nacken oder das Ohr.

- Suchen Sie vor dem Einschlafen nach ihrer Hand.
- Loben Sie ihre hübsche neue Frisur oder Bluse oder das leckere Essen.
- Vergessen Sie keine Geburtstage, Hochzeitstage und anderen Jahrestage.
- Schreiben Sie ihr ab und zu ein kleines erotisches Zettelchen für die Handtasche, fürs Bad oder Bett oder schicken Sie auch einmal ein Schmuckblatt-Telegramm von unterwegs, zum Beispiel mit dem Text: »Ich freue mich auf heute abend« oder »Liebst Du mich noch?«
- Sagen Sie der Frau Ihres Lebens so oft wie möglich »ich liebe dich«; eine Frau kann nicht müde werden, es immer wieder bestätigt zu bekommen.
- Machen Sie ihr immer wieder einmal ein Geschenk, sei es ein kleines Liebeskettchen mit einem Herzchen oder gar eine gemeinsame Reise zum Ort des ersten Zusammenseins.
- Helfen Sie Ihrer Frau auch hin und wieder im Haushalt. Sie haben nämlich sonst unbewußte Schuldgefühle, weil sich Ihre Frau für Sie abrackert – und das wiederum blockiert alle Gefühle der Leidenschaft. Doch wenn man in der Küche nach getaner Arbeit zu zweit ein Glas Sekt trinkt, betont das die Gemeinsamkeiten. Und dann wird aus der Hausfrau die Geliebte.

Solange diese Welt der kleinen Intimitäten noch heil ist, kann und wird keine Ehe zur langweiligen Routine. Vielmehr werden Wärme und Geborgenheit dann zu einer festen Klammer. Und damit es so bleibt, scheuen Sie sich nicht als erster nachzugeben und die Hand zur Versöhnung zu reichen.

## Doch nicht alles ist Liebe

Wie in vielen Dingen des Lebens so lieben wir nun auch einmal das Unerreichbare am meisten. Die Spannung einer nicht erwiderten Liebe kann uns schier verrückt machen. Verwechseln Sie aber nie bei einer Frau das Gefühl des Sich-nach-Ihnen-Sehnens zu schnell mit Liebe. *Auch Frauen suchen ihre Selbstbestätigung* oft darin, daß sie von einem bestimmten Mann bewundert und angebetet werden wollen. Doch tut er es endlich, ist häufig das Interesse auch wie weggeblasen. Und es gibt zweifelsohne eine Reihe von Frauen (und natürlich auch von Männern) die eine Sammlerleidenschaft haben.

Bei anderen Frauen kann sich aus einem übersteigerten Gefühl der Unzulänglichkeit – wenn die Bewunderung durch einen Mann fehlt – ein ausgesprochener *Hunger nach Nähe und Zärtlichkeit* entwickeln. Doch bei Männern, die sich eigentlich genau nach denselben Dingen sehnen, lösen solche verzweifelt suchenden Frauen instinktive Beklemmungen aus. So aber kann sich keine gefühlsmäßige Beziehung entwickeln.

Frauen betonen zwar immer wieder die große Bedeutung der Liebe, doch wenn sie vor die Entscheidung gestellt sind, zwischen der Sicherheit einer bestehenden Verbindung und dem Kampf um eine neue Liebe zu wählen, dann entscheiden sich die allermeisten von ihnen instinktiv *gegen das unsichere Wagnis.* Also wundern Sie sich nicht zu sehr über die Herzlosigkeit der Frau Ihres Herzens, wenn sie es mit tausend fadenscheinigen Gründen lieber in einer gescheiterten Ehe aushalten will. Meistens geht eine solche künstlich am Leben erhaltene Ehe später doch kaputt, nur ist es dann für alle Beteiligten zu spät. Und doch nähren Frauen immer wieder die »tod-sichere« Hoffnung, daß ein Mann, den sie einmal geliebt haben, zu ihnen zurückkommt.

Keine falschen Interpretationen, wenn eine Frau im Büro mit Ihnen flirtet – ein wenig erotisches Knistern macht nun einmal für zwei von drei Frauen die Arbeit einfach erfreulicher! Sie dürfen

Komplimente machen, soviel Sie wollen, und mit den Augen Wohlgefallen signalisieren; doch die meisten anderweitig gebundenen Frauen mögen weder Berührungen noch zu deutliches Gerede über das Thema Sex. Übrigens, wenn Sie sich nach ein wenig Alkohol in Liebesstimmung fühlen, führt das leicht zu Selbsttäuschungen.

## Goldene Regeln auf dem Weg zum Erfolg

Damit es wirklich ein glückliches und erfülltes Liebesleben wird, hier *zehn kleine »goldene Regeln« für die »einfachen« Probleme:*

- Vergessen Sie ganz schnell die Erfahrungen der anderen – denn im Liebesleben gibt es nur individuelle Wege zum Glück.
- Jede Geliebte ist anders als ihre Vorgängerinnen, und ein guter Liebhaber muß ihre Wünsche und Bedürfnisse erforschen.
- Für eine Frau ist Erfüllung durch Zärtlichkeit und Gesprächsbereitschaft genauso wichtig wie ein Orgasmus.
- Gefühle bedürfen der Worte, und damit wird beglückender Sex auch zu einem Frage-und-Antwort-Spiel.
- Nichts geht ohne Hautkontakt, weil der ganze Körper eine erogene Zone ist.
- Es sollte ein Wechsel sein zwischen gemeinsamen Aktivitäten und dem passiven Genießenkönnen durch jeden einzelnen.
- Bei Sex mit »Zielvorgaben« drohen Unlust und Langeweile.
- Lassen Sie sich nicht zu früh auf ein stereotypes Liebesleben festlegen.
- Eine Frau möchte ihren Vornamen aus Ihrem Munde hören. »Schätzchen« und »Liebling« sind ihr zu unpersönlich und austauschbar.
- Selbst bei erfolgreichen Karrierefrauen besteht noch der Urinstinkt des »Suchens nach dem Ernährer«. Sie achten auf seine Einkommensverhältnisse und erwarten, daß bei gemeinsamen Aktivitäten der Mann bezahlt.

Doch *bestehen bereits scheinbar unlösbare Probleme im Liebesleben,* versuchen Sie es zunächst einmal mit den *zehn großen »goldenen Regeln«:*

- Geben Sie einer Frau das Gefühl, daß sie etwas Besonderes ist – attraktiv und wunderbar unterhaltend. Jede Frau hat irgendeinen schönen Teil ihres Körpers, den Sie nur entdecken müssen. Und wenn Sie eine Frau mögen, dann dürfte es ja wohl auch nicht schwierig sein, ihre Gedanken originell und amüsant zu finden. Aber sagen müssen Sie ihr das alles! Denn eine Frau will auf diese Weise bestätigt sehen, was sie insgeheim immer gehofft und geglaubt hat – vor allem will eine Frau auch um ihrer inneren Vorzüge willen schön gefunden werden. Wenn Sie ihr zeigen, daß Sie sich die Mühe gemacht haben, das alles zu entdecken – dann werden Sie zum Zauberer!
  Ach ja, Frauen wissen besonders Komplimente im Bett zu schätzen, was ungemein anregend und entspannend auf das Liebesleben wirkt – das geht von den körperlichen Vorzügen bis hin zur Bestätigung ihrer erotischen Fähigkeiten. Denn nur wenn Sie ihr sagen, daß sie eine wundervolle Geliebte ist, wird sie auch gern diesem Image gerecht werden wollen.
- Setzen Sie sich nicht unnötig unter Zugzwang, indem Sie versuchen, eine Frau beim ersten Mal ins Bett zu kriegen. Denn beim ersten Zusammensein mit einer heißbegehrten Frau versagen die Hälfte aller Männer entweder völlig oder kommen viel zu schnell. Küssen und alle Arten von Liebesspielen ja – aber Geschlechtsverkehr erst nach einer hinreichend langen Zeit des Kennenlernens. Sicher ist das erste Mal für beide Teile sehr an- und aufregend. Doch läßt die Atemlosigkeit des Programms keine Zeit zum Reden und kaum Zeit zum Fühlen. Damit es rundum ein Erfolg wird, braucht es Vertrauen und Entspanntheit, und beides wächst nur mit der Zeit.
- Bei einer sexuellen Begegnung wird keine »TÜV«-Plakette für einen bestandenen Männlichkeitstest verliehen, abhängig davon, ob eine Frau einen Orgasmus bekommt. Für die Qualität

entscheidend ist nur, daß beide das Zusammensein *mit Muße* genießen – und dabei sind Mund, Hand und Penis, gleichberechtigt. Eine Frau wird Sie als guten Liebhaber in Erinnerung behalten, wenn Sie ihr erlaubt haben, sich hinterher noch genüßlich an Sie zu kuscheln und Sie ihr dabei durch ein paar zärtliche Worte (das müssen keine Versprechungen ewiger Liebe sein) das Gefühl von Nähe und wirklicher Intimität gegeben haben.
Und wenn es wirklich einmal passieren sollte, daß Ihr Penis auch bei Stimulierung durch die Partnerin nicht steif wird – ist das keineswegs eine Katastrophe. Frauen sehen einen schlaffen Penis durchaus nicht als ein Zeichen unwiederbringlich verlorengegangener Männlichkeit.

- Selbst wenn Sie ein Meister des ausgedehnten zärtlichen Vorspiels sind, machen Sie dieses Festmenü nie zu einem vorausberechenbaren Ablauf. Es kühlt eine Frau schrecklich ab, wenn es ein Fließbandprogramm ist. Am erregendsten wirkt auf die meisten Frauen, wenn es spontane Überraschungen gibt. Sie dürfen ruhig experimentierfreudig sein. Was beim ersten Mal ohne große Wirkung blieb, wird vielleicht bei einem Dakapo drei Monate später Beifall ernten. Und gehen Sie ruhig auf *ihre* Wünsche ein – das heizt die Erotik wieder an. Ohne die richtige Stimmung ist aber auch die leidenschaftlichste Frau desinteressiert. Und das erfordert gerade nach Jahren der Gemeinsamkeit mehr Phantasie und Abwechslung bei der Rahmengestaltung. Vor allem darf Zärtlichkeit nicht nur noch als Auftakt zum Sex dienen.
  Wenn Sie also Zärtlichkeit und Geduld beim Vorspiel als Arbeit ansehen, dann lassen Sie es lieber ganz, denn eine Frau spürt instinktiv den Leistungsdruck. Und Zwänge beim Sex verstärken sich gegenseitig.
- Sex kann nie Ersatz sein für Bedürfnisse und unerfüllte Träume in anderen Bereichen des Lebens. Früher oder später »tötet« es die Lust an jeglicher Lust, wenn ein Mann versucht, mit Sex

irgendwelche Sorgen zu töten. Wenn Sie es schon sich selber nicht eingestehen wollen, Ihre Partnerin fühlt, daß alles nur gefühllose Hektik ist – bei seelischer Distanz. Sex »lohnt» nur wirklich, wenn man mit sich und der Welt zufrieden ist. Kein tiefsitzender Liebeskummer läßt sich durch eine schnelle Eroberung betäuben. Die Trauer um den Verlust eines geliebten Menschen braucht Zeit – Zeit zum Heilen der Wunde.

- Tun Sie »es» nur, wenn Sie es wirklich wollen, und *nie*, wenn Sie dazu keine richtige Lust verspüren oder gar Sorgen haben, sich über die Partnerin oder die Umwelt ärgern, in Gedanken bei anderen Dingen, müde oder in Eile sind. Doch gestehen Sie einer Frau auch zu, daß sie bei den Belastungen des Alltags vielleicht nicht immer so ausgeruht und liebeshungrig wie eine Haremsdame ist. Manchmal will auch sie nicht »zwangsbeglückt« werden. Allerdings, wenn *Ihnen* nicht danach zumute ist, sollten auch Sie sich nicht scheuen, ihr lieb aber deutlich zu sagen, daß es eben nur Kuscheln sein soll. Ohne zwanglose zärtliche Berührungen führt jede Beziehung wegen ihrer bloßen Zielorientiertheit unweigerlich zu sexuellen Störungen.
- Es bringt nichts, mit Abneigung oder Ärger an den Sex zu gehen. Wenn es überhaupt klappt, dann wird es bestenfalls ein Kurzprogramm. Schade um die Mühe. Und benutzen Sie den Sex nicht, um Machtkämpfe in der Ehe auszutragen! Sie können zwar im Moment Ihren Willen haben, doch wer hat eigentlich Spaß daran?
  Wenn es erst einmal soweit gekommen ist, daß die schönste Sache zur Pflichtübung verkommen ist, dann hilft nur eine totale sexuelle Enthaltsamkeit für etwa zwei Monate. In dieser Zeit müssen Sie *beide* versuchen, einen neuen Anfang zu machen, sozusagen Verkehr auf einer anderen Schiene. Streicheln, leise, zärtliche Küsse, Kuscheln – und viel miteinander reden. Versuchen Sie irgendwelche Rollenspiele (Kapitel 7). Wenn das nicht neue Empfindungen für einander auslöst – dann ist alles zu spät.

- Es ist sinnlos, Gefühle oder Erlebnisse in einem Zusammensein zu heucheln. Wenn man als Mann nicht offen auch Schwächen, Verletzbarkeit und positive Kritik in einer Partnerschaft zeigen darf, dann verdient die Verbindung diesen Namen nicht mehr. Wenn Sie wirklich weitermachen wollen, dann ist es besser, Ihrer Partnerin freundlich, aber offen zu sagen, was Sie sich wünschen und was Sie als Mann stört.
- Wenn Sie Interesse an einer intakten und erfüllten Beziehung haben, dann müssen Sie sich auch als gestreßter Mann hin und wieder wirklich die Zeit nehmen, Ihrer Frau zuzuhören, ohne dabei die Augen zu verdrehen und sie für »spinnert« zu erklären. Eine Frau will ernst genommen werden, und sie verdient es auch.

  Gehen Sie darum mit Ihrer Frau öfter einmal zum Essen. Dabei unterhält es sich leichter über alle wichtigeren und weniger bedeutenden Fragen Ihres Lebens, und es ist unwahrscheinlich, daß es zu einem Streit kommt. Wenn erst einmal nur noch Gleichgültigkeit und Schweigen vorherrschen, dann ist es zu spät.

  Lassen Sie Ihrer Partnerin hinreichend Freiräume für eigene Interessen. Dadurch gibt es immer etwas Neues, worüber man sich unterhalten kann. Versuchen Sie auch nie, eine Frau in großen Dingen zu ändern, dabei geht leicht das kaputt, was diese Frau für Sie einmal so anziehend gemacht hat.
- Verzichten Sie darauf, das Zusammensein mit einer Frau durch Alkohol verschönern zu wollen. Das dritte Glas Wein macht nicht mehr stark, sondern die Schwellkörper des Penis schlapp. Außerdem löst sich auch noch der geistige Teil Ihrer Persönlichkeit mit im Weingeist auf. Und für eine nüchtern gebliebene Frau ist das schrecklich ernüchternd. In der Stunde »danach« kann allerdings Wein oder Sekt sehr zur wohligen Entspannung beitragen.

Bitte zwingen Sie Ihre Frau nie dazu, wenn Sie überhaupt nicht in

Stimmung ist – sonst wird mit der Zeit auch die leidenschaftlichste Frau »frigide«.

Spontaner Sex hat nichts damit zu tun, daß man schnell ein paar ungenutzte Minuten zwischen Fernsehprogrammen füllt. Und bitte lassen Sie »hinterher« für sich beide etwas Zeit! Nichts ist schlimmer für eine Frau, als wenn Sie ihr sagen, sie »kommen« – und das ist dann schon identisch damit, daß sie gehen. Es stimmt, daß jeder sechste Mann sich »danach« voller Energie fühlt, doch für eine noch stark erregte Frau ist es die berühmte kalte Dusche, wenn Sie jetzt lieber schnell Ihr Auto putzen oder die Zeitung lesen wollen.

Wenn Sie den Gefühlen einer Frau nicht genügend Zeit zum Ausklingen geben, dann wird mit Sicherheit der Tag kommen, wo Sie in ihr nichts mehr zum Klingen bringen können.

Heute ist, zahlenmäßig gesehen, das Hauptproblem bei Männern nicht die Erektionsschwäche oder der vorzeitige Samenerguß, sondern die Unfähigkeit, überhaupt noch das sexuelle Zusammensein mit irgendeiner Frau genießen zu können. Dadurch, daß alle sexuellen Aktivitäten nur dem Erreichen des einen Endzieles dienen, wird kaum noch etwas für seelische Nähe und sexfreie Zärtlichkeit getan.

Auch wenn vieles von dem, was Sie in diesem Kapitel gelesen haben, Ihnen allzu bekannt, ja banal und überhaupt selbstverständlich erscheinen mag – es ist erstaunlich und bedauerlich, wie viele Männer sich über diese »Selbstverständlichkeiten« bisher überhaupt noch keine Gedanken gemacht haben. Die Qualität einer Beziehung wird nicht durch sensationell Neues und technische Spielereien bestimmt, sondern durch die Vielzahl von »kleinen Dingen« im Liebesalltag. Sind sie doch so wichtig, damit daraus nicht ein grauer Alltag für die Liebe wird!

# 5

# Gebrauchsanweisung für den Umgang mit Männern

Es liegt in der Natur der Sache begründet, daß ich dieses Buch in erster Linie für Männer schreibe. Denn es geht um die Probleme der Männer. Da aber diese Probleme nur allzuoft aus Mißverständnissen in einer Partnerschaft resultieren und es um die Zufriedenheit und das Glück zweier Menschen geht – hier ein Wort an die Frauen.

Sicher leidet eine Frau von Natur aus mehr in einer gefühlsmäßigen Verbindung, doch vieles davon müßte »trotz der Männer« nicht sein. Oft sind es nämlich nur Mißverständnisse, die mit falschen Vorstellungen über das »unbekannte Wesen Mann« und dessen fehlgedeuteten Reaktionen zusammenhängen.

Um Ihnen als Frau nach Möglichkeit zu viele »Narben der Seele« beim Sammeln eigener Erfahrungen zu ersparen, hier einige Ratschläge, die zumindest zahlreichen anderen Frauen im Umgang mit Männern geholfen haben.

## Was es bei der Partnerwahl zu beachten gilt

Seien Sie als Frau *beim ersten Zusammentreffen* nicht zu freizügig mit seelischen Selbstenthüllungen. Erst einmal gilt es, den anderen zu beeindrucken, und bei Männern wirkt allemal noch die Versicherung, daß Sie eigentlich keine Bindung suchen (auch wenn Sie sie suchen). Damit es ein beglückendes Erlebnis für einen Mann wird, muß er um die begehrte Frau werben müssen. Je intensiver, um so größer ist das Erfolgserlebnis. Ein fühlender Mann akzeptiert daher auch das anfängliche »Nein» – vorausgesetzt, daß die Augen der Frau »Ja« sagen. Widerstände sind für Männer dazu da, um überwunden zu werden. Eine Festung kann sich dem Ansturm ergeben, doch kapitulieren Sie niemals auf ein Ultimatum hin. Und bedenken Sie, einen Zungenkuß nimmt ein Mann als ein Versprechen für mehr. Sanfter Druck auf Lippen und Zunge wird mit denselben Signalen an das Sexualzentrum im Gehirn gemeldet wie Kontakte weiter unten. Wegen der Ähnlichkeiten – feuchte, blutgefüllte Lippen und Zugang ins Innere des Körpers – verschleiert die Mohammedanerin auch ihren Mund und nicht etwa ihre Stirn oder ihre Augen.

Auch wenn Sie einen Mann noch so gern mögen, erliegen Sie seinen Einflüsterungen nicht bei den ersten Zusammentreffen. Es sei denn, es ist ein Fall von zwingender *»sexueller Anziehungskraft«*. Männer erleben Sex nun einmal nicht als eine mystische Verbindung der Seelen. Und bei vielen Männern reicht das Interesse sowieso nicht über die ersten Begegnungen hinaus – mit oder ohne Sex. Zu viele Demütigungen aber machen eine fühlende Frau gefühlskalt. In Stimmungen des Sichverlassenfühlens kommt es jedoch, ausgelöst durch überschießende Reaktionen der Hormone Noradrenalin und Dopamin, oft auch zu einer Fehlschaltung der Ein- und Ausgangssignale des Lustzentrums. Dann kann sich auch eine noch so »vernünftige« Frau nicht wehren – es geschieht.

Doch zurück zum normalen Gefühlsalltag. Hier sind einige Ratschläge und Erklärungen, die Sie als Frau vielleicht doch beim Suchen und Ausfüllen einer neuen Partnerschaft beherzigen sollten:

- Machen Sie sich nicht unnötigerweise ein negatives Bild von sich selbst. Männer bevorzugen anstelle von langweiligen Schönen in zunehmendem Maße Frauen, die sich entspannt und ungezwungen geben und dabei Intelligenz, Humor und Feingefühl haben. Zum Angeben mag ja das Äußere für die männliche Selbstwertbestätigung ganz schön sein, doch zusammensein möchte die Mehrheit der Männer heute mit Partnerinnen – mit denen man sowohl die Sorgen des Berufsalltags wie die Liebesinteressen teilt. Beherzigen Sie eine Wahrheit: Ihr Selbstbewußtsein ist es, das Sie für einen Mann anziehend macht. Dabei sollten Sie ruhig beim ersten Zusammentreffen freundlich reserviert bleiben und erst allmählich auftauen, sozusagen als Folge seiner Bemühungen. Dann können auch die scheinbar unbeabsichtigten Körperberührungen bei Männern Wunder wirken.

- Wenn ein Mann Sie nach einer wunderschönen Liebesnacht plötzlich nicht wiedersehen will, dann liegt oft die Schuld weder bei Ihnen, noch ist er einer dieser gefühllosen Sammler. Heute haben immer mehr Männer Angst, einen wirklichen Erfolg im Bett nicht wiederholen zu können. Und wundern Sie sich nicht – nach erfolgreicher Eroberung geben die meisten Männer das romantische Werben auf, weil sie sich jetzt sicher fühlen.
- Wenn Sie es sind, die bei allen Männern nach der Phase anfänglichen erotischen Knisterns das Interesse verliert, dann erhalten Sie Ihre gefühlsmäßige Befriedigung aus dem Stillen eines Hungerns nach Verliebtsein. Nur mit einer stabilen Bindung ist solch ein Gefühl nicht vereinbar. Übrigens ist nichts dagegen einzuwenden, daß heute auch eine Frau versucht, dem Grau des Alltags durch Liebesabenteuer zu entfliehen – allerdings ist es nur eine kurze Traumwelt voller Zärtlichkeit und Nähe. Und viele Frauen gehen irgendwann an dieser Selbsttäuschung kaputt.
- Natürlich dürfen Sie als Frau auch einen wesentlich jüngeren Liebhaber bevorzugen. Es ist keineswegs immer nur Sex, sondern kann auch ein ererbtes Partnerprogramm sein. Bei Schauspielerinnen wie JOAN COLLINS und BRITT EKLUND, bei der

Eislaufprinzessin MARIKA KILIUS oder der MAGGI-Erbin ANGELA WICHERT könnten böse Zungen leicht unterstellen, die Verbindung sei für die jungen Männer finanziell interessant. Doch so einfach kann es wohl nicht immer sein, denn umgekehrt bevorzugen erfolgreiche Männer wesentlich ältere Frauen, ohne deswegen ein Muttersöhnchen zu sein. Typisches Beispiel ist CLARK GABLE.

- Glauben Sie nicht, die guten Männer seien alle verheiratet; ein »abgesicherter Mann« hat es nur viel leichter, sich natürlich zu geben als ein unter Erfolgszwang stehender Junggeselle. So wirkt ein suchender Mann verkrampft, langweilig oder albern. Je gefühlsbetonter ein Mann, desto langsamer kommt er aus seinem Schneckenhaus. Doch wenn Sie einem solchen Mann durch Zuhören, Wärme und Humor helfen aufzutauen, erleben Sie sicher eine interessante Überraschung. Eine Frau sollte immer offen für neue Eindrücke sein und nicht jeden Neubeginn bereits durch Vergleiche zu einer idealisierten früheren Bindung ersticken. Sollten Sie jedoch von vornherein die Absicht haben, *ihn* erst zu ändern, lohnt sich kein Anfang.
- Es ist schon schlimm genug, daß wir alle schmerzhafte Erfahrungen aus der Vergangenheit mit uns herumtragen. Doch wer will schon daran erinnert werden? Geben Sie daher nie Kommentare über eine verflossene Geliebte oder Ehefrau Ihres Partners ab, ganz egal was er selber sagt. Seien Sie am besten auch überhaupt nicht neugierig, was vorher war. Es zählt nur Ihrer beider Gegenwart und hoffentlich die Zukunft. Einen verwundeten Mann sollten Sie nie vor Ablauf von sechs Monaten bedrängen. Erst danach dürfen Sie ein positives Ultimatum stellen, etwa mit den Worten: »Wie wunderschön alles wäre, wenn es so bliebe ... aber Sie müßten ...« Und verwunden Sie ihn nicht erneut, indem Sie Ihren neuen Wunschmann mit einem Vorgänger vergleichen.

Verwechseln Sie aber als Frau nie Liebe und Verliebtsein. Nur *verliebt sein heißt,* einen ständigen Wechsel zwischen Höhen und

Tiefen zu erleben, immer wieder traurig und eifersüchtig zu sein, wenn man merkt, daß der andere die entgegengebrachten Gefühle nicht genug erwidert. Es ist ein lähmendes Gefühl, das nur auf die augenblickliche Erfüllung von Bedürfnissen konzentriert ist. *Bei der wahren Liebe* ist es dagegen ein bleibendes, starkes Gefühl, das alles Denken und Fühlen bei beiden gleichermaßen erfaßt hat – Träume und Erleben gehen in der Phantasie ineinander über. Alle Ereignisse bekommen eine Beziehung zum geliebten Partner. Und es werden zusätzliche Energien frei für andere Menschen und andere Lebensbereiche. Liebe ist eine bewußte Entscheidung für den anderen, die immer wieder neu getroffen und voll bejaht wird. Doch geben Sie nie Ihr eigenes Ich dabei auf, indem Sie sich die Ansichten, Vorlieben und Abneigungen des geliebten Mannes völlig zu eigen machen. Es sind die akzeptierten Unterschiede, die eine Partnerschaft erst vertiefen und stärken. Denn sonst kommt der Tag, da Sie als Frau gewaltsam einen Freiraum zum Abstandnehmen beanspruchen. Einseitige Liebe schafft sowieso nur Abhängigkeiten und ist zum Ausbrennen verurteilt.

Der Zustand, in dem eine Frau sich unendlich nach dem geliebten Mann sehnt, sich wie benommen fühlt, wenn *er* endlich bei ihr ist, in Gedanken schon Herzklopfen bekommt und sich vorkommt wie auf einer rosaroten Wolke – dieser Zustand der blinden Verliebtheit kann nur über Monate anhalten. Dann beginnt der Test, ob ein Gefühl auch dem Verstand und dem Bewußtwerden der Angewohnheiten und Unarten des Partners standhält. Es ist normal, sich in dieser Übergangsphase zwischen Zutrauen und Vertrauen immer wieder zu streiten, zu trennen und zu versöhnen. Richtig gesehen, nimmt dieses Spiel den Ernst und den Druck einer Ehe vorweg – darum sollte eine Frau, die ja viel mehr zur romantischen Idealisierung eines Partners neigt, es auch bewußt und lange genug durchspielen. Probleme, die sich schon am Anfang nicht gemeinsam lösen lassen, werden in der Ehe dann nie mehr gelöst. Wenn in dieser Phase wirklich maximal guten Willens beide nicht miteinander über alles reden können, wird auch später keine Kommunikation in der Ehe möglich sein. Während Sex allein ausreicht, um den Zustand der Verliebtheit auszufüllen, braucht es Liebe, damit im Laufe der Zeit Sex immer noch erfüllend ist. Durch Sex ohne Liebe aber entstehen zwangsweise Probleme.

Genau hier aber hat eine auf gegenseitige Liebe begründete Ehe ihre unnachahmlichen Vorteile. *Der wahre Genuß im Sexualleben entsteht erst durch Vertrautheit.* Und die setzt gemeinsame Erfahrungen und das Aufeinandereingehen auch in der körperlichen Liebe voraus. Es ist eben nicht nur eine Kommunikation durch Sehen und Berühren wie in den meisten Liebesaffären. Da man in des Wortes wahrstem Sinne aufeinander eingestimmt ist, nimmt man sich mehr Zeit bei der Liebe, kennt die Wünsche des anderen, kann sich auf Nuancen konzentrieren. In einer glücklichen Ehe nimmt daher die Erlebnisfähigkeit der Frau sogar mit den Ehejahren zu.

## Schenken Sie Ihrem Äußeren Beachtung!

Ziehen Sie sich nie von Männern zurück, weil Sie sich etwa häßlich fühlen. Es gibt nichts, was mehr verschönt als Natürlichkeit und Charme. Zum Vorzeigen ihrer Eroberung in Gesellschaft mag ja für viele Männer die äußere Hülle recht wichtig sein, doch die weitaus meisten Männer wissen aus Erfahrung, wahre Schönheiten sind fast immer langweilig im Bett. Die Natur verteilt in ausgleichender Gerechtigkeit gute Eigenschaften recht weise. CLEOPATRA war zum Beispiel – nach alten Münzen zu urteilen – alles andere als schön, doch sie verfügte über eine unwahrscheinliche Ausstrahlungskraft. Schon NAPOLEON hat gesagt, »eine schöne Frau gefällt den Augen, eine zärtliche Frau ist aber ein Schatz fürs Herz«. Er wußte wovon er sprach, immerhin hat er mehr Geliebte gehabt als CASANOVA und LUDWIG XIV. zusammengenommen.

*Bestehen Sie bitte nicht auf Liebe im Dunkeln* – bei gedämpftem Licht kommt das Gehirn gerade bei Männern leicht in Liebesstimmung. Wenn Gefühle vorherrschen, nehmen Männer sowieso das Äußere der Frau nur noch intuitiv in sich auf, alle Einzelheiten verschwimmen. Die Signale der Hautsinne blenden alle visuellen Signale aus. Warm, weich und wohlig sind die bestimmenden Reizqualitäten für die körperliche Zufriedenheit. Richard Burton hat einmal die verführerische Wirkung von Liz Taylor so erklärt: »Sie ist eine Hexe, die mit ihren üppigen Brüsten einen Mann erstickt.« Fragen Sie also erst einmal Ihren Mann, ob er Ihre Brüste auch »zu groß« oder umgekehrt gar »zu klein« findet. Männer sehen eine Frau nämlich mit ganz anderen Augen und nehmen viele der für Frauen so beunruhigenden Fehler überhaupt nicht wahr. So überlegen Sie doch erst einmal, ob Ihr Mann nicht vielleicht gerade die nach Ihrer Meinung überflüssigen Pfunde »zum Anfassen« im Bett haben möchte, bevor Sie sich immer wieder vergeblich mit dem Abnehmen quälen. Nach meinen Erfahrungen hat die Mehrheit der Männer Vorlieben in dieser Richtung. Nur ein Bauch sollte vielleicht nicht gerade im Weg sein. Es besagt nämlich herzlich wenig, wenn sich Männer auf der Straße nach superschlanken Frauen umsehen – was die Augen anlacht, ist etwas anderes als was die Hautsinne anmacht. Außerdem können Sie beim Liebesleben mehr als genug abnehmen: In Kalorien ausgedrückt sind das: 1 pro zärtlichem Blick, 2 beim Ausziehen des Partners, 3 bei einem zärtlichen Kuß auf die Wange oder das Ohr, 4 bei einer einzigen Umarmung, 10 beim leidenschaftlichen Zungenkuß und 300 bei der feurigen Verschmelzung der Körper. Pro Wochenende könnten Sie also durchaus ein Pfund Fett verlieren.

Aber gut, wenn Ihrer Meinung nach zuviel Fett an den falschen Körperstellen angesetzt hat – da hilft heute die Schönheitschirurgie. Fettpolster an den Oberschenkeln, Hüften oder am Doppelkinn lassen sich »absaugen«, und Hängewangen kann man straffen. Aber auch wo die Haut Falten schlägt, ist heute die Hilfe nicht mehr fern – von der Regenerierung der Haut durch iontophoretisches Einbringen fehlender Spurenelemente wie Silizium und Mangan (sie zu essen hilft nämlich bei einer vorgeschädigten Haut nicht mehr), über Packungen mit *frischen* Meeresalgen (doch muß die Haut mit speziellen ätherischen Ölen vorbehandelt werden, sonst ziehen die Wirkstoffe nicht ein) und elektrischen Mikropunktionen – bis hin zur Unterspritzung mit Eigenfett gerade am Handrücken oder den Wangen. Und seien Sie nicht etwa neidisch darauf, daß bei fünfzigjährigen Filmstars der Busen noch so straff sitzt, da gibt es nämlich inzwischen unsichtbare Klebebänder.

Doch versuchen Sie nie, mittels der Schönheitschirurgie einem momentanen Schönheitstrend gerecht zu werden. Sie sehen sich nämlich nicht, wie Sie wirklich sind. Gerade Unebenheiten verschönen, wenn sonst lebendige Ausstrahlung da ist. AUDREY HEPBURN galt als schön, obwohl sie keinen Busen, zu dünne Arme und schiefe Zähne hatte. SOPHIA LOREN sorgte sich um eine unvorteilhafte Seite, von der sie nie photographiert werden durfte, und MARILYN MONROE verhüllte lieber ihre Knie. Alle wirklich schönen Filmstars und Photomodelle sind betreffs ihres Aussehens zutiefst unsicher und überängstlich.

Darum akzeptieren Sie sich so, wie Sie sind. Wenn Sie endlich wieder anfangen, sich hinreichend schön zu finden, wird diese Botschaft wegen der intuitiven Kommunikation auch auf Ihren Partner abfärben. Wenn *Sie* aber Ihren Körper nicht mögen, haben Sie *und er* eben aus diesem Grunde keinen Spaß an Zärtlichkeiten. Übrigens ist es wahr, daß Liebe schön macht – denn die Einflüsse auf die Hormonstoffwechsel beim innigen Zusammensein sind ein Jungbrunnen für die Gesichtszüge und die Haut einer Frau.

Mit der Zeit wünscht sich aber jeder Mann, daß er die bekannten Reize mit neuen Akzenten sieht. Das bedeutet ein Wechseln von Haarfrisur und Make-up, aber auch der »Verpackung« in Form von Dekolleté und Spitzenwäsche.

## Werden Sie im Bett aktiv!

Die Zeit, wo eine Frau alles passiv über sich ergehen lassen konnte, ist vorbei. Jede Frau sollte sich im Liebesleben bemühen, denn sonst findet der Mann irgendwann die liebeserfahrene Frau und bleibt bei dieser hängen. Bitte bleiben Sie nicht steif wie ein Brett, sonst dürfen Sie sich nicht wundern, daß Ihr Mann zu irgendeinem »Dummchen« geht – das dafür vielleicht wesentlich ungehemmter ist. Das bedeutet auch: Lust zeigen.

Männer glauben – unbegründeterweise –, daß ihr Penis das absolut einzige Zielorgan für liebevolle Aufmerksamkeiten sein sollte. Entdecken Sie mit und an Ihrem Mann, daß Küssen und Streicheln an anderen Stellen wenigstens genauso aufregend sein können. Die erogenen Zonen sind denen der Frau sehr ähnlich, siehe *Abbildungen 2a* und *2b*. Jeder Mann hat aber *seine* besonders intensiv erregten erogenen Zonen – und manchmal sprechen auch einige der klassischen Stellen nicht an. Was die Intensität der Berührungen anbetrifft, so wirkt je nach Lageort langsames und anhaltendes Zufassen oder nur ein schnelles Streicheln mit den Fingerspitzen. Nur jeder zehnte Mann mag das Eingraben von Fingernägeln, wenn es leidenschaftlich zugeht.

Noch einige »unfehlbare« Beispiele: Streicheln Sie mit Ihren Fingerspitzen ganz zart die Hinterseite der Hoden und die Dammregion zwischen Peniswurzel und After. Geschickt kann eine Frau dabei mit der Handinnenfläche noch die Unterseite des Penis berühren. Oder der Hoden wird ganz zart nach oben gedrückt oder auf der Handfläche hin und her gewiegt. Die andere Hand kann dabei im »Ringgriff« die Peniswurzel umfassen und die Vorhaut sanft hin und her schieben, ohne dabei die Eichel zu berühren. Reibung der Eichel ist nämlich keineswegs das einzige Gefühl, das einen Mann glücklich macht – aber davon muß er oft erst überzeugt werden. Zum Beispiel sind Zärtlichkeiten mit der Zunge entlang der Wirbelsäule bis hinunter zur Dammfurche recht aufregend. Oder Sie kitzeln ihn mit Ihren

Brustwarzen, Ihren Schamlippen oder den Haaren. Federn sind mehr etwas für die Fußsohlen und wirken nur selten auf die männliche Brust.

Die erfolgreiche Erweckung der erogenen Zonen des Mannes setzt nun einmal Training voraus, ein fortwährendes Üben der Hände, des Mundes und der weiblichen Scheidenmuskulatur. Die irische Tänzerin LOLA MONTEZ bekam ein Vermögen von König LUDWIG I. von Bayern geschenkt, weil sie es durch die richtige »Umarmung« schaffte, dem König zu vielen Orgasmen zu verhelfen. Schlaffe Beckenmuskeln verschaffen Männern nun einmal nur schwache Reize. Japans Geishas gehen darum den ganzen Tag mit Kugeln oder Bällchen in ihrer Vagina umher (den *Orgasmus Balls* der Sex-Shops). Eine Kugel sollte am Gebärmutterhals liegen, die andere im Bereich der vaginalen Hebemuskeln (etwa vier bis fünf Zentimeter weg vom Scheidenvorhof). Selbst das Kontrahieren des vaginalen Schließmuskels um zwei eingeführte Finger – ein paarmal am Tage – trainiert ungemein. Die Belohnung ist groß, denn Männer können überwältigende Lustempfindungen erleben, besonders die Unterseite des Penis wird auf diese Weise verwöhnt.

Was immer Sie mit seinen erogenen Zonen tun – sagen Sie Ihrem Mann, er möge sich versuchsweise einmal nicht bewegen, sondern nur genießen.

## Damit Irritationen und Mißverständnisse nicht die Ehe ruinieren

Oft sind es eigentlich die mißverstandenen Kleinigkeiten und Fehldeutungen im Alltag, die alle Gefühle ersterben lassen – darum hier einige weitere *»goldene Regeln«:*

- Die Beziehung als solche muß den Anreiz für körperliche Nähe schaffen, und das bedeutet ein ungestörtes Miteinandersprechen und Einander-wirklich-Ansehen – Zeit, die nur Ihnen beiden gehört. In einer Liebesaffäre würde niemand auf die Idee kommen, die wertvolle Zeit vor dem Fernseher zu verbringen – und genau diese Einstellung fehlt vielen Ehefrauen.

- Planen Sie die besonderen Stunden nicht gerade am Ende eines anstrengenden Arbeitstages. Geben Sie Ihrem Mann zumindestens Zeit, Abstand vom Berufsalltag zu gewinnen und sich zu erholen. Gelingt es Ihnen nicht, ihn in Stimmung zu bringen, lassen Sie es lieber bei einem zärtlichen Kuschelabend bewenden.
- Ziehen Sie sich nur gelegentlich vor Ihrem Mann an und aus. Begrenzen Sie Nacktheit auf die intimen Stunden – wer reagiert schon noch auf etwas, was er jeden Tag sieht? Ein Mann will verführt werden, um seine Eroberung hinterher wirklich genießen zu können – und bei zwei von drei Männern wirkt in dieser Richtung nun einmal Reizwäsche, weil das *Ihre* Reize für ihn in neuer Form herausstellt. Und warum nicht auch einmal Striptease?
- Bei der körperlichen Vereinigung sollten Sie ruhig egoistisch sein. Wichtig ist nur, daß Sie sich entspannen und das Zusammensein genießen. Bewegen Sie sich, und haben Sie keine Hemmungen vor irgendwelchen Liebeslauten – fast alle Männer werden dadurch angeregt. Vor allem aber sagen Sie ohne falsche Scham Ihrem Mann, was Sie wirklich mögen, denn im Gedankenlesen sind die wenigsten Männer gut.
- Der Wunsch nach körperlicher Nähe muß im Wechsel mal von dem einen, mal dem anderen Partner kommen. Nur eine Minderheit von Männern bevorzugt einen alleinigen Führungsanspruch beim Sex. Die einzige Ausnahme ist, wenn Sie als Frau zum Beispiel im Beruf wesentlich erfolgreicher sind als Ihr Mann. Dann müssen Sie ihm als Stütze für sein Selbstbewußtsein die Führungsrolle im Bett überlassen. Ansonsten wird die völlige Passivität einer Frau mit Interesselosigkeit und fehlendem Temperament gleichgesetzt. Ist ein Mann nämlich erst einmal in Liebesstimmung, soll nach den Wün-

schen der Männer die Idealfrau auch dafür und mit Lust dabei sein.

- Haben Sie keine unnötige Angst, Sie würden den Erwartungen des Mannes nicht gerecht, nur weil Ihre Erregung beim intimen Zusammensein nicht unaufhörlich zum Gipfel hin ansteigt, sondern wie Ebbe und Flut kommt und geht. Auch ein gemeinsam erlebter Orgasmus ist nicht etwa das Maß der Liebesqualität, es ist sowieso nur ein Zufall, wenn die entscheidenden fünfzehn Sekunden synchronisiert ablaufen.
- Es hat keinen Sinn, sexuelle Erfüllung zu heucheln, denn verdrängte Probleme entladen sich eines Tages in einer alles zerstörenden Explosion. Wenn Sie ihm sagen, daß er Ihnen keinen Orgasmus schuldet, daß zärtliche Berührungen für Sie genauso wichtig sind – dann gewinnt Ihr Liebesleben vielleicht wieder an Lebendigkeit.
- Ohne gemeinsame Träume und gelegentliches Ausbrechen aus dem Alltag hat jedes sexuelle Zusammensein nur noch ein Endziel, angesteuert mit der Routine eines Instrumentenfluges. Wen interessiert dann noch der Reiseweg ins Glück?
- Senden Sie ihm gelegentlich kleine Liebesbotschaften, ein Briefchen oder eine Kassette mit seiner Lieblingsmusik. Doch ersticken Sie ihn nicht mit Ihren Liebesbeweisen – das macht für einen Mann alles zu selbstverständlich.
- Lassen Sie Kinder nicht an die erste Stelle treten – wenn die Ehe darunter leidet, leiden erst recht die Kinder. Lassen Sie Kinder ruhig miterleben, daß Sie sich küssen und umarmen. Kinder sollten auch beizeiten offiziell wissen – die Eltern wollen bei der Liebe unter keinen Umständen gestört werden. Das ist die beste Sexualerziehung in jedem Kindesalter.
- Auch wenn es zu Beginn manchen Mann anregt, eine »Kind-Frau« zu beschützen, mit der Zeit wollen Männer nicht gerne Vater-Ersatz sein. Also bitte keine Klein-Mädchen-Spiele oder gar eine entsprechende Stimmenimitation. Umgekehrt ist es auch das Ende jeder Liebesbeziehung, wenn Sie in Ihrem

Mann nur ein zusätzliches Kind sehen wollen. Natürlich wollen Männer gern, daß ihre Geliebte *auch* mütterlich zu ihnen ist. Doch jede Art von »Eltern-Kind-Ehe« erstickt nun einmal sexuelles Empfinden.

- Versuchen Sie nicht immer und um jeden Preis, dem Partner einen Gefallen zu tun und möglichst dabei noch seine Gedanken lesen zu wollen. Es hat keinen Sinn, in dem anderen aufgehen zu wollen. Nur in einem wirklichen Miteinander kann eine Partnerschaft bestehen und sich entwickeln. Eine total angepaßte Frau ist vielleicht am Anfang bequem für manchen Mann – doch wirkt sie mit der Zeit stinklangweilig. Erobern kann man nämlich nur eine Frau mit Selbstbewußtsein, und nur das sorgt für erotische Spannung.
- Wohl jeder Mann möchte gern lieb und aufmerksam zu Hause empfangen werden. Gerade das Gefühl zu haben, daß die Frau sich wirklich für den Beruf und die damit verbundenen Probleme interessiert, schützt die Ehe und das Herz gegen den tödlichen Infarkt. Auch ein liebevoll zubereitetes Essen hat für diese häusliche Regenerationsphase eine wichtige Funktion. Nichts trifft einen Mann mehr, als abgespannt nach Hause zu kommen und dann einen Zettel seiner nichtberufstätigen Frau vorzufinden, sie wäre mit der Freundin unterwegs. Eine Frau kann noch so erfolgreich sein beim Einfangen eines Mannes – aber sie muß auch lernen, ihn zu halten. Das bedeutet Kochenkönnen und ein *gemütliches* Zuhause (kein Museum, wo nichts angerührt oder schmutzig gemacht werden darf). Und wenn Sie gar noch Ihrem Mann beim Heimkommen ein Aromaten-Fußbad (Kapitel 17) zubereiten würden – das macht müde Männer munter.
- Wenn ein Mann nach einer Beförderung im Beruf plötzlich ein geringeres Interesse am Liebesleben zeigt, dann nagen ihn quälende Zweifel, ob er den neuen Anforderungen auch gewachsen sein wird. Und in unserer Zeit sind berufliche und sexuelle Leistung ja zutiefst miteinander verquickt. Überfor-

dern Sie ihn also in dieser Zeit nicht auch noch gefühlsmäßig. Sollte er aber nicht befördert worden sein, dann braucht er erst recht Trost und keine Vorwürfe. Werfen Sie ihm jetzt vor, er sei ein Versager, versagt er schnell auch bei Ihnen! Männer wollen sich auch geistig »anlehnen« können.

- Um in der Berufswelt Erfolg zu haben, müssen Männer in ihrem Verhalten auf Denken und Handeln programmiert sein. Es ist ein müßiges und oft für den Endzweck sogar ruinöses Unterfangen, sie im Bett in Richtung Empfindsamkeit und Kuscheltier umprogrammieren zu wollen. Männer, die sich unsicher fühlen, wirken nämlich auf Frauen abkühlend. Irgendwann macht jede Feministin die Entdeckung, daß es ein starker Mann sein soll, der auch gelegentlich fordert und bestimmt. Toleranz im Eheleben setzt nämlich Stärke voraus.
- Widerstehen Sie auf ewig der Versuchung, im Streit Ihren Mann mit einer abwertenden Bemerkung über seine fehlende Männlichkeit im Bett treffen zu wollen. Keine Frage, der Punktsieg geht an Sie, doch Ihr beider Verhältnis erleidet einen K.-o.-Schlag. Jeder Streit sollte möglichst mit einer Versöhnung im Bett enden – darum dürfen Sie das Mittel dazu nicht ruinieren.
- Versuchen Sie nie, ein Geschäft mit dem Sex zu machen. Wenn Ihr Mann mit Ihnen glücklich ist, schenkt er Ihnen gern den Himmel auf Erden. Durch Erpressung und Verweigerung pressen Sie ihn in die Arme einer anderen, die ihn – wie er glaubt – um seiner selbst willen liebt.
- Ständiges Nörgeln, ganz besonders noch verstärkt durch Bemerkungen wie »Du bist wie dein Vater«, ist der »Totengräber« jeder Ehe. Selbst Männer, die scheinbar geduldig alles über sich ergehen lassen, trennen sich innerlich von ihren Frauen. Während ein Mann positiven Vorschlägen und Bitten um Verhaltensänderungen durchaus zugänglich sein mag, fühlt er sich bei zerstörerischer Kritik nicht mehr als Mann –

und reagiert mit Impotenz. Lob und Anerkennung – auch im Bett – zahlen sich aus!

- In den Wechseljahren ist es für jede Frau, die eine Frau bleiben will, ein Muß, daß sie die Pille nimmt, um so ihren Östrogenspiegel wieder zu normalisieren. Sie können mir glauben, die meisten Erektionsschwierigkeiten, die verheiratete Männer in dieser Zeit haben, lassen sich damit wirkungsvoll beheben. Durch eine langjährige Partnerschaft entwickelt sich ein intuitives Mitschwingen der Seele. Läßt das sexuelle Interesse der Frau nach, schläft auch die Liebesfähigkeit des Mannes ein.
- Seien Sie ehrlich zu Ihrem Partner, erzählen Sie ihm auch unangenehme Dinge – das ist der Vorteil einer echten Partnerschaft und hat nichts mit Schonung zu tun. Wenn erst einmal Zweifel an der gegenseitigen Offenheit bestehen, kann nie mehr wirkliche Nähe und Vertrauen entstehen. Das Versteckspielen von seiten der Ehefrauen ist zumindestens ein gewichtiger Grund, warum Männer in langjährigen Ehen lieber Prostituierten ihre Geheimnisse anvertrauen.

## Warum manche Männer Selbstbefriedigung oder andere Frauen bevorzugen

Es gibt eine Reihe von Männern, die neben dem häuslichen Sex sich selbst befriedigen. Meist schauen sie dabei Pornomagazine an. Mitunter ist auch nur eine Reaktion auf das geringere sexuelle Interesse der Frau. Manche Männer können auch nur durch die sehr starken Reize bei der Handstimulierung einen intensiven Höhepunkt erreichen.

In keinem mir bekannten Fall wollte auch nur einer dieser Männer seiner Partnerin mit der *Selbstbefriedigung* etwas wegnehmen. Etwa einer von fünf solcher Männer würde es sogar recht gern in Gegenwart seiner Partnerin tun und wünscht sich insgeheim, daß diese es auch vielleicht zu gleicher Zeit täte. Da neun von zehn Männern irgendwann einmal selbst Hand anlegen, ist Selbstbefriedigung durchaus die Norm – alles andere ist Geschmackssache.

In der heutigen Zeit haben immer mehr Männer eine *Geliebte.* Wichtige Faktoren sind sicher die Lustlosigkeit vieler Ehefrauen oder ihr fehlendes Verständnis für die Probleme des Mannes im Beruf, die Suche nach Selbstbestätigung oder auch die Hoffnung auf eine zweite Jugend. Entscheidend ist aber nach meiner Erfahrung die Vorstellung, sich damit eine Insel zu schaffen. Männer berichten mir immer wieder, daß sie auf solcher Ferieninsel die Wunden des Berufs- und Familienlebens lecken und wenigstens für einige Stunden alle Kränkungen des Alltags vergessen können. Die Erotik wird als Mittel zur Unterbrechung der täglichen Routine angesehen. Solange die mit einer Geliebten verbrachte Zeit frei von Problemen und Sorgen bleibt, gilt sie für den Mann als ein Extra, und beim Auftauchen von Gewitterwolken hat er dann die Rückversicherung, jederzeit von der Insel ablegen zu können. Denn eine allein auf Sex beschränkte Beziehung ist nun einmal unverbindlich, und eine Geliebte darf deshalb nie Ansprüche stellen. Auch wenn sie es immer wieder versprechen, im allgemeinen heiraten Männer ihre Geliebten nicht, sie bleiben zu Hause bei der Familie, weil sie tief im Inneren wissen, daß der Zauber einer Idylle sehr stark aus dem Leben im Verborgenen entsteht und niemals dem Alltag standhalten kann. Wenn solche Beziehungen wirklich über Jahre dauern, dann sind fast immer beide Partner anderweitig verheiratet. Beide strengen sich in der Liebesbeziehung an, besonders nett und verständnisvoll gegenüber dem anderen zu sein. Keine schlechte Laune, kein Alltagsärger darf die kostbare Zeit stören. Wenn aber zwei nicht miteinander verheiratete, eheerfahrene Partner automatisch das Richtige tun, warum können dann nicht Eheleute es mit gutem Willen auch versuchen, so wie ich es allen Ehepaaren für den Neuanfang in ihrer Ehe rate (Kapitel 6)?

# 6

# Geben Sie Ihrer Ehe eine Chance zum Neuanfang!

Dieses Buch ist zwar ein Ratgeber für Männer und ihre Frauen, aber es ist kein »Eheberatungsbuch« im herkömmlichen Sinn. Das nachstehende Kapitel richtet sich bewußt nur an Eheleute, weil in »Partnerschaften ohne Trauschein« die ehe-typischen Sexualprobleme relativ selten sind. Vielleicht liegt es daran, daß sich in solchen Fällen beide Partner wegen der fehlenden Sicherheit mehr umeinander bemühen. Im übrigen geht man in losen Partnerschaften sicher leichter auseinander, wenn sich Schwierigkeiten im sexuellen Bereich entwickeln.

Mehr als jede vierte Ehe wird heute geschieden. Zwei von drei Ehemännern und knapp die Hälfte aller verheirateten Frauen haben irgendwann eine außereheliche Beziehung. Niemand kann mit wirklich gutem Gewissen sagen, daß dadurch die gefühlsmäßige Qualität einer Ehe bereichert wird. Doch es besteht nun einmal in vielen Ehen ein Vakuum der Gefühle. Sex wird dann als Anlaß und Mittel gesehen, irgend jemanden zu finden, den man lieben kann und der einen wieder liebt. Was befriedigt wird, ist ein Appetit auf Sex; es ist ein Weglaufen aus der Monotonie des Alltags und ein Verlangen danach, nicht als ein selbstverständliches Stück Möbel im Eheinventar angesehen zu werden. Dabei könnte so manche Ehe viel mehr Wünsche und Träume befriedigen, würde sie nur auf eine neue, richtige Grundlage gestellt werden.

## Ein Plädoyer für die Ehe

Der wahre Genuß im Sexualleben entsteht nämlich erst durch Vertrautheit. Und die setzt *gemeinsame* Erfahrungen und das Aufeinandereingehen auch in der körperlichen Liebe voraus. In der Ehe ist es eben nicht nur eine Kommunikation durch Sehen und Berühren wie in den meisten Liebesaffären. Da man aufeinander eingestimmt ist, nimmt man sich mehr Zeit bei der Liebe, kennt die Wünsche des anderen und kann sich auf Nuancen konzentrieren. Der Orgasmus gewinnt erst im Laufe der Zeit eine psychische Dimension. Und deshalb nimmt in einer glücklichen Ehe gerade die Erlebnisfähigkeit der Frau mit den Ehejahren zu.

So schlecht kann die Institution Ehe gar nicht sein, wenn man bedenkt, daß geschiedene Männer nicht allzu lange ihre Freiheit mit verschiedenen neuen Eroberungen auskosten, bevor sie erneut heiraten. Allerdings sind solche Männer dann in einer neuen Ehe sehr viel einsichtiger und verständnisvoller, was die Probleme in der Beziehung zwischen Mann und Frau anbetrifft. Warum muß es dann erst zu einer Scheidung kommen?

Praktisch hat jeder in der Ehe irgendwann einmal sexuelle Probleme. Wer voller innerer Unruhe und Ungeduld ist, kann sich erst recht nicht beim Sex entspannen. Wenn man überdreht ist, wird sexueller Genuß auch mitunter in unangenehme oder sogar schmerzhafte Gefühle umgekehrt. Auf solche Weise wird ein Tief in unserem Leben in das Liebesleben übertragen.

*Warnzeichen* sind eine plötzliche Trockenheit der weiblichen Scheide und die nur noch geringe Absonderung von Erregungssekret beim Mann: Die Intensität der Gefühle beim Orgasmus nimmt drastisch ab, und anstelle seelischer Erfüllung fühlt man sich dabei oder hinterher oft leer. Wenn die Partner in einer solchen Situation trotzdem miteinander schlafen, ist die beiderseitige Enttäuschung vorprogrammiert. Doch wenn man sich bewußt macht, daß diese Versager gar nichts mit der Qualität der Ehe zu tun haben, ist es leicht, ein unerfülltes sexuelles Zusammensein als einen der vielen Ausrutscher des täglichen Lebens zu sehen und nicht zu dramatisieren. Die Substanz der Ehe bleibt unangetastet. Und gegen die äußeren Widrigkeiten hilft – wie wir später sehen werden – ein spezielles Anti-Streß-Programm. Außerdem lassen sich verlorengegangene Liebesenergien mit Hilfe der Bioenergetik wieder aktivieren.

## Gefahrenquellen für die feste Partnerschaft

Jede Ehe hat ihre ureigensten Probleme. Praktisch sind es nie rein technische Probleme, die die üblichen, rein körperbezogenen Sexualratgeber lösen könnten – vor allem besteht dann die Gefahr, daß die eigentlich Beteiligten durch solche Techniken am Ende ihr Zusammensein als etwas Manipuliertes erleben. Bücher können auch nicht das Denken ersetzen, sie können nur dazu anregen. In diesem Sinne einige Anregungen hinsichtlich häufiger Gefahrenquellen:

- ○ Das Dilemma beginnt damit, daß entweder einer der Partner, meist die Frau, den Sex über sich ergehen läßt oder aber daß die Einstellung, »Liebe« sei etwas, das man hin und wieder »macht«, weil es halt guttut und dazugehört, sich verfestigt. Wenn Sex in der Ehe zur Routine verkommt, verliert die Ehe eine ihrer wohl wichtigsten Säulen. Warum, zum Beispiel, muß Sex immer spät abends passieren? Schon allein die festgefügte Assoziation zwischen Sex und anschließendem Schlafen bringt mit der Zeit jede Sehnsucht nach intimem Zusammensein zum Einschlafen.
- ○ In einer Langzeitbindung kann das Gefühl der Liebe nur bestehen bleiben, wenn der Partner sich als Persönlichkeit ständig weiterentwickelt – denn wir lieben zwar das Bewährte, aber wir möchten es mit neuen Akzenten. Liebe in einer Ehe heißt immer wieder neu zum Partner ja sagen, als ob wir ihn

oder sie hundertfach im Leben wiederheiraten würden. Und jedesmal sollte der Ehekontrakt neu ausgehandelt werden. Hindert ein Mann seine Frau daran, sich weiterzuentwickeln, oder ist sie nicht bereit dazu, dann erreicht eine Ehe unweigerlich ihren Gefrierpunkt.

○ Tödlich ist auch die Überzeugung, alle Probleme einer Ehe würden sich irgendwann in der Zukunft von selbst lösen – mit dem Totschweigen sterben auch die letzten Gefühle.

○ Auch die Einstellung so mancher Frau, die Ehe sei ein Rahmen, um Kinder großzuziehen, geht an den eigentlichen Inhalten und Werten einer solchen Beziehung vorbei. Im Vordergrund muß immer und zu jeder Zeit die gefühlsmäßige Erfüllung der Partnerschaftsbindung stehen – sonst wird das Band brüchig.

○ Es ist zweifellos wichtig, sich um seine alten Eltern oder einen alleinstehenden Elternteil zu kümmern; doch Sie dürfen nie bei Ihrem Partner den Eindruck entstehen lassen, ihm oder ihr würde dadurch gefühlsmäßig etwas weggenommen. Man kann nicht gleichzeitig mit seinen Eltern verheiratet sein. Beziehen Sie also die ganze Familie in die Sorge ein, aber bieten Sie dem Ehepartner besondere Zärtlichkeit als Belohnung für das Verständnis. Bevor Sie sich Vorwürfe machen, Sie täten nicht genug für Ihre Eltern, denken Sie daran, wie viele Vorwürfe Sie sich einmal machen würden, wenn Sie nicht genug für den Erhalt Ihrer Ehe getan hätten. Und noch etwas! Lassen Sie nie zu, daß Ihre Mutter Ihre Frau oder Ihren Mann bevormundet!

○ Wer hart arbeitet, fühlt sich am Ende eines langen Tages oft zu müde zum Sex. Doch durch Bioenergetik und das Anti-Streß-Programm kann man leicht gerade das Liebesleben wieder zu einem Quell unerschöpflicher Energien machen – so wie es das im Anfang Ihrer Beziehung einmal war. Wir müssen zwar arbeiten, um zu leben; doch ist das wirklich noch ein Leben, wenn keine Zeit mehr für die Liebe bleibt? Seit SIGMUND

FREUD weiß die Medizin: »Seelische Gesundheit setzt ein Gleichgewicht von Liebe und Arbeit voraus.« Wenn die Seele dahinsiecht, krankt alles andere auch.

- Streiten Sie sich nie um Geld – in einer Ehe kann es nur gemeinsame Wünsche und Bedürfnisse geben. Männer mögen grundsätzlich keine Frau, die zu verschwenderisch ist. Verwalten Sie deshalb das häusliche Budget im Wechsel, dann erübrigt sich auch mancher Rollenkonflikt in der Ehe.
- Suchen Sie bei Eheschwierigkeiten nie den Rat von Freunden. Probleme menschlicher Nähe kann niemand auf Distanz beurteilen. Kritisieren Sie nie den Ehepartner vor Außenstehenden; tun Sie es nur, wenn Sie beide allein sind.
- Zeiten, in denen sich dramatisch etwas in unserem Leben ändert, wie beim Verlust eines lieben Menschen, beim Verlust des Arbeitsplatzes oder nach einem Umzug, sind schwierige Bewährungsproben für das Leben zu zweit. Nur mit sehr viel Verständnis und Nachsicht gegenüber dem betroffenen Ehepartner kann der gefühlsmäßige Schaden begrenzt werden. Und das wird meistens bedeuten: für einige Zeit keinen Sex.

Auf der Grundlage einer harmonischen Ehe – oder Partnerschaft – läßt sich jedes Problem sehr viel leichter lösen. Es würde ungeahnte Kräfte aktivieren, wenn nur halb so viele Energien in die Erfüllung einer Ehe gesteckt würden wie zum Beispiel in den Beruf, den Haushalt oder in verschiedene Freizeitaktivitäten. Zwar wissen wir, daß jedes Feuer Nahrung braucht und jeder Ackerboden seinen Dünger – doch wir erwarten bei Gefühlen, daß alles von selbst funktioniert.

Das Geheimnis, warum Liebesaffären für kurze Zeit so anregend sind, liegt darin, daß durch neue Verhaltensweisen neue Gefühle entstehen.

Doch man kann sich auch in einer Ehe wieder wie neu fühlen, wenn man sich anders verhält.

## Jede Ehe verdient eine Chance zum Neubeginn

Es ist nie zu spät für einen Neuanfang – geben Sie Ihrer Ehe also eine Chance. Tun Sie so, als ob es eine neue Heirat wäre. Zuerst muß einmal das Gefühl weg, alles sei selbstverständlich. Es gilt, Liebe und Nähe miteinander zu erleben, nicht einfach ein Zusammenleben oder ein Zusammen-ins-Bett-Gehen.

Trennen Sie beide noch keine zu großen Probleme und zu viele Jahre gedankenloser Routine, wird ein Neuanfang am besten dadurch dokumentiert, daß alle Routineabläufe in der Ehe wenigstens auf Zeit einmal umverteilt werden.

Das fängt an bei der Seite des Bettes, in der jeder schläft, und sollte möglichst dasselbe »Signalprogramm« der Körpersprache wie beim ersten Kennenlernen miteinbeziehen. Also: sich immer wieder kurz, aber intensiv ansehen, sich etwas ins Ohr flüstern, aneinander anlehnen, sich zufällig berühren – und vor allem sehr viel Küsse. Und dann wochenlang alle nur denkbaren Intimitäten – aber keinen Sex! Fahren Sie doch in dieser Zeit wieder einmal mit dem Auto ins Grüne, so wie früher. Sie werden es nicht glauben, aber selbst in »eingefahrene« Ehen kann das neuen Schwung bringen.

Haben Sie sehr viel an Mißverständnissen aufzuarbeiten, sollte der Versuch des Neuanfangs auch eine räumliche Trennung von der Routine einbeziehen. Hierfür ist ein Kurzurlaub zu zweit von Vorteil, möglichst mit einer langen Fahrt bis zum Ziel. Dann ist wenigstens einmal Zeit da, um über seit langem bestehende Probleme zu reden. Das aber ist eine unabdingbare Voraussetzung für einen Neuanfang und schafft erst die Grundlage für seelische Nähe. Da es ein wenig wie zweite Flitterwochen sein soll, dürfen Sie auch nicht zwischendurch zu Hause oder im Büro anrufen wollen. Wirksam ist nun einmal nur die Isolation auf einer »Liebesinsel«.

Wenn die über die Jahre gewachsenen Probleme und die seelische Kluft schier erdrückend scheinen, ist mitunter eine Distanz auf Zeit vonnöten, wo einer allein wegfährt und über die gesamte Beziehung nachdenken kann. Ideal sind zwei Tage – ohne jeden Kontakt zum Partner –, möglichst an einem Ort, der für Sie beide mit glücklichen Erinnerungen verbunden ist. Mitunter ist es danach auch nötig, sich gemeinsam einmal für einige Wochen aus allen gesellschaftlichen Verpflichtungen zurückzuziehen, um sich ausschließlich auf die Ehe konzentrieren zu können. Wenn Sie sich dann hoffentlich bewußt für ein neues Leben zu zweit entscheiden, dann werden Ihnen folgende Ratschläge helfen:

- Schreiben Sie einander kurze Briefe über Ihre Gefühle, aber sprechen Sie nie über den Inhalt. Beantworten Sie Briefe mit Briefen. Die Hauptsache ist, daß Sie dadurch Gefühle einander mitteilen und miteinander teilen – ohne die Angst, durch den anderen verletzt zu werden. Doch die Klärung von echten Problemen sollte immer nur Gesprächen vorbehalten bleiben.
- Legen Sie von nun an in regelmäßigen Abständen einen Liebestag ein, den Sie als unabänderlichen Termin in Ihren Kalender eintragen. Verbringen sollten Sie solch einen Tag weit weg von der gewohnten Umgebung in der Gewißheit, daß es keine Störung geben wird. Es ist nun einmal eine Erfahrungstatsache: Sex außer Haus ist viel schöner. Um in die richtige Liebesstimmung zu kommen, baden Sie miteinander und massieren Sie sich gegenseitig. Beides entspannt und schafft Wohlbehagen – das aber wirkt als sexuelle Stimulanz, besonders wenn auch noch spezielle ätherische Öle (siehe Kapitel 17) verwendet werden. Gehen Sie miteinander spazieren – dabei soll streng nach Wegstrecke unterteilt erst der eine und dann der andere Partner »zum Zuhören verurteilt« sein. Probleme werden so bewußter aufgenommen, und es wird nicht aneinander vorbeigeredet.
- Wenn Sie meinen, Sie müßten unbedingt zu Hause bleiben – dann bestellen Sie sich doch eine Babysitterin, die sich für diesen Tag um Haushalt und Kinder kümmert, so daß Sie beide nur für einander dasein können. Das fängt schon mit dem

Frühstück im Bett an – mit Zärtlichkeiten danach. Recht aufregend wäre es auch, wenn Sie sich ab und zu »heimlich« in der Mittagspause treffen würden – zur Liebe.

- Um den nachlassenden Sinnesrausch der ersten Jahre wettzumachen, müssen Sie beide etwas tun, um die Erotik weiter knistern zu lassen. Wenn die Anreize variieren (Kapitel 7), wird auch die körperliche Liebe nicht zur Gewohnheit. Tanzen ist zur Einstimmung besonders geeignet. Nutzen Sie die Gunst der Gestirne. Strahlender Sonnenschein und Vollmond bewirken die Ausschüttung von Liebeshormonen im Blut. Männer werden zärtlich und leidenschaftlich, Frauen liebebedürftig.
- Versuchen Sie in Zukunft immer, zusammen aufzustehen und gemeinsam ins Bett zu gehen – und frühstücken Sie wenigstens immer zu zweit. Ansonsten entwickeln Sie Ihre eigenen unterschiedlichen Hobbys und Interessen – das macht ausgeglichen und verschafft Gesprächsthemen. Und man kann auch stolz auf einen erfolgreichen Partner sein.
- Gehen Sie öfter einmal zu dritt aus, mal mit einem Geschäftspartner, mal mit einer Freundin oder einem Freund. Jeder strengt sich unbewußt an, dem anderen Geschlecht zu gefallen – und gefällt. Das aber läßt ihn oder sie dem Ehepartner plötzlich wieder in einem neuen, begehrenswerteren Licht erscheinen. Gleiches gilt auch für Parties. Nur darf das nie bedeuten, daß einer der Partner sich dabei ausschließlich um andere kümmert. Wenn es um den Flirt des Partners geht, sind 70 Prozent der Männer und 84 Prozent der Frauen entschieden dagegen.

Die folgenden Abschnitte habe ich dem Ehe- und Partnerschaftskapitel zugeordnet, weil sie wichtige Probleme betreffen, die bei einem Neuanfang bewältigt werden müssen. Es versteht sich von selbst, daß die Komplexe »Hektik«, »Liebesenergien«, »Schwangerschaft«, »Übergewicht«, »Schnarchen« oder »Eifersucht« auch unabhängig davon ganz allgemein einen bedeutenden Stellenwert in einem *»Sexualratgeber für Männer«* haben.

## Liebe braucht in der Hektik des Alltags ein Anti-Streß-Programm

Was man beim Geschlechtsverkehr erlebt, ist nur noch ein mechanisches Gefühl, seelisch bleibt man völlig unerfüllt. Sex wird infolge der Alltagshektik wie alles andere mit Eile angegangen. Im Bett läuft alles ab, als ob man einen steilen Berg ohne Bremse hinunterradeln würde. Damit lassen sich zwar die Schallmauern wie im Fluge, nicht aber die Schranken der Intimität durchbrechen. Nimmt es da noch wunder, daß dieselben Gefühle der Ungeduld und Feindseligkeit, die wir im Berufsleben spüren, ins Geschlechtsleben übertragen werden?

Dabei handelt es sich bei dem von mir empfohlenen Anti-Streß-Programm der Liebe um nichts Unmögliches. Oft reichen schon ganz einfache Mittel aus. Setzen Sie zum Beispiel gemeinsam ein Puzzle zusammen, wie in Kindertagen. Sehr schön wäre es, wenn Sie auch irgendeinen Sport zu zweit beginnen könnten. Aktivitäten zu zweit entspannen und schaffen Gemeinsamkeiten. Besonders wirksam ist dabei auch das gemeinsame Lachen – und sei es beim Anschauen von Komödien im Theater oder Kino. Das gemeinsame Lachen steckt an. Lachen entspannt aber nicht nur, sondern ist auch noch ein wirkungsvoller Anreger für das Liebesleben. Zwei sehr nützliche Bücher werden Ihnen hierzu weitere Anregungen vermitteln: *»Smile Connection – Lachen verbindet, Freundlichkeit lohnt sich«* von ESTHER BLUMENFELD und LYNNE ALPERN (Ariston Verlag, Genf 1988) und *»Wer lacht, lebt länger – Von der Heilkraft des Humors«* von Dr. BRANKO BOKUN (Ariston Verlag, Genf 1987). Einen besonderen gefühlsmäßigen Langzeiteffekt haben gemeinsame spirituelle Erlebnisse – wie das engumschlungene Anschauen eines wunderschönen Sonnenunterganges oder das stundenlange Kuscheln an einem Sonnenstrand am Meer, auf einer Waldlichtung beim Gesang der Vögel oder vor dem prasselnden Kaminfeuer.

## Verlorene Liebesenergien durch Bioenergetik-Kurse wiedererwecken

Wenn man beim Geschlechtsverkehr zwar noch eine gewisse körperliche Entspannung, aber keinerlei seelische Befriedigung mehr empfindet, sich danach total ausgelaugt fühlt, kaum noch Interesse am Liebesleben hat (weil so viele andere Dinge wichtiger erscheinen), dann wird es höchste Zeit, etwas zu tun. Mit Hilfe der sogenannten *Bioenergetik* lassen sich die »Liebesgeister« wieder wecken, denn diese Methode aktiviert einen Kraftquell der Natur.

Bei der Bioenergetik wird das Sexualzentrum durch Rotlicht aktiviert (wie bei der Chromotherapie). Entscheidend ist, daß das Rotlicht nur auf Arme, Beine und Rücken gelangt, sonst kommt es zu negativen Interaktionen. Um eine biorhythmische Wirkung zu erzielen, muß – beginnend etwa eine Stunde nach Sonnenaufgang in Zwei-Stunden-Intervallen – bestrahlt werden. Die Farbwirkung wird durch spezielle Color-Klang-Cassetten *(Musicoplastie®)* erhöht, die den Gefühlsfluß beeinflussen. Unterstützt wird alles durch bestimmte Yogaübungen, die das Becken freimachen und helfen, wieder eine Verbindung zwischen oberer und unterer Körperhälfte herzustellen.

Haben Sie bitte Geduld mit sich selbst und Ihrem Partner! Einem Behinderten gegenüber würden Sie auch nachsichtig sein. Ist man erst einmal »zerheiratet«, gilt es, wie nach einem schweren Unfall, zuerst wieder gehen zu lernen, bevor es ans Laufen geht.

Dafür aber müssen Sie beide lernen, vor allem an den Wert Ihrer Ehe oder Partnerschaft zu glauben. Am Ende steht die Entdeckung nicht neuer erogener Zonen, sondern einer gemeinsamen Oase der Liebe.

## Die Schwangerschaft ist eine kritische Zeit

Unnötigerweise bekommen eine Reihe von Ehen in und nach der *Schwangerschaft* einen Riß. Zuerst einmal: Schwangerschaft ist kein Grund dafür, den Geschlechtsverkehr einzustellen. Nur bei Frauen, die wegen einer konstitutionell bedingten Schwäche zu Fehlgeburten neigen, sind die ersten drei Monate relativ gefährlich, doch nimmt gerade bei solchen Frauen das Liebesverlangen in dieser Zeit sowieso ab. Danach jedoch kann der Fötus nicht mehr durch den Geschlechtsverkehr geschädigt werden. Allerdings besteht bei wenigen überempfindlichen Frauen die Gefahr, daß nach der 31. Schwangerschaftswoche durch die Erregungsabläufe beim Höhepunkt zu frühe Wehen ausgelöst werden. Alles andere ist einzig und allein eine Frage des Stellungsspiels – und wenn der Mann seitlich hinter der Frau liegt (deren Knie zum Körper hin angezogen sind), bestehen bis zum Ende keinerlei technische und gesundheitliche Probleme. Diese Stellung läßt sich sogar noch dadurch modifizieren, daß sich die Frau, nachdem der Mann von hinten in sie eingedrungen ist, auf den Rücken dreht und ein Bein über das obere Bein des Mannes legt. So ist ihr Bauch unbelastet, die Klitoris ist aber für Streicheln zugänglich (*Abbildung 3a*). Als Alternative kann der Mann auch rechtwinklig zu der auf dem Rücken befindlichen Schwangeren liegen. Vorausgesetzt, sie legt ein Bein über seine Schulter, kann er leicht den Penis einführen. Sehr zu empfehlen ist auch eine Stellung, wo die Schwangere auf dem Mann sitzt. Doch in Oben-unten-Lagen kann zwischen der 11. und 30. Schwangerschaftswoche leicht das Gefühl entstehen, die sich verändernde Scheide wäre für den Penis zu weit. Ein untergelegtes Kissen kann vieles ausgleichen.

Was das Liebesverlangen anbetrifft, so unterscheiden sich Frauen ganz individuell. Bei der Mehrheit nimmt das sexuelle Verlangen im zweiten Schwangerschaftsdrittel zu, weil die Beckenorgane besser durchblutet und dadurch aktiviert werden. Im letzten Trimester verschwindet diese Reaktion wieder. Immer

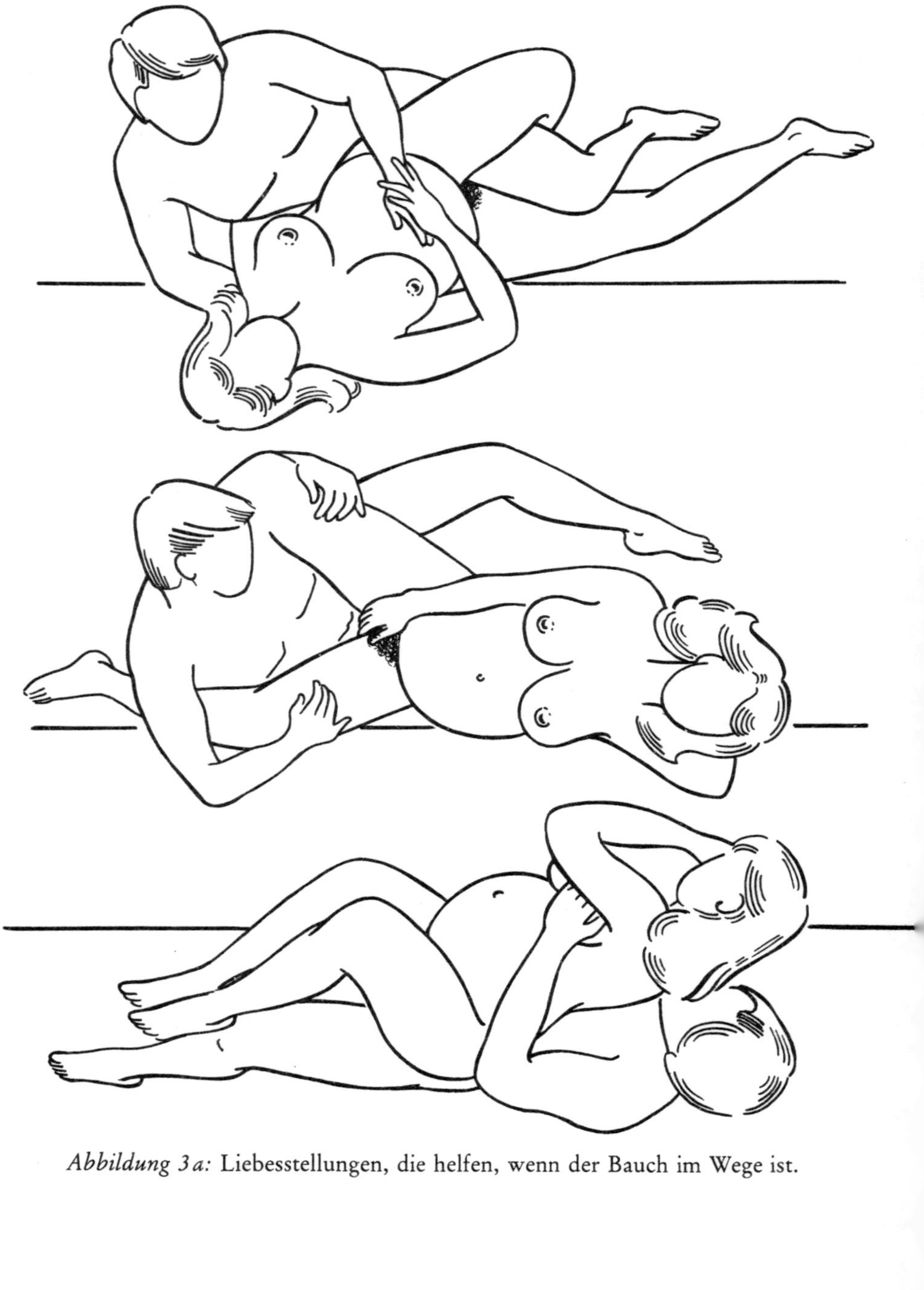

*Abbildung 3a:* Liebesstellungen, die helfen, wenn der Bauch im Wege ist.

aber wünschen sich Frauen sehr viel körperliche Nähe und Zärtlichkeit, denn ihre größte Angst ist es jetzt, für den Mann nicht mehr sexuell attraktiv zu sein. Dabei übersehen schwangere Frauen, daß sie jetzt besonders viel Vitalität ausstrahlen, und das wirkt wiederum erotisierend auf den Mann. Nach der Geburt ist wegen eines relativen Östrogenmangels die Scheide trocken und der Verkehr dadurch schmerzhaft. Eine Narbe vom Dammschnitt ist dagegen nur selten die wirkliche Quelle der Unlust. Es gibt keinen medizinischen Grund, warum ein Geschlechtsverkehr nicht nach vier bis sechs Wochen wieder aufgenommen werden sollte. Bei stillenden Frauen kehrt das sexuelle Verlangen sowieso früher zurück. Der Saugreflex regt an. Sicherheitshalber sollte die junge Mutter ihre Scheide während der der Wiederaufnahme des Geschlechtsverkehrs vorangehenden zwei Wochen innen mit Östrogencreme einreiben. Fangen Sie mit der »Frau oben« an.

Doch leider ist bei der Hälfte der Paare die Häufigkeit des Geschlechtsverkehrs selbst ein Jahr nach der Geburt noch stark reduziert. Vordergründig werden körperliche Müdigkeit und zeitliche Beschränkungen in den Möglichkeiten zum intimen Zusammensein genannt. Doch es besteht kein Zweifel, daß sich »gefühlsmäßig« für Mann und Frau durch die Umwandlung einer Zweier- in eine Dreierbeziehung einiges geändert hat. Der Mann fühlt sich schnell durch die enge Beziehung von Mutter und Kind ausgeschlossen und reagiert mit einer Flucht in ein verstärktes berufliches Engagement. Damit wird aber das Baby noch mehr zum Lebensinhalt der jungen Mutter. Dieser Teufelskreis muß rechtzeitig durch eine offene Aussprache unterbrochen werden.

Ein anderes Problem ist dagegen nur zeitlich begrenzt, erfordert aber sehr viel Verständnis von seiten des Mannes. Jede zehnte junge Mutter leidet in den Monaten nach der Geburt unter einer *reaktiven Depression*, die durch die dramatischen Hormonumstellungen am fünften Tag nach der Geburt ausgelöst wird. Die Symptome reichen von der Angst, nicht hinreichend für das Baby sorgen zu können, bis hin zu einer allgemeinen Angst vor der Zukunft. Kein Wunder, daß sie schlecht schläft! Schon der Gedanke an Sex läßt eine solche Frau erschaudern. Doch alle Beschwerden lassen sich innerhalb von sechs bis acht Wochen bessern, wenn regelmäßig Medikamente eingenommen werden, die entweder Mianserin (90 Milligramm pro Tag) oder Amitryptilin (100 bis 150 Milligramm pro Tag) enthalten. Für Sie als Mann geht es darum, Ihrer Frau in dieser Zeit immer wieder zu versichern, daß sie sexuell keineswegs weniger attraktiv ist als früher und daß Sie sie unverändert lieben.

## Damit Ihr Gewicht nicht ins Gewicht fällt

Vorausgesetzt Sie beide waren bereits beim Liebeswerben oder in der ersten Zeit Ihrer Partnerschaft dick, so spricht das mit einer hohen Wahrscheinlichkeit dafür, daß diese Beziehung intakt bleibt. Ehen zwischen zwei *Übergewichtigen* haben nach aller medizinischen Erfahrung relativ selten sexuelle Probleme. Beleibtheit verändert keineswegs das Liebesverlangen einer Frau, die Häufigkeit des Geschlechtsverkehrs oder die Wahrscheinlichkeit, einen Orgasmus zu erreichen. Es ist eine Erfahrungstatsache, daß eher rundliche, mollige oder dicke Menschen ein fröhlicheres, vitaleres Naturell haben als Schlanke, die dafür jedoch beweglicher und sportlicher sind. Das lebensfrohe Temperament so manches Dicken kommt auch dem Liebesleben zugute, während Menschen, die sich qualvoll auf eine Idealfigur herunterhungern, oft viel von ihrer Lebensfreude einbüßen.

Wichtig ist nur, daß Dicke Liebesstellungen finden, die eine hinreichende Penetration der Scheide durch den Penis und eine gute Stimulierung der unter einer Fettschürze versteckten Klitoris erlauben. Auf jeden Fall geht es, wenn der Mann rücklings auf dem Bettrand liegt und die Beine dabei auf dem Boden hat. Dann braucht die Frau nur über ihm zu stehen. Für Frauen gelten dieselben Seitenpositionen wie in der Schwangerschaft (*Abbildung 3a*). Sind beide stark übergewichtig, ist ein relativ harter »Liebeswürfel«, der aus Schaumstoff nach Maß angefertigt wird, am besten. Der Körper der Frau soll bequem von Kopf bis zum Steißbein und in Armbreite aufliegen. Der Mann muß in der Lage sein, im Stehen ohne Verrenkungen in die Frau eindringen zu können, egal ob die Frau dabei auf dem Rücken liegt oder sich mit dem Bauch über den Würfel beugt. So führt der Geschlechtsverkehr auch nicht zu Atemnot. Konkrete Anregungen sind der *Abbildung 3b* zu entnehmen.

Ein *Würfel* ist übrigens *auch ideal für Männer mit kleinem Penis*.

Damit das Liebesleben auch bei Beleibten glücklich bleibt, ist eine gründliche Intimpflege wichtig. Denn unter überhängenden Fettschichten wird abgestandener Schweiß durch Bakterien zu unangenehmen Geruchsstoffen zersetzt, und folglich sind Infektionen der wunden Haut häufiger. Das gilt besonders für die Falten unter den Brüsten und für den Schambereich der Frau.

Schwieriger wird es, wenn im Verlauf der Ehe einer der Partner stark an Umfang zunimmt. Es ist wahr, daß vier von hundert Männern durch dicke Frauen sexuell sehr angeregt werden. Nur suchen sich solche Männer von vornherein beleibte Frauen. Doch im allgemeinen leiden sowohl die Initialzündung, die ja durch den Anblick des Partners ausgelöst wird, wie auch das Selbstwertgefühl des dickgewordenen Partners infolge späterer erheblicher Gewichtszunahme.

Männer entwickeln aus diesem Grunde bei beträchtlichem Übergewicht ein geringeres Liebesverlangen und haben schließlich sogar Erektionsprobleme. Dann hilft wirklich nur konsequentes Abspecken – auch deshalb, weil Übergewichtige zum Schnarchen neigen.

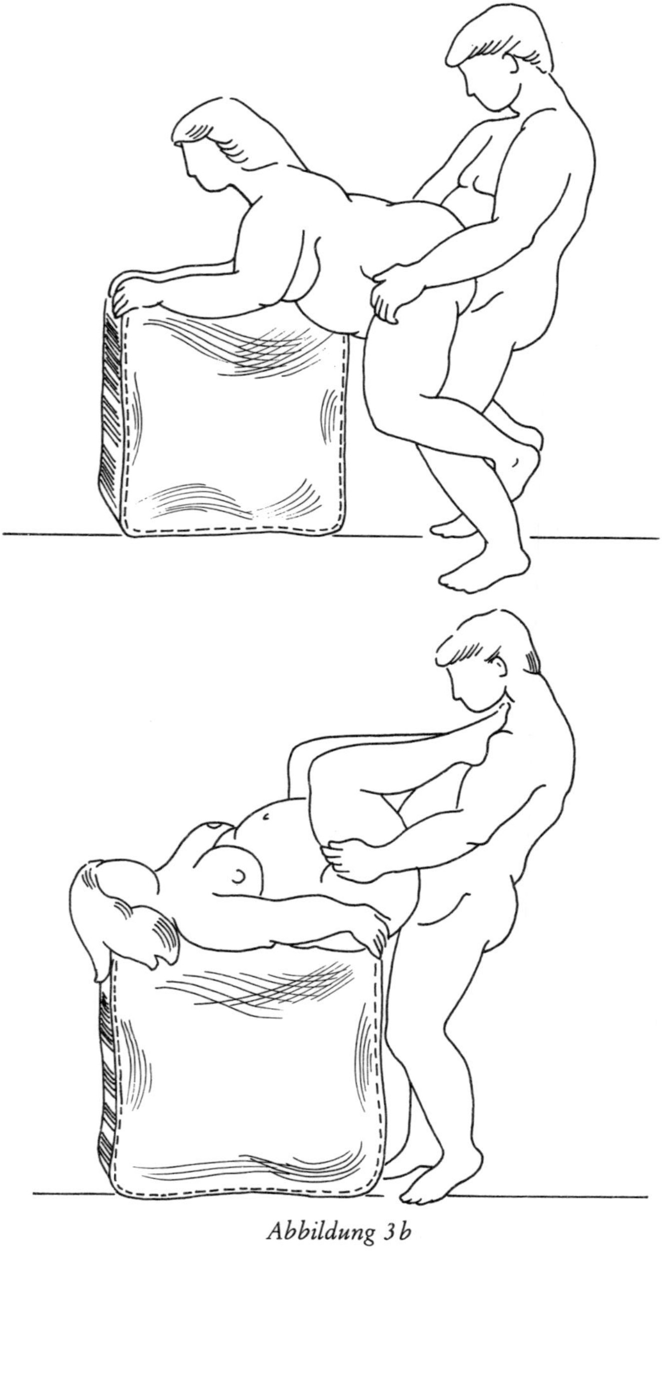

*Abbildung 3b*

## Schnarchen weckt Mordgelüste

Sie können noch so viele verbindende Gemeinsamkeiten haben, nichts trennt auf die Dauer mehr als der durch Schnarchen gestörte Nachtschlaf. Nachdem Ansprechen, Schubsen und Zwikken nur vorübergehende Funkstille schaffen, wachsen die Aggressionen. Im Wachzustand könnten Sie dem Schnarcher gegenüber gut damit argumentieren, daß Schnarchen ausgesprochen ungesund ist – nicht nur für Sie infolge Ihres gestörten Schlafes, sondern weil durch die Überlastung der rechten Herzhälfte und der Lunge sowie durch die nächtliche Ausschüttung von Streßhormonen bei Schnarchern Angina pectoris und Bluthochdruck, Diabetes, Depressionen, Rheuma und sogar die Neigung zu Allergien wesentlich häufiger sind. Doch der Verursacher tut es ja nicht willentlich. Es sei denn, er hätte vor dem Schlafengehen viel Alkohol getrunken und geraucht. Mehr als drei von hundert Frauen und fünf von hundert Männern schnarchen, weil das Rachengewebe locker geworden, die Nase zugeschwollen ist (mitunter ist es nur eine schiefe Nasenscheidewand) oder die Mandeln vergrößert sind.

Da Sie ja Ihrer beider Gesundheit bewahren und Ihre Partnerschaft nicht auch noch nächtlichen Belastungen aussetzen wollen, müssen Sie den Schnarcher zu seinem (ihrem) Glück zwingen. Eine Möglichkeit besteht darin, den Kopf höher zu legen, um den Abfluß der Nasennebenhöhlen zu verbessern. Eine schiefe Nasenscheidewand und stark vergrößerte Mandeln müssen natürlich operiert werden. Sind Allergien die Verursacher der verstopften Nase, hilft Akupunktur oder der zeitweilige Verzicht auf Weizenprodukte, rotes Fleisch und grüne Äpfel. Generell lohnt sich immer ein Versuch mit *Concordin®* (muß über die Apotheke aus England bestellt werden), welches, in einer Dosis von 10 Milligramm vorm Schlafengehen eingenommen, bei drei von vier Personen das Schnarchen verhindert. Ist ein schlaffes Gaumensegel der Auslöser für das Schnarchen, so hilft das Einspritzen von Kollagen wie es sonst bei der Faltenunterspritzung angewandt wird.

Der Vorteil liegt auf der Hand. Sie sind beide am Tage nicht mehr so müde (bei 60 000 Schnarchern ist es so schlimm, daß sie deswegen bei der Arbeit und vorm Fernseher einnicken), und können auch das nächtliche Aufwachen zu sinn-volleren Aktivitäten benutzen. Das macht schön müde und entspannt…

## Krankhafte Eifersucht muß behandelt werden

Gemeint ist nicht das bißchen Eifersucht, wenn der Ehepartner in Gesellschaft ein wenig flirtet, denn sie würzt sogar den Ehealltag. Männer wie Frauen brauchen immer wieder einmal etwas Selbstbestätigung. Wenn leider der Partner im Laufe der Zeit nicht mehr so zärtliche Blicke sendet und nicht mehr Veränderungen am Äußeren sofort honoriert, dann muß man sich die Streicheleinheiten aus der Umgebung holen. Männer sind noch dazu genetisch programmiert, eine Frau als Beute mit den Augen zu suchen, nur bedeutet das bei einer intakten Ehe nicht, daß sie diese – fremde – Beute auch verzehren wollen.

Nein, das Problem ist die krankhafte und krankmachende Eifersucht, unter der man den Partner leiden läßt, aber unter welcher der oder die Eifersüchtige auch selbst schrecklich leidet. Und dieses Leiden wird dann noch demonstrativ dem Partner und der Außenwelt gezeigt. Diese Art von Eifersucht kommt genauso häufig bei Männern wie bei Frauen vor. Ursache ist immer eine übertriebene Verlustangst. Sie beruht auf einem Mangel an Selbstvertrauen und dieser führt wiederum zu einem übersteigerten Mangel an Vertrauen.

Die Angst, den anderen und seine Zuneigung zu verlieren, setzt unglaublich zerstörerische Kräfte frei. Der Tagesablauf des verdächtigten Partners wird minuziös kontrolliert. Die Kleidung oder die Autositze werden nach Spuren der Untreue abgesucht.

Telefongespräche werden abgehört und Briefe geöffnet. Und immer wieder Kreuzverhöre... Nachts wird von dem Betrug geträumt, und diese Träume zieht die oder der Eifersüchtige dann am nächsten Tag als überzeugende Bestätigung des Verdachts heran.

Und so folgen dann bitterböse Blicke und öffentliche Szenen, wenn eine vermeintliche Konkurrenz in der Nähe ist. Es ist so schlimm, daß es bei Unbeteiligten Unbehagen und Abneigung erzeugt. Die oder der krankhaft Eifersüchtige kann sich gegen diese Verlust- und Vergleichsängste nicht wehren. Das seelische Gleichgewicht gerät völlig durcheinander. Mal wird der Partner wegen der Trennungsängste in den Himmel gehoben, mal wird er abgrundtief gehaßt. Wenn alle Appelle und Drohungen nichts helfen, dann wird nicht selten ein Selbstmordversuch unternommen. Es ist nicht gespielt – denn in diesem Augenblick will die oder der Eifersüchtige nur, daß die Angst aufhören soll. Zwei Drittel der betroffenen Frauen und ein Drittel der Männer sind bei einer krankhaften Eifersucht auch noch depressiv. In der Mehrheit solcher Fälle hilft ein Medikament mit dem Namen *Jatroneural®*, das je nach Stimmungslage noch mit einem Mittel gegen Depressionen kombiniert wird.

Nicht in jedem Fall krankhafter Eifersucht helfen aber Medikamente. Das gilt besonders für solche Männer, die wegen irgendwelcher verdrängter Erfahrungen aus früher Kindheit eifersüchtig sind auf alles und jedes, was ihre Frau ohne sie tut. Das reicht vom Telefonieren über Hobbys, die Kinder, bis zum Weggehen. Und wenn gar andere Männer mit ins Spiel kommen... Hier nützt nur eine *Psychotherapie!* Nichts aber hilft, wenn ein Eifersuchtswahn als Folge eines starken Alkoholkonsums auftritt oder wenn bei einer sogenannten Eifersuchtsparanoia in einer Wahnwelt jeder Bezug zur Umwelt verlorengegangen ist.

Es gibt noch eine weitere Art von Eifersucht, die eigentlich nur bei Männern vorkommt. Jahrelang mögen sie ihre Frau mit anderen Affären entwertet und gedemütigt haben. Dann kommt der

Tag, da *sie* sich einen anderen anschafft, eigentlich, nur um sich selbst aufzuwerten und zu bestätigen. Jetzt folgen wildeste Eifersuchtsszenen des betrogenen Ehemannes, Möbel werden zertrümmert, oder gar die Lieblingskatze der Frau wird umgebracht. Alles ist Ausdruck eines Besitzverlustes und einer typisch männlichen Vergleichsangst. Man war doch überzeugt, solch ein toller Kerl zu sein – aber jetzt stellt sich die Frage: »Was hat der andere bloß, das ihn besser macht?« Dieses Kratzen am Ego ist für viele solcher Männer einfach nicht zu verkraften. Die Eifersucht verwandelt sich in eine Suche nach immer mehr außerehelichem Sex (zwecks Selbstbestätigung), nach Alkohol oder Drogen. Auch diese Form der Eifersucht ist selbstzerstörerisch, denn am Ende steht oft das Versagen als Mann.

# 7

# Vorlieben bestimmen die Qualität des Liebeslebens

Es gibt die verschiedensten Vorlieben im Liebesleben. Abhängig vom persönlichen Geschmack schaffen sie nun einmal Voraussetzungen für die Liebesstimmung. Manche mögen dabei eine Binde um die Augen tragen oder gefesselt sein, andere erst nach einem Ringkampf oder Streit unterliegen. Oder es wird eine besondere Stellung beim Geschlechtsverkehr bevorzugt.

Doch wenn das, was den Mann anregt, bei der Partnerin Abscheu oder Furcht erregt, sind Probleme im Sexualbereich vorprogrammiert. So muß es vor allem darum gehen, alles zu tun, daß die Wahl der Dinge, die Ihr Liebesleben bereichern sollen, Ihrer *beider* Geschmack gerecht wird. Niemals sollte man sich aber durch seine (oder ihre) Vorlieben auf immer und ewig festlegen lassen. Jedes Begehren nimmt mit der Zahl der Wiederholungen ab und muß durch etwas Neues wieder angefacht werden.

Der sicherste Liebestöter ist nun einmal die sexuelle Langeweile. Scheuen Sie sich nicht, immer wieder einmal etwas Neues auszuprobieren. Dabei werden Sie Ihre eigenen Vorlieben entdecken und entwickeln. Selbst wenn Ihnen im folgenden Kapitel vieles bekannt und ganz und gar nicht mehr »neu« vorkommt – hier ging es darum, ein möglichst breites »Angebot« für jeden Geschmack vorzustellen und vor allem auch gänzlich Unerfahrenen einige Anregungen zu geben.

## Die Wahl der richtigen Umgebung

Es ist keine Frage, ein schöner Raum mit *Kerzenschein oder gedämpftem Licht* ist für die große Mehrheit der Paare stimmungsvoll. Bei Männern wird dadurch das Sexualzentrum im Gehirn stimuliert, und Frauen kommen durch den Anblick des Gesichtsausdrucks und der Körperformen des Mannes in Liebesstimmung. Kerzenlicht und ein flackerndes Kaminfeuer verstärken die Erotik der Bewegungen beim Vorspiel. Nicht zu laute und im Rhythmus gleichbleibende Musik entspannt. Wer das Glück hat, daß die geliebte Frau auch die Vorliebe für die gleiche Musik teilt, der hat damit auch einen verläßlichen Hinweis auf einen Gleichklang der Seelen in anderer Beziehung.

Frauen mögen es auch sehr gern *in der freien Natur*. Besonders erotisierend wirken auf sie Bergwiesen und Sandstrände. Aber einsam soll es schon sein, es sei denn es besteht ein Sicherheitsabstand.

Überhaupt, *Frauen mögen keine schematische Festlegung auf immer denselben Ort*, es darf auch mal auf dem Bärenfell vor dem offenen Kamin oder auf dem Küchentisch sein. JOAN COLLINS liebte es nach Angaben ihres letzten Ehemannes einmal pro Woche in der Küche. Bitte versuchen Sie es aber nicht, wenn Ihre Frau gerade beim Abwasch ist oder in Gedanken schon beim Kochen. Aus diesem Grunde mögen viele Frauen auch keine Überraschungen am frühen Morgen, wenn sie gleich aufstehen müssen. Doch manchmal will es gerade die Frau, daß Sie als Mann dafür aufgeweckt werden. Dann wird sie es Ihnen schon aktiv zeigen.

*Um Lust zu empfinden, müssen Frauen sich entspannen können* und durch keine anderweitigen Gedanken abgelenkt sein. Was eine Frau daran hindert, sich zu entspannen, sind störende Geräusche aus der Nachbarwohnung – denn dort könnte man ja genausogut mithören, was Sie beide treiben. *Musik ist die wirkungsvollste Schallisolierung*. Einer Frau muß aber auch die Angst genommen werden, daß plötzlich jemand ins Zimmer kommen könnte. Männer erregt dagegen eher das Risiko der Entdeckung.

## Phantasien und Träume

Beide sind für Männer wie Frauen gleichermaßen anregend. Bereits Alfred Kinsey hat davon berichtet, daß acht von zehn der von ihm befragten Männer hin und wieder durch Gedanken an erlebte oder gewünschte Liebeserlebnisse zu sexuellen Taten angeregt wurden. Im Vordergrund männlicher »Tagträume« standen selbstverherrlichende Phantasien, wo die Frauen mit Gewalt zum Sex gezwungen wurden, aber danach beglückt und dankbar waren.

Nur jede dritte Frau hat entsprechende sexuelle Phantasien. Nach einer Umfrage des Soziologen Werner Habermehl vom Hamburger Gewis-Institut sind es bei den Frauen vorwiegend Gruppensex-Phantasien und »Intimitäten« mit einem gesichtslosen Partner, die zur Steigerung der Lust während des Geschlechtsverkehrs beitragen. Nicht daß diese Frauen das eine oder andere wirklich wollen. Es ist ein Urtrieb, denn das Zuschauen beim Sex war schon in Urzeiten anregend (darum später auch die Vorliebe für Spiegel). Und der gesichtslose Traummann erfüllt sozusagen »auf Knopfdruck« die geheimsten Sehnsüchte und Wünsche. Auf jeden Fall helfen solche sexuellen Phantasien im Moment des intimen Zusammenseins den Frauen, sich von Hemmungen und Alltagssorgen zu befreien. Aus amerikanischen Untersuchungen wissen wir, daß es aber auch eine Gruppe in ihrer Ehe völlig zufriedener Frauen um die Vierzig gibt, die immer wieder von einer »Einwilligung zum Geschlechtsverkehr unter Zwang« träumen. Da sie nicht für ihre Reaktionen verantwortlich sind, können sie die empfundene Lust besser genießen.

Auch Männer haben ähnliche Träume. Einige träumen davon, ans Bett gefesselt zu sein, während die Frau mit ihrem Penis spielt oder sie vergewaltigt. Die Erklärung ist, daß ein gefesselter Mann alles akzeptieren kann, was ihm durch seine Hemmungen sonst nicht möglich ist; und eine Frau, die ihn dazu zwingt, beweist ihm auch noch – so die männliche Traumlogik –, daß sie ihn braucht.

## Liebesspiele

Ohne Zweifel gehören dazu auch *Fesselungen.* Denn ein Anspannen der Muskeln erhöht den Erregungszustand. Der Partner (es wirkt auf Männer wie Frauen) wird meistens mit verstellbaren Gurten an Hand- und Fußgelenken gefesselt, daß er oder sie sich zwar noch wehren, nicht aber mehr befreien kann. Der besondere »Reiz« besteht dann darin, den gefesselten Partner immer wieder zu streicheln – mit wechselndem Rhythmus – oder mit Intimküssen zu erregen und dann wieder überraschend aufzuhören. Dieses frustrierende Hinhalten macht manche Menschen hemmungslos erregt. Nach einem Orgasmus gilt es, das »Opfer« sofort loszubinden, sonst werden die Muskeln steif.

Eine andere Variante sind *Liebesschläge* vor dem eigentlichen Geschlechtsverkehr. Das können gegenseitige leichte Schläge auf Rücken, Po und den Intimbereich sein. Zuerst wird nur sanft und mit kleinen Pausen geschlagen, dann wird die Intensität verstärkt. »Geschlagen« darf erst werden, wenn bereits der Erregungszustand recht hoch ist. Dann steigert nämlich ein normalerweise als Schmerz wirkender Schlag die Erregung. Mit dem Orgasmus kehrt die volle Schmerzempfindlichkeit zurück. Allerdings wirken Liebesschläge nicht bei jedem Menschen gleichermaßen anregend.

Mitunter sind es gerade *sanfte Berührungen mit den Fingerkuppen* – mehr elektrisierend als kitzelnd –, die nur die Hauthaare im Bereich des Bauches, der Brustwarzen, der Innenseiten der Schenkel, im Kreuz oder im Dammbereich reizen. Und bitte langsam – mit Überraschungseffekten. Schamhaare reagieren dagegen mehr auf sanftes Streicheln.

Zu den Liebesspielen gehören aber auch *rhythmische Vereinigungen* wie das Tanzen im Licht von Diapositiven, welches aufreizende Muster auf die Körper wirft, das Entkleiden dabei und das rhythmische Tanzen eines Sex-Aktes – auch mit eingeführtem Penis. Diese Art der körperlichen Verbindung ist für die Frau auch besonders in einem Schaukelstuhl oder auf einer Gartenschaukel erregend, wenn sie rittlings dem Mann zugewandt auf ihm sitzt. Ähnlich wirkt auf den Sinnengenuß das Schaukeln beim Eisenbahnfahren.

Sehr aufregend wird von beiden auch immer wieder gemeinsames *Duschen und Baden* empfunden. Ein bißchen Regie hilft zum Erfolg. Benutzen Sie daher ein schattenwerfendes warmes (Kerzen-)Licht. Belebend und damit anregend ist ein Duschgel mit speziellen ätherischen Ölen (zum Beispiel *Phyto-Dusch*® von CDD). Vorab eignet sich das Gel zur Massage aller erogenen Zonen, und anschließend wird der Schaum durch kreisendes zartes Brausen abgespült. Gehen Sie dabei mal mit dem Brausekopf näher ran, dann wieder weiter weg – es regt garantiert an. Natürlich darf es auch ein gemeinsames Bad sein. Bevor Sie sich dann abtrocknen, eine feuchte Haut wird bei ziemlich jedem durch Blasen an den geeigneten Stellen zu einer angenehmen Gänsehaut.

Auch *Rollenspiele* können ungemein anregend sein. Spielt die Frau ein Callgirl, kann ein gehemmter Mann ihr leichter schon vorher per Telefon genau seine intimsten Wünsche auftragen – und sie ihm dann in passender Aufmachung enthemmten Sex bieten. Beliebt sind auch Kellner und Gast im Hotel oder Lehrer und Schülerin. Alles Neue regt an.

## Liebespraktiken

Ich habe nicht vor, Ihnen hier eine Gebrauchsanleitung zu liefern für verschiedene – mögliche und unmögliche – Stellungen beim Geschlechtsverkehr. Nur zu Ihrer Beruhigung, selbst in Indien galt das *Kamasutram* nur als Anleitung für extreme Außenseiter-bedürfnisse. Nicht viel besser geht es etwa mit chinesischen Beschreibungen, wobei sich in fernöstliche Unterweisungen auch sehr viel religiöse – von Kindheit an erlernte gymnastische – Übungen und Meditationstechniken mischen. Männlicher Samen galt nämlich als kostbare geistige Energiequelle, die nicht leichtfertig verschüttet werden durfte.

So liegt bei der sogenannten *Karezza-Stellung* die Frau auf der Seite und hat dem Mann ihren Po zugedreht. Nachdem sie die Beine anzieht (*Abbildung 3 a, Seite 102*), kann der Penis leicht eingeführt werden und muß dann in der Scheide ruhen. Nur Streicheln und Küssen ist erlaubt. Die stundenlange Liebe kann ein europäischer Mann ohne Unterweisungen im Sex-Yoga bestenfalls im Anschluß an einen ersten Samenerguß versuchen.

Es *gibt* übrigens *keine Stellung, die jedem etwas bringt.* Dafür sind die Baupläne von Männern und Frauen individuell zu verschieden. Es gibt durchaus Frauen, die bei der Normalstellung (Frau unten, Mann oben) nichts empfinden. Manche können es nur genießen, wenn sie auf dem Mann sitzen. Aber bitte vorsichtig den Penis einführen, sonst kann er schmerzhaft verbogen werden (siehe auch Kapitel 9). Andere Frauen möchten von hinten genommen werden. Das reizt zusätzlich die Dammgegend, und eine Frau kann sich in ihrer Phantasie vorstellen, sie tue es mit einem Fremden.

Versuchen Sie immer, Unterschiede im Körperbau durch ein festes Kissen auszugleichen.

Sicher ist keine Beschreibung von Stellungen vollständig ohne einen Hinweis auf den *Analverkehr.* Nach amerikanischen Statistiken versucht es jeder siebte Mann irgendwann einmal bei einer Frau. Bei Homosexuellen tun es die Hälfte regelmäßig. Frauen sind im allgemeinen nicht so sehr davon begeistert. Schon die kniende Stellung mit dem Gesicht im Kissen ist unbequem. Sehr oft liegt es aber daran, daß es beim ersten Mal schmerzhaft war, so daß die Erinnerung jede Erregung blockiert. Ohne ein richtiges

Entspannen der Schließmuskeln ist ein Eindringen des Penis in den engen Enddarm nur schwer möglich. Sicher helfen Gleitsalben. Noch wichtiger ist, daß zuerst die Muskeln durch zartes Streicheln und Einführen von einem oder zwei Fingern sich voll entspannen können. Oder der Penis wird ganz leicht gegen die Afteröffnung gedrückt bis diese nachgibt. Auch dann müssen die Bewegungen sehr sanft und rhythmisch bleiben. Sicher gibt es Frauen, deren »Prostata« (Kapitel 8) beim Analverkehr intensiv erregt wird, aber zwingen Sie nie eine Frau gegen ihren Willen dazu. Übrigens hat im stark erregten Zustand ein etwa zwei Zentimeter tief in den Enddarm eingeführter Finger bei langsam kreisenden Bewegungen eine verläßlichere, für beide Partner gleichsam erregende Wirkung. Mitunter reicht schon ein sanfter Druck auf die Afteröffnung von außen.

Nichts gegen das hochgelobte Vorspiel, doch es gibt Frauen, die wenigstens gelegentlich *durch heißes, spontanes Liebeswerben überrumpelt* werden wollen. Wenn solche Frauen in Stimmung sind, wird ihre Vagina in Sekundenschnelle feucht. Und dann wünschen sie sich, daß der Mann sofort zu ihnen kommt. Solche leidenschaftlichen *»Quickies«* kann man mit etwas Phantasie überall zustande bringen. Der Reiz liegt nicht zuletzt auch darin, daß man es *angezogen* tut und mit ganz anderen Bewegungen als sonst. Zu den beliebten Stellungen gehört das von hinten Eindringen in die sich vornüberlehnende Frau, das Sitzen auf einem Stuhl oder Liebe im Stehen mit leicht angewinkelten Knien, wobei eine kleinere Frau auf ein Podest gestellt wird.

Sicher gibt es auch Frauen, die nur durch *Stimulierung der Klitoris* befriedigt werden – wie es SHERE HITE in ihrem *»Report über die weibliche Sexualität«* der Mehrheit der amerikanischen Frauen unterstellt hat. Das erreicht ein Mann durch Auflegen der flachen Hand auf die Schamlippen (wobei der Handballen auf dem Venushügel liegt), mit dem Mittel- und/oder Zeigefinger in der Scheide und dem Daumen an der Klitoris. Der Rhythmus der Fingerbewegungen muß sich den Beckenbewegungen der Partnerin anpassen. Noch wirkungsvoller ist oft der sanfte Zungendruck auf die Klitoris und das ganz sanfte Saugen. Wenn ihr die Reize zu intensiv werden, möchte die Klitoris lieber »verschwinden« und zieht sich unter eine Haube zurück. Berühren und küssen Sie dann nur noch die Umgebung.

Männer küssen und lecken die weiblichen Genitalien nicht ungern, allerdings sagen zwei Drittel, daß sie es ja nur täten, um ihre Frau zu erregen. Tatsächlich genießen es auch fast alle Frauen. Doch wenn es um die umgekehrten Wünsche geht, so sind *Intimküsse* nicht immer der Fall einer jeden Frau. Von den Männern mögen neun von zehn die »Mundarbeit» an ihrem Penis, jeder fünfte Mann kommt sogar gern zum Samenerguß dabei. Genau das ist es aber, was die allermeisten Frauen nicht mögen. Nicht jedes Sperma schmeckt oder riecht gut, wofür allerdings kein Mann etwas kann. Darum kann es durchaus sein, daß eine Frau es mit einem Mann ablehnt und mit einem neuen Liebhaber tut.

Außerdem muß man jeder in diesem Punkt noch unerfahrenen Frau Zeit lassen, sich an den Gedanken zu gewöhnen. Wenn der Mann auf der Frau sitzt, bekommt sie leicht Erstickungsängste beim tiefen Eindringen des Penis. Der Penis ist nun einmal ein Exkretionsorgan, selbst wenn Waschen mit wohlriechenden Essenzen (siehe Kapitel 14) die Hemmungen abbauen hilft. Ich weiß durchaus, wovon ich rede. Die große Liebe meines Lebens hatte anfangs auch Hemmungen, und sie wollte es auch bei zarten Versuchen meinerseits nicht. Nach einem Jahr fing sie spontan damit an und tat es schließlich mit sehr viel Gefühl. Also zwingen Sie keine Frau dazu. Sie bringen sich vielleicht um ein späteres großes Erlebnis.

Sicher ist es gefühlsmäßig schön, es gleichzeitig in umgekehrter »69er«-Seitenlage zu tun. Allerdings haben Sie als Mann rein körperlich mehr davon, wenn die Frau nicht Kopf steht, weil sie nämlich für die Zungenarbeit an der empfindlichsten Stelle der Eichel verkehrt herum liegt. Also lassen Sie sich einmal ohne gleichzeitige Gegenleistung verwöhnen – sie können sich revanchieren, die Reihenfolge ist frei wählbar.

Männer stellen sich immer wieder vor, daß ihr Sexualleben ungemein bereichert würde, könnten sie es doch nur *einmal mit zwei Frauen* tun, um durch deren Liebesspiele angeregt zu werden. Sie können ja die Annoncen der Wochenendzeitungen durchsehen. Aber seien Sie hinterher nicht allzu enttäuscht. Es erregt Männer nämlich viel mehr zuzusehen, wie Männer und Frauen es miteinander treiben. Dazu könnten Sie sich gute Freunde einladen – allerdings *ohne Partnertausch*. Das geht nur mit Fremden. Sonst ist eher wahrscheinlich, daß Sie sexuell versagen. Es bedarf sowieso einer mehr oder weniger langen Gewöhnungsperiode, wo man sich völlig nackt erst einmal zu viert miteinander unterhält. Nur dürfen Sie von einer Vierergruppe nicht etwa erwarten, daß es ein starkes Erlebnis wird oder gar dadurch in Ihrer Ehe bestehende Ängste und Probleme abgebaut werden. Wenn Sie ein gefühlsbetonter Mann sind, werden Sie sowieso Probleme haben, sich vor Ihrer Frau mit einer anderen produzieren zu müssen. Sicher ist es auch nicht gerade *das* Mittel gegen die Langeweile in der Ehe, wenn Sie zusehen müssen, wie Ihre Frau tiefbeglückt wird.

## Pornofilme und Sexmagazine

Die Sexualwissenschaftler sind sich einig, gewaltlose Sexfilme, deren Handlung genug Freiraum für die Phantasie läßt, wirken auf Männer wie Frauen erregend. Die Mehrheit der Männer hat dabei Erektionen. Bei einem Viertel der Frauen wird die Scheide genauso feucht wie nach einem erregenden Zungenkuß, und jede fünfte Frau reibt sogar die Oberschenkel aneinander oder legt ihre Hand dazwischen. Andere Frauen reagieren allerdings nur auf Liebesromane.

Egal ob bei einem Videofilm sich die Frau mit der Akteurin identifiziert oder der Mann diese lieber aus dem Film herausnimmt, um es mit ihr zu treiben, die sexuelle Aktivität eines Paares ist für die nächsten zwei Tage gesteigert. Es wird dabei zwar von dem Gesehenen nicht viel Neues ausprobiert, doch regt die Erinnerung an neue Sexpraktiken noch für längere Zeit die Phantasie an. Auch gutgemachte Sexmagazine helfen in verkrampften oder gelangweilten Beziehungen, mitunter ist es allerdings besser, wenn diese getrennt durchgeblättert werden. Sie brauchen sich übrigens nicht zu schämen, wenn »solche Dinge« Sie anregen. In Amerika wird jährlich mehr Geld für Filme und Zeitschriften zum Thema Sex ausgegeben als für die gesamte übrige Film- und Schallplattenproduktion. Auch in der Bundesrepublik wird jedes Jahr über eine Milliarde Mark für Pornofilme und Sexmagazine bezahlt. Zu den Geschäftszeiten werden in jeder Minute von den diversen Videotheken allein 180 entsprechende Kassetten verliehen – für das »sexte« Programm im Heimkino.

## Reizwäsche zaubert den Reiz des Neuen

Sie betont und verhüllt in phantasieanregender Weise die weiblichen Reize und bietet sie in immer neuer Verpackung an. Das schafft eine Illusion des Anfangs und der Überraschung, der Mann glaubt, seine Frau das erste Mal zu sehen, sie das erste Mal auszuziehen.

Verpackung unterstreicht aber auch die Extravaganz des Inhalts. Jeder geliebten Frau gibt schöne Spitzenwäsche einen Hauch von Kostbarkeit und Exklusivität. Gleichzeitig erotisiert Reizwäsche das Körpergefühl bei der Trägerin wie auch beim Bewunderer ihrer Reize. Dann fließen wirklich elektrisierende Ströme zwischen beiden. Aufregende Büstenhalter und winzige Höschen akzentuieren die weiblichen Sexsignale und lassen das Kommende ahnen. Darum sind auch Seidenstrümpfe und Strapse mit einem Hauch von Oberschenkel in der Nähe des kaum verhüllten Bermuda-Dreiecks so erregend für den Mann. Und durch geschicktes Übereinanderschlagen der Beine und sich Bücken kann eine Frau schon beim vorangehenden Essen Wirkung erzielen. Nicht nur das Essen, auch sie wird mit den Augen verschlungen. Auch Stöckelschuhe und Seidenstrümpfe mit Naht wirken als Leitstrahl für die sich nach oben tastenden Blicke des Mannes, ähnlich wie Ketten im Dekolleté den Blick des Mannes fesseln. Und zu Hause sollte eine Frau alles dann nur ganz langsam Stück für Stück ausziehen.

Ich möchte einen geläufigen Einwand mancher Frauen vorwegnehmen. Prostituierte können nur versuchen, das alles zu imitieren und den Männern in ihrem »Arbeitsanzug« vorzugaukeln, sie wären eine »besondere Frau«. Gummi und Leder dienen dabei nur als »Hautersatz« für den Geruch und die Wärme der Haut einer liebenden Frau. Das alles kann ja eine Prostituierte keinem Mann geben.

Soweit es sich um Reizwäsche, Phantasien und Bildmaterial handelt, läßt deren Wirkung bei Männern mit zunehmendem Lebensalter nach. Ab fünfundsechzig lösen sie kaum noch Erektionen aus. Dafür werden rein körperliche Anregungen bewußter erlebt – und auch für ein erfülltes Liebesleben benötigt. Garantiert wirksam bleiben aber immer Liebeselixiere und die Liebesküche (Kapitel 17).

# 8
# Was der Liebesakt im Körper auslöst

Auch wenn die seelische Resonanz bei der vollständigen Verschmelzung zweier Körper etwas wundervoll Beglückendes und Erfüllendes hat, soll es in diesem Kapitel nicht um diesen einzigartigen Bereich menschlicher Liebe gehen. Selbst wenn sie nur Auslöser und manchmal sogar nur Ersatz dieser seelischen Ereignisse sind – hier geht es um die rein körperlichen Reaktionen bei der sexuellen Erregung, denn diese sind so entscheidend für das Verständnis der sexuellen Probleme von Männern. Da auch die Erregungskurve der Frau das Glücksgefühl und die Zufriedenheit des Mannes beeinflußt – und bei (oft vermeidbarem) Fehlen auch sehr viel Selbstwertgefühl zerstören kann –, wird hier ganz besonders darauf eingegangen, warum Frauen so unterschiedlich bei der körperlichen Vereinigung reagieren.

## Was dem Mann die Lust verschafft

Zum besseren Verständnis sei gesagt, daß die Hirnstrukturen, die mit der sexuellen Erregung zu tun haben, dem Hirnzentrum benachbart sind, in dem Wohlbefinden registriert wird. Wenn dort Sexsignale ankommen, werden Hormone, sogenannte Endorphine, im Körper freigesetzt, die Gefühle wohliger Entspannung und Zufriedenheit auslösen und seelische Schmerzen dämpfen. Umgekehrt führen sexuelle Frustrationen zu starker Unzufriedenheit und Aggression gegen das sich entziehende Liebesobjekt.

Die bestimmenden Signale erreichen von den erogenen Zonen der Haut (viertes und fünftes Kapitel) und den Orgasmuszonen am Penis, um den After und bei manchen Männern im unteren Rückenbereich aus das Sexualzentrum im Gehirn. Erregende Einflüsse in Form der visuellen Reize der Partnerin, ihrer Stimme und ihres ganz individuellen Körperduftes setzen die Erregungsschwelle des Sexualzentrums herab. Ob ein Mann überhaupt in Liebesstimmung kommt, ist keineswegs nur eine Sache der Ausschüttung des männlichen Hormons Testosteron aus den Hoden (drittes und zwölftes Kapitel), sondern hängt von einem Hormon der Hirnanhangdrüse, dem Adenocorticotropin, oder ACTH, ab, das sozusagen die Schleusentore zum Lustzentrum erst einmal öffnet. Deshalb kann sogar ein kastrierter Eunuche jahrelang noch sexuelles Verlangen spüren und auch Erektionen haben.

Phantasien, Gefühle und Erinnerungen können das Erleben ebenso intensivieren wie hemmen. Damit wenigstens die positiven Signale wirken können, muß sich ein Mann beim Orgasmus entspannen können und jeden Versuch aufgeben, unter allen Umständen die Kontrolle über die Situation behalten zu wollen. Fremdreize wie das störende Klingeln eines Telefons oder eine sich öffnende Tür führen dagegen zu einem Kurzschluß im Erregungsaufbau. In allen diesen Fällen sendet das Gehirn Signale in eine Schaltstelle im unteren Teil des Rückenmarks – im Bereich der letzten vier Wirbel –, von wo sie an die Erektionsnerven des Penis (beziehungsweise dessen weiblichen Äquivalente) weitergeleitet werden.

Biologisch gesehen ist die *Erektion des Penis* ein unwillkürlicher Reflex. Ob er sich hebt oder es nicht tut, ist *keine Sache des Willens oder Wollens*, nicht einmal ein Maß der Erregung – denn Erektionen bekommt ein Mann genausogut nach nächtlichen Träumen, bei voller Blase am Morgen oder wenn er sich aggressiv fühlt. Außerdem ist die Erregung bei vielen Männern, jüngeren wie älteren, keineswegs ein ununterbrochener Aufstieg bis zum

Gipfel, sondern *eine Erektion kann zwischenzeitlich auch wieder erschlaffen, um erneut zurückzukehren.*

Auf eine Berührung hin – auch eine in der Phantasie eingebildete – gehen zwei Arten von elektrischen Befehlen an die Blutgefäße des Penis. Sogenannte parasympathische Impulse sorgen dafür, daß sich die arteriellen Blutgefäße weitstellen und arterielle Ventile sich öffnen (die normalerweise bestimmte Hohlräume als Gefäßpolster verschließen), damit möglichst viel Blut in die drei zylinderförmigen Schwellkörper des Penis fließen kann. Wie in *Abbildung 4* dargestellt, besteht der Schaft des Penis aus zwei durch festes Bindegewebe gebildeten Zylindern, den *Corpora cavernosa*, die ausgefüllt sind von einem Gitterwerk schwammiger Gefäßräume. Beide *Corpora cavernosa* sind fest am Beckenknochen verankert. Im unteren Teil des Penis wird die Harnröhre von einem weiteren Gefäßzylinder, dem *Corpus spongiosum*, umgeben. Indem sich die in einer festen Hülle eingespannten Schwellkörper prall mit Blut füllen, verlängert und versteift sich der Penis. Dafür, daß der Druck auch hinreichend hoch gehalten wird, sorgen noch die am Penisende befindlichen starken Beckenmuskeln, die sich bei der Erregung rhythmisch kontrahieren. Denn diese Muskelpumpe verhindert den Abfluß des gestauten Blutes durch die im Oberteil des Penis befindlichen Venen. Auch ein Schottensystem in Form von Venenklappen wird zur Aufrechterhaltung der Erektion durch spezielle Gefäßnerven ins Spiel gebracht. Dieselben parasympathischen Impulse sorgen aber auch dafür, daß Muskeln aktiviert werden, welche die Samenflüssigkeit durch die Harnröhre vorwärts pressen und damit den Samenausstoß, die Ejakulation, bewirken. Die beschriebenen Muskeln des Beckens wie im Penis werden durch den *Nervus pudendus* innerviert.

Damit aber die Spermien nicht fälschlicherweise in die Harnblase zurückfließen, wird von sogenannten sympathischen Nerven der entsprechende Befehl an den Schließmuskel des Blasenhalses gegeben. Auch für den Nachschub von Spermien aus der

a)

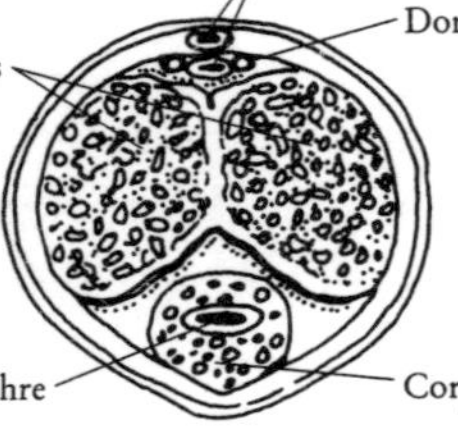


b)

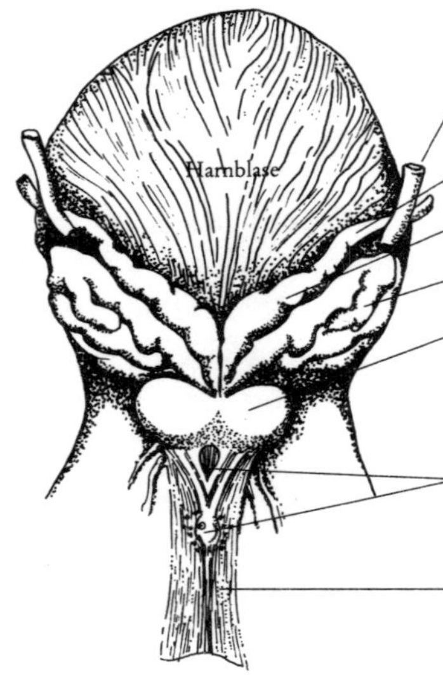


*Abbildung 4:* Die Geschlechtsorgane des Mannes.
a) Querschnitt des Penis mit den Schwellkörpern und wichtigsten Blutgefäßen.
b) Räumliche Anordnung der samenzuführenden und harnableitenden Strukturen. Die Samenblasen sind 7 cm große Taschen. Nach der Vereinigung mit der Ampulle (einem Zwischenspeicher für den Samen) gehen sie in die Ejakulationsgänge der Samenleiter über, welche durch die Prostata ziehen. Hier mischen die Ausführungsgänge der Prostatadrüsen ihr Sekret mit der Samenflüssigkeit der Samenleiter.

c)

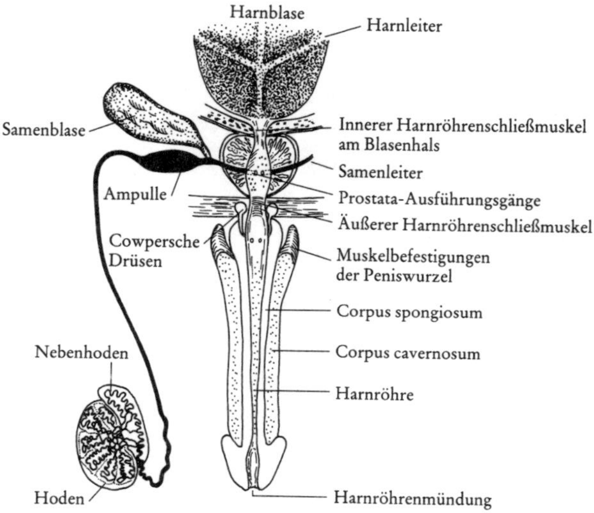


d)

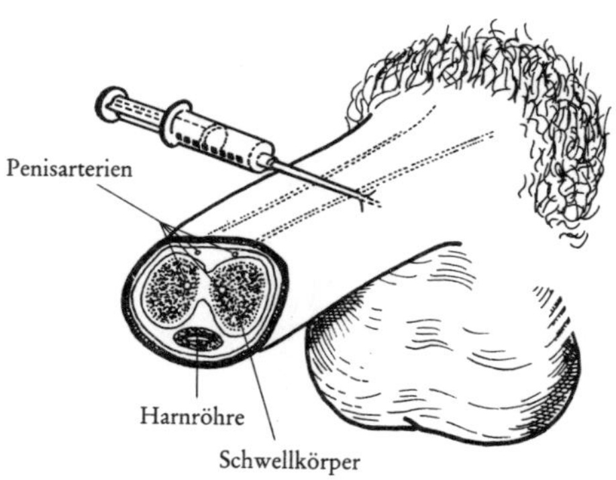


c) Übersicht über alle für die Erektion und den Samenerguß wichtigen Strukturen. Hoden und Nebenhoden sind nur schematisch gezeichnet und werden in Kapitel 12 näher beschrieben. Der innere und äußere Harnröhrenschließmuskel verhindern das Rückfließen des Samens in die Blase. Die Cowperschen Drüsen produzieren alkalisches Gleitsekret bei der Erregung.

d) Die Spritze zeigt die Stelle für intracavernöse Injektionen von gefäßaktiven Substanzen (Kapitel 9).

Ampulle des Samenleiters sowie die Mischung mit dem Sekret aus der Prostata und den Samenbläschen *(Abbildung 4)*, das ja mehr als zwei Drittel der gesamten Samenflüssigkeit ausmacht, sorgen diese sympathischen Nervenimpulse. Dazu muß sich der aus Muskeln und Bindegewebe bestehende Hodensack zusammenziehen, wodurch sich im Zustand der Erregung der Hoden zum Körper hin anhebt.

Das Gefühl der Lust entsteht aus verschiedenen Komponenten. Primär sind es die Reize von den zahlreichen Nervenenden auf der Eichel, welche ja auf Druck und Reibung ansprechen. Die Intensität der Reize wird durch das Zurückschieben der Vorhaut beim Geschlechtsverkehr verstärkt. Weitere reizempfindliche Zonen sind der Teil des Penis, in welchem die Harnröhre liegt und die Vorhaut, die durch ein Bändchen, das *Frenulum*, mit der Eichel verbunden ist. Die Grenze zwischen Genuß und Schmerz ist relativ fließend. Es gibt überempfindliche Männer, bei denen schon die Reibung der Eichel an der Kleidung schmerzhafte Irritationen auslösen kann. Auf der anderen Seite gibt es die Extremfälle, wo durch Nadelstiche ausgelöste Schmerzen zu einem Lustgefühl führen.

Sehr lustvoll empfunden werden aber auch die im Zustand höchster Erregung erfolgenden rhythmischen Muskelkontraktionen in der Peniswurzel, im Hoden und bei den Stoßbewegungen des Beckens. Überhaupt entgleiten viele Körpervorgänge jetzt der Kontrolle. Auch die Muskeln an Händen und Füßen, im Gesicht, am Bauch und am Gesäß fangen an zu zucken. Auch Herzschlag und Blutdruck steigen an. Da dies nichts mit der körperlichen Anstrengung zu tun hat, besteht auch nicht etwa die Gefahr eines Herzinfarktes. Alle Schleimhäute des Körpers wie auch die Haut werden besser durchblutet und damit für Berührungsreize empfindlicher. Darum verstärken auch Küssen und Streicheln an Hals, Ohren, Brustwarzen, den Innenseiten der Schenkel und in der Nähe von Gelenken die Erregung. Ein stark erregter Mann atmet aber auch schneller und flacher, was über die

Abatmung von Kohlendioxyd zu einem Gefühl von Schwindel oder Schwäche und im Extremfall zu einem totalen Verlust des Bezugs zur Wirklichkeit führen kann. Das alles zusammen nennt die Medizin die Orgasmusphase. Von jetzt an ist es ein Programmablauf der Erregung, in dem es keine Umkehr mehr gibt. Die aufgebaute Spannung entlädt sich binnen Sekunden im Samenerguß.

Die Hochgefühle dabei entstehen dadurch, daß die Samenflüssigkeit in den tief innerhalb der Prostata liegenden Teil der Harnröhre hineingespritzt wird und diese ausdehnt. Ist nach längerer Abstinenz das Samenvolumen besonders groß, wird dieses Explodieren als besonderes Vergnügen empfunden.

Nach dem Orgasmus tritt ein Gefühl der Ruhe und Entspannung ein. Alle körperlichen Veränderungen bilden sich sehr schnell zurück, der Penis wird wieder schlaff. Er reagiert allerdings für kurze Zeit noch überempfindlich auf Berührungen. Bleibt dagegen nach längerer Erregung ein erlösender Orgasmus aus, dann können die Gefäßnerven, die den Zu- und Abfluß des Blutes in die Schwellkörper regulieren, überreizt sein. Es kann besonders bei jüngeren Männern zu einem krampfartigen Zusammenziehen der kleinen Muskeln in den Gefäßwänden kommen, welches ähnlich schmerzhaft ist wie die Gefäßspasmen der Herzkranzgefäße bei der Angina pectoris.

Die Natur hat *zur Sicherung eines qualitativ und quantitativ guten Nachschubs an Spermien eine Refraktärzeit eingebaut*, während der kein sexueller Stimulus einen erneuten Orgasmus auslösen kann.

In der Pubertät, wo eine Hormonüberproduktion die Hoden unentwegt zur Spermienproduktion anregt, beträgt diese Erholungsphase bis zum nächsten Orgasmus mitunter nur Minuten, jenseits des fünfundsechzigsten Lebensjahres sind es dagegen oft vierundzwanzig Stunden.

## Wie sich die Intensität eines Orgasmus steigern läßt

Nicht alle Männer haben große Lustgefühle beim Samenerguß. Manche erleben einen Orgasmus im Zustand völliger Ruhe.

Wer an sich selbst bemerkt, daß sein Atem nur unmerklich schneller wird, der sollte daran denken, daß vielleicht unbewußte Hemmungen seinen Erregungsaufbau blockieren. In solchen Fällen hilft es oft, ein paar schnelle und »entspannende« Atemzüge während des Orgasmus zu machen.

Bei anderen sind die Muskelzuckungen während der Orgasmusphase nur schwach ausgeprägt. Dann helfen spezielle Muskelübungen, wie sie ursprünglich von dem Frauenarzt Arnold Kegel angewandt wurden, um die Beckenbodenmuskulatur nach einer Schwangerschaft wieder zu kräftigen. Für einen Mann bedeutet das im übertragenen Sinn, daß er versuchen sollte, den Harnstrahl beim Urinieren öfter zu unterbrechen oder die Pobakken kurz zusammenzukneifen. Letzteres geht im Sitzen oder Stehen. Das eine oder andere muß insgesamt fünfzehnmal hintereinander wiederholt werden, und das zweimal am Tage. Und dann geht es darum, das Muskelpressen *langsam* bis auf sechzigmal zu steigern. Wenn man erst einmal ein Gefühl für diese Bewegung der Beckenmuskeln bekommen hat, läßt sich die Übung auch noch dadurch intensivieren, daß man während des Zusammenkneifens bis drei zählt und erst dann wieder losläßt. Nach etwa sechs Wochen ist bei den meisten Männern das Orgasmuserlebnis verstärkt. Außerdem gelingt es vielen, eine bessere Kontrolle bei der Verzögerung der Ejakulation zu erreichen.

Was nun die *Fähigkeit zu multiplen Orgasmen* bei Männern anbetrifft, so ist das eigentlich mehr eine Frage des unterbrochenen Erregungsaufbaues mit Erreichen von flachen Orgasmusgipfeln. Das läßt sich durch »Handanlegen« (*Masturbation*) üben. Dafür wird der Penis nahe der Wurzel zwischen Daumen und Zeigefinger gehalten und die Vorhaut langsam ganz sanft auf und ab bewegt. Oder es sind leichte vom Schaft bis zur Spitze gehende

Striche mit den Fingerspitzen. Sobald ein Mann das Gefühl verspürt, daß es gleich kommen wird, drückt er schnell den Penis fest zusammen. Dazu müssen Zeige- und Mittelfinger unten gegen das Vorhautbändchen und der Daumen oben am gegenüberliegenden Rand der Eichel pressen. Nach etwa 15 Minuten ist die Erregung hinreichend abgeklungen, so daß mit der Stimulierung wieder begonnen werden kann. Immer ist es eine Frage von Sekunden, und Versager durch zu spätes wie zu kräftiges Drükken sollten niemanden entmutigen. Das Idealziel ist ein Erreichen von insgesamt 20 Minuten mit einer solchen Stop-und-Start-Technik. Nach einem Training an drei Tagen in der Woche über eine Zeit von sechs Wochen bis sechs Monaten erleben Männer häufiger mehrere »Beinaheorgasmen« beim Geschlechtsverkehr (denn der Samenerguß bleibt natürlich aus) oder können zumindestens die Erregungsphase vor der Ejakulation zeitlich ausdehnen.

Es gibt auch noch eine dritte Möglichkeit, die aber Männern immer wieder Mühe macht. Wenn es nämlich gelingt, den Hoden beim Geschlechtsverkehr zwischen die Beine zu klemmen oder mit der Hand niederzuhalten, dann kann der Erregungsaufbau verzögert werden. Der nachfolgende Orgasmus ist mitunter wesentlich intensiver.

## Warum Frauen sich »im Bett« unterscheiden

Es geht nicht um eine Prädikatsverteilung, denn gut ist allein, was zwei Menschen glücklich macht. Es geht auch nicht um Reaktionen bei den intimsten Stunden, die eine Frau und einen Mann miteinander verbinden – es geht allein um die *Ursachen, warum Frauen so unterschiedliche sexuelle Empfindungen beim Geschlechtsverkehr haben.*

Auch wenn Sigmund Freud einmal vom unreifen klitoralen und reifen vaginalen Orgasmus gesprochen hat und Shere Hite alle sexuelle Erfüllung auf eine klitorale Stimulierung der Frau zurückführen will – es ist alles ganz anders. Die Natur als Baumeister von uns Lebewesen hat bei Frauen nämlich genau dieselben erregbaren Strukturen verwendet wie bei Männern. Der eigentlichen Eichel des Penis entspricht nicht etwa die Klitoris (der vielzitierte »kleine Penis«), sondern eine eichelförmige Struktur, die die weibliche Harnröhre umschließt (siehe *Abbildung 5*). Denken Sie bitte daran, daß ja auch beim Penis die Harnröhre innen liegt. In dieser weiblichen »Eichel« befinden sich genau wie beim Mann zahlreiche hochempfindliche Gefühlsnervenenden, deren Zahl aber bei Frauen unmittelbar von der Art und dem Ausmaß der früheren sexuellen Stimulierung abhängt. Die kleine zartrosafarbene Klitoris, die man beim Auseinanderschieben der inneren Schamlippen sehen kann, entspricht dabei den durch Druck erregbaren Schwellkörpern im Inneren des Penis, den *Corpora cavernosa* (siehe *Abbildung 4*). Doch in Wirklichkeit ist nur ein kleiner Teil des weiblichen Penis-Äquivalents sichtbar. Es gibt nämlich noch einen Klitoriskörper unmittelbar unter der Haut und zwei etwa fingerdicke Beine, die sich zu beiden Seiten der Scheide ausstrecken. Addiert man die Gesamtfläche von allen diesen erregbaren Strukturen bei der Frau und bezieht sie auf das Körpergewicht, so ist am Penis auch nicht mehr dran. Nur sind bei der Frau die sexuell erregbaren Strukturen nicht so konzentriert – und das hat gute Gründe und Vorteile. Mit zunehmender Erregung füllen sich die Schwellkörper durch venös gestautes Blut und schieben dadurch einen starken Muskel, den *Levator ani*, beiseite, so daß die Scheide erst jetzt zur Aufnahme des männlichen Penis bereit ist. Ohne hinreichende Erregung verkrampft sich dagegen bei Berührung dieser Muskel, es kommt zum Verschluß der Scheide oder zu einem *Vaginismus*. Insgesamt bilden Schwellkörper und Muskeln im Vorderteil der Scheide eine Art Manschette, die sich im Zustand höchster Erregung dem männlichen Penis völlig anpaßt, was immer auch seine Größe ist. Außerdem schwellen bei sexueller Erregung durch das gestaute

Blut auch die kleinen Schamlippen *(Labia minora)*. Das ist sehr wichtig für den Genuß, denn schlaffe *Labia minora* werden durch einen eindringenden Penis in die Scheidenöffnung hineingeschoben und verursachen sogar Schmerzen beim Geschlechtsverkehr. Und selbst die Gleitflüssigkeit wird nur im Zustand der Erregung von der stark durchbluteten Scheidenschleimhaut abgesondert. Bei den meisten Frauen ist der Erregungszustand immer dann besonders groß, wenn die Geschlechtsorgane stark durchblutet sind, wie kurz vor und während der Menstruation oder von der zehnten bis zur dreißigsten Schwangerschaftswoche. Damit aber die Schleimhaut ausreichend Gleitsekret absondern kann, muß lokal genug Östrogen vorhanden sein – daher also die Anwendung von Östrogencreme (oder der »Pille«) in und nach den Wechseljahren.

Der Unterboden der weiblichen Harnröhre ist gleichzeitig das Dach der Vagina (siehe *Abbildung 5*). Um die Harnröhre herum aber liegen lauter kleine »Prostatadrüsen«, nur sind diese bei der Frau verteilt und nicht wie beim Mann in einer einzigen kastaniengroßen Vorsteherdrüse *(Abbildung 4)* zusammengefaßt. Wenn man den Zeigefinger um das Schambein herumhakt, dann läßt sich oben in der Öffnung der Vagina eine leicht aufgerauhte, markstückgroße Stelle fühlen – das ist ein Teil der weiblichen »Prostata«. Dieser sogenannte *G-Punkt* wurde (auch wenn das Konzept eines Punktes nicht ganz stimmt) erstmals 1950 von ERNEST GRÄFENBERG beschrieben, wobei er auch darauf hinwies, daß bei Stimulierung dieser erogenen Zone eine klare Flüssigkeit aus der Harnröhre herausgeschleudert würde – genau wie bei der männlichen Ejakulation. Inzwischen wissen wir, daß diese Flüssigkeit in der Zusammensetzung dem männlichen Prostatasekret entspricht, das ja den Hauptteil des Ejakulats bildet. Die Menge ist allerdings sehr unterschiedlich von Frau zu Frau. Mitunter sind es nur Tropfen.

Meist sind sich Frauen dieser Fähigkeiten gar nicht bewußt. Es ist nämlich eine wiederholte Stimulierung durch langsamen

a)

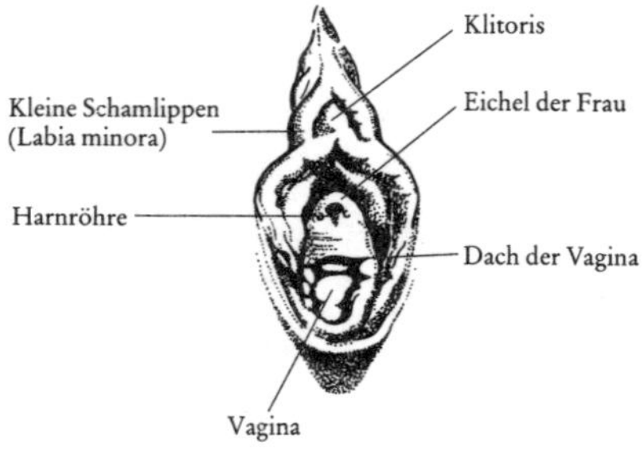


b)

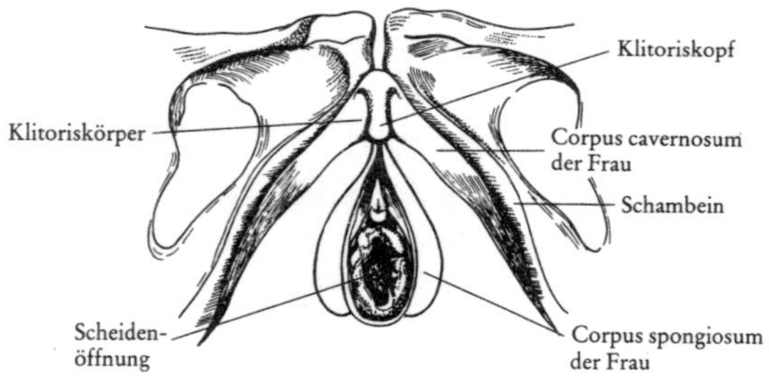


c)

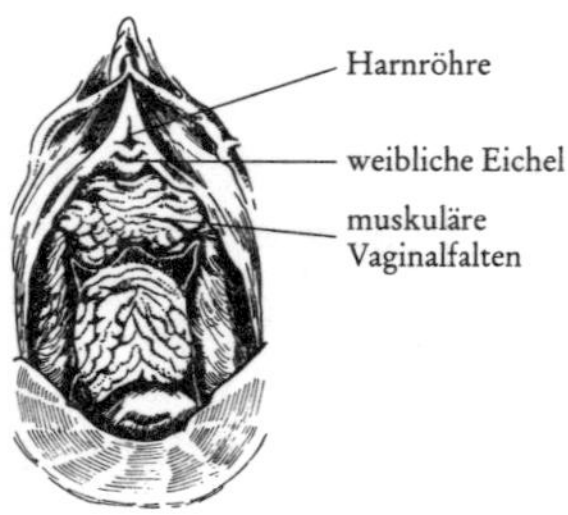


*Abbildung 5:* Der weibliche »Penis«.
Räumliche Anordnung der weiblichen Eichel, der Klitoris und der Schwellkörper. In (b) sind die tiefergelegenen Erregungsstrukturen der Frau, besonders die Beziehung zwischen »Kopf, Körper und Beinen« der Klitoris illustriert. In (c) ist dargestellt, wie die weibliche Eichel (welche ja die Harnröhre genauso wie beim Mann umhüllt) das Dach der Vagina bildet.

Druck nötig, bis sich ein entsprechender Ejakulationsreflex bei einer Frau herausgebildet hat. Die weibliche Prostata wird aber nur in wenigen Stellungen stimuliert, so beim Verkehr von hinten oder wenn die Frau oben liegt oder dem Mann abgewandt auf ihm sitzt oder wenn die Frau die Beine um den knienden Mann schlingt. Immer ist es ein »Bauplan-Problem«, denn die Eichel des Penis muß genau unterhalb der Harnröhrenöffnung Druck ausüben. Der »Idealfrau« gelingt es sogar durch Muskelbewegungen, den Penis genau auf die richtige Stelle zu saugen. Wenn Sie der Frau dann noch gestatten, sich in ihrem eigenen Rhythmus – meist ganz langsam – zu bewegen, dann erlebt eine solche Frau einen wunderbaren Orgasmus.

Übrigens braucht ein Penis gar nicht sehr lang zu sein (nicht mehr als 8 ½ Zentimeter), um das zu erreichen, denn der G-Punkt liegt ja auf halber Scheidenlänge, und die weibliche »Eichel« ist sowieso noch weiter vorn (siehe *Abbildung 5*). Für deren Reizung reicht sogar ein relativ schlaffer Penis aus, nur sollte die Frau ihn dann selber per Hand an die richtige Stelle führen.

Während bei einem durch Klitoris-Stimulation erzielten Orgasmus die Frau im allgemeinen »erlöst werden möchte«, hat sie bei dem mit »ihrem Penis und ihrer Prostata« erzielten Orgasmus das Gefühl, daß sie »ewig weitermachen möchte«. Deshalb ist für den Mann wichtig, daß er gemeinsam mit der Frau herausfindet, in welcher Liebesstellung ihr und sein »Bauplan« am besten harmoniert. Was die meisten Frauen nicht mögen, ist eine sehr tiefe Penetration des Penis, denn dabei wird leicht die Gebärmutter schmerzhaft gestaucht. Für die Mehrheit der Frauen ist der lange Penis deshalb auch keineswegs ein »Zauberstab«.

Nichts zu tun mit der Intensität des weiblichen Orgasmus hat dagegen die Lautstärke einer Frau. Es ist eine große Anspannung der Muskeln wie der Sinne – und Schreien und Stöhnen hilft, diese Spannung abzubauen. Wenn aber eine Frau trotz eines genauso großen Empfindens der Wollust völlig vom Glücksgefühl übermannt wird, kann sie genauso gut still und in sich gekehrt sein. Es ist einzig und allein ihr persönliches Orgasmuserleben. Auch ob das Gefühl sich über den ganzen Körper vom Kopf bis hinein in die Zehenspitzen ausbreitet, ist individuell ganz verschieden. Allerdings sind reine klitorisgebundene Orgasmen meist nur auf die unmittelbare Umgebung der Scheide begrenzt, auch empfindet die Frau dabei kein allzustarkes Nachglühen.

Eine Frau, die bisher nur unbewußt den Orgasmus in »ihrem Penis« erlebt, wird sicher dankbar sein, wenn ein Mann ihre Klitoris stimuliert – doch sie wird ihn im entscheidenden Moment bitten, ganz zu ihr zu kommen. Denn das höchste Glücksgefühl entsteht dadurch, daß schwache, aber hochintensive elektrische Ströme zwischen den Nervenenden des männlichen und weiblichen Penis hin und her fließen. Es ist dasselbe Verstärkerprinzip wie bei zwei gekoppelten Schwingkreisen bei Radioröhren. Ohne diesen Kontakt kann keiner der Partner den Orgasmus des anderen unmittelbar spüren, warum es im allgemeinen ausreicht, wenn der Orgasmus von beiden zeitversetzt, dafür aber bewußt erlebt wird. Eine weitere Verstärkung des Erlebten kommt für die Frau dadurch zustande, daß der Mann ihre Hand im Zeitpunkt der Vereinigung hält oder zumindestens seine Hand auf ihrer Brust, den Hüften oder dem Rücken hat.

Für Sie als Mann ist es aber sicher noch interessanter, *Ihrer Frau* überhaupt ihre *schlummernde Sexualität bewußt* zu *machen*. Nach Jahren eines sexuellen Dornröschenschlafes können Sie eine Frau zwar nicht wachküssen, wohl aber wachstreicheln. Haken Sie dazu einen oder zwei Finger um das Schambein (wenn Sie die Vagina mit einer Uhr vergleichen ist es die 12-Uhr-Position des Uhrzeigers) und beginnen Sie die etwas geriffelte Stelle regelmäßig unter leichtem Druck hin und her zu schieben. Ihre Frau müßte Ihnen dann sagen, ob Sie kräftiger drücken sollen. Nur auf keinen Fall ein hektisches Raus und Rein. Ob Sie die richtige Stelle gefunden haben, können Sie auch daran erkennen, daß diese bei Erregung fester wird. Bei den ersten Versuchen wird Ihre Frau eventuell das Gefühl haben, sie müsse gleich urinieren.

Das erklärt sich aus der Nachbarschaft der Harnröhre. Sie können ihr versichern, daß sie es bestimmt nicht tun werde (außerdem kann man ja ein Handtuch unterlegen), und der irritierende Harndrang ist auch nach spätestens zwei Minuten abgeklungen. Der neue Reflexbogen zwischen den Sexualnerven muß sich nun einmal erst bahnen. Sogar ein vorübergehendes Schmerzgefühl der im Anfang überreizten Nervenenden ist darum möglich.

Spätestens beim fünften Mal haben aber die Mehrheit aller Frauen nach fünf Minuten einen Orgasmus mit Ejakulation, auch wenn sie das möglicherweise nur als ein verstärktes Feuchtwerden der Scheide empfinden. Aber das wohlig entspannende Gefühl hinterher ist anders. Nach einem solchen intensiven Orgasmus geht es Frauen wie manchen Männern. Bei der tiefen Entspannung nach dem steilen Höhepunkt wollen sie sofort schlafen.

Übrigens bedarf es nicht bei allen Frauen immer eines längeren intimen Zusammenseins. Jede zehnte Frau wird sehr stark auch durch einen wirklich leidenschaftlichen »Quickie« befriedigt. Durch solche sehr schnellen und intensiven Reize werden nämlich bei der Frau die Gefühlsnerven des Bauchfells stimuliert, was die Schwelle für die zum Orgasmus erforderliche Erregung im Genitalbereich stark heruntersetzt.

## Genießen Sie die Entspannung danach!

Mit dem Erreichen des Gipfels der Gefühle fällt beim Mann im allgemeinen die Spannung sehr schnell ab. Herzschlag, Atmung und Blutdruck kehren zu Normalwerten zurück. Auch wenn Frauen das oft als einen Mangel an Liebe empfinden – je intensiver die seelische wie körperliche Anspannung war, um so größer ist der Wunsch, sich total zu entspannen. Das Schlafbedürfnis der Männer danach ist eine physiologische Reaktion und wird genauso von Frauen nach einem intensiven Orgasmus erlebt. Nur bleiben eben die meisten Frauen auf einem Erregungshochplateau kurz unterhalb des Gipfels »liegen«, wenn sich der Mann bereits zufrieden und glücklich umdreht.

Nach großangelegten amerikanischen Umfragen besteht zwar die Hälfte aller Frauen nicht darauf, im körperlichen Zusammensein unbedingt einen Orgasmus zu erreichen, doch wenigstens in die Arme genommen werden möchten sie nach dem Koitus alle. Nichts ist schöner für eine liebende Frau als das Kuscheln hinterher.

Andererseits möchte ich den Frauen sagen, daß für die Männer das Wunderbare in dem totalen Vertrauen und der Hingabe *beim* Liebesakt liegt; doch wünscht sich die große Mehrheit der Männer heutzutage eine Lust ohne Pflicht und Verbindlichkeit. Zwingt eine Frau den Mann zur Wiederholung eines Liebesaktes, ohne daß sie etwas tut, um ihm durch Verführungskünste die Illusion des Neuen im Vergleich zu früheren Malen zu vermitteln, dann weckt das im Unterbewußtsein des Mannes einen Rückzugsinstinkt – und er bekommt keine Erektion.

# 9
# Erektionsprobleme entschärft

## *Er wird nicht steif – er ist krumm – er bleibt hart und schmerzt.*

In diesem Kapitel geht es um ein zentrales Problem dieses Buches, auf das bereits der Titel die tröstliche und ermutigende Antwort gibt: »Ein Mann bleibt ein Mann«. Nichts ist schlimmer für einen Mann, als in den Verdacht zu geraten, ein »Schlappschwanz« zu sein. Das erschüttert jedes Gefühl der Männlichkeit bis ins Mark. Plötzlich wird seine männliche »Ehre«, seine Tauglichkeit in allen Lebensbereichen in Frage gestellt. Dabei leiden heutzutage die Hälfte aller Männer wiederholt unter einer vorübergehenden Erektionsstörung, bei vielen aber hält die Erektionsschwäche an:

- in der Altersgruppe zwischen 20 und 40 sind es vier von hundert Männern,
- bei den über 45jährigen Männern trifft es jeden zehnten
- und jenseits des 60. Lebensjahres bereits jeden fünften.

Auch wenn in vielen Sexualkundebüchern und Illustrierten immer wieder der Eindruck vermittelt wird, es bedürfe nur einiger psychologischer Hilfen, um eine volle Erektion zu sichern, überwiegen doch die organischen Gründe für ein Versagen.

In Großbritannien und den USA leiden bei einer wenigstens über ein Jahr bestehenden Erektionsstörung nur 15 Prozent unter einem rein psychisch bedingten Versagen, bei nahezu 40 Prozent sind Unterbrechungen des arteriellen Blutzuflusses, bei etwa 15 Prozent ein zu schneller Wiederabfluß (ein Leck in den venösen Schotten) und bei weiteren 15 Prozent eine Kombination von beiden dafür verantwortlich, daß die Schwellkörper sich nicht hinreichend prall mit Blut füllen können. Bei den übrigen Männern sind es nervöse Störungen sowie Veränderungen in der Bindegewebswand der Schwellkörper (also der »Ballonhaut«). Nur in zwei Prozent aller Fälle ist ein Hormonmangel die Ursache.

Das nur gelegentliche Steifwerden des Penis, zum Beispiel ein Versagen bei dreiviertel aller Versuche in drei Monaten, schließt nie eine organische Ursache für eine Erektionsstörung aus. Außerdem sind ein Drittel der organisch bedingten Versagerfälle wegen der damit verbundenen Angst und Scham sowie der ständigen Selbstbeobachtung zusätzlich psychoreaktiv überlagert. Typisch für eine organische Ursache ist es, wenn der Penis bei den Erektionen allmählich an Härte verliert.

Als erste *Hilfe zur Selbstdiagnose* sollte ein Mann folgendes beachten:

- *Gefäßbedingte* Erektionsstörungen treten auch bei der Selbstbefriedigung auf, häufiger nach dem Genuß von bereits wenig Alkohol, der Penis wie auch die Füße können sich kalt anfühlen, der Penis kann in der Mitte abknicken, oder die Erektion geht beim Stellungswechsel oder auch nur bei einem Bewegen der Beine verloren.
- *Psychisch bedingtes* Versagen tritt nur beim Zusammensein mit einem Partner auf und kann sich zwischendurch auch immer wieder einmal unvermittelt bessern. Bei der Selbstbefriedigung wird der Penis absolut steif, um aber unweigerlich beim Versuch des Einführens in die Vagina schlappzumachen. Auch traumatische Ereignisse wie Arbeitslosigkeit oder der Verlust eines geliebten Menschen können ein solches Versagen auslösen.
- Bei einer *nervlich bedingten* Ursache klappt es unter keinen Umständen. Meist besteht dabei auch eine Neigung zu Durchfällen, Blasenstörungen, Schwindelgefühlen beim plötzlichen

Aufstehen und zu verminderter Schweißproduktion an den Beinen.

- Wenn das Versagen *hormonelle* Ursachen hat, was eigentlich nur bei über sechzigjährigen Männern eine Rolle spielt, dann handelt es sich um eine ständig fortschreitende Erektionsschwäche, bei der sowohl das sexuelle Verlangen wie auch Träume mit sexuellen Inhalten aufgehört haben.
- Sind eingenommene *Medikamente* schuld, dann muß es sich um ein damit im Zusammenhang stehendes plötzliches Versagen handeln.

## Die Schwellkörper müssen prall gefüllt sein

Wie bereits im Kapitel 8 erklärt, müssen für die Versteifung des Penis alle drei Schwellkörper (auf jeden Fall aber die *Corpora cavernosa*, siehe *Abbildung 4, Seite 126*) prall mit Blut gefüllt sein. Voraussetzung dafür ist, daß die zuführenden Arterien – besonders die tiefen Penisarterien – weitgestellt werden und die Gefäßpolster abschwellen, die als Ventile die Einlaufstellen der Hohlräume verschließen. Normalerweise sorgen diese Gefäßpolster dafür, daß beim ruhenden Penis das Blut unter Umgehung der Schwellkörper direkt in die venösen Abflußkanäle gelangt. Für eine Erektion ist es unerläßlich, daß die Muskeln in den Wänden der Gefäße und der *Corpora cavernosa* sich entspannen. Über die vom Rückenmark gesteuerten Gefäßnerven wird zur Aufrechterhaltung einer Erektion das Hormon *VIP* in den Schwellkörpern freigesetzt.

Grundlegend wichtig ist natürlich eine gesicherte Blutzufuhr für den Penis beim Geschlechtsverkehr. Für eine harte Versteifung der *Corpora cavernosa* muß der lokale Blutdruck bei 150 Millimeter Quecksilbersäule liegen, doch ein Druck von 80 Millimeter Quecksilber reicht für ein Einführen des Penis in die Scheide aus.

Den Blutdruck im Penis kann der Arzt leicht mit einer Kindermanschette oder mit Hilfe des Ultraschalls messen. Und der muß auch bei körperlicher Bewegung hoch genug sein, was bedeutet, daß der Blutdruck noch einmal nach zehn Minuten Hüft- und Beinkreisen gemessen werden muß. Immer wieder kommt es vor, daß Blut von der gemeinsamen Hauptzuflußarterie – der *Arteria iliaca interna* – zur Versorgung der Gesäßmuskulatur abgezweigt wird. Dadurch bekommt der Penis nicht genug Blut ab, wenn die Stoßbewegung des Beckens einsetzt, so daß die Erektion während des Geschlechtsverkehrs nachläßt. Mitunter hilft eine chirurgische Rekonstruktion. Natürlich könnte ein so betroffener Mann auch eine passive Rolle übernehmen.

Meist ist jedoch durch arteriosklerotische Verschlüsse die Blutzufuhr beeinträchtigt. Charakteristisch für Durchblutungstörungen im Beckenbereich sind Schmerzen beim Gehen in den Oberschenkeln, im Gesäß und in den Waden, die mit einer fehlenden Erektion einhergehen; dies ist das LERICHE-Syndrom. Bei entsprechenden Gefäßveränderungen läßt sich eine Erektionsstörung durch Ausschälen der inneren *Iliaca* (Endarterektomie) oder durch Anlegen eines Umgehungskreislaufes, zum Beispiel zwischen der *Arteria femoralis* und der dorsalen Penisarterie, in etwa zwei Drittel der Fälle chirurgisch beseitigen.

Auch Arterienverschlüsse innerhalb des Penis lassen sich meist durch eine Querverbindung zwischen der oberflächlichen *Arteria epigastrica* und der dorsalen Penisarterie umgehen, wodurch zumindestens der Penis wieder steifer wird.

Vorausgesetzt es besteht ein ausreichender Blutzufluß und kein zu starker venöser Abfluß, dann hilft oft die sogenannte *intracavernose Injektion* von gefäßaktiven Arzneimitteln, durch die die Schwellkörper maximal weitgestellt werden. Bei dieser 1983 von dem Londoner Professor BRINDLEY entwickelten Methode geschieht das durch pharmakalogische Hemmung der Adrenorezeptoren in den Gefäßstrukturen, die ja für die Engerstellung aller Hohlräume und zuführenden Arteriolen sorgen. Die gegenwärtige Standardbehandlung ist die Injektion von 15 bis 30 Milligramm Papaverin (etwa eine halbe Paveron® Ampulle) mit einer ultradünnen Insulinnadel in das obere Schwellkörpergewebe, etwa 2 Zentimeter von der Peniswurzel entfernt und 2 bis 3 Millimeter nach rechts oder links von der Penismitte (*siehe Abbildung 4d, Seite 127*). Nach 5 bis 20 Minuten kommt es dann zu einer Penisversteifung. Durch gleichzeitige Injektion von etwa 0,5 Milligramm Phentolamin (Regitin®) kann diese bis zu 2 Stunden anhalten. Eine individuelle Einstellung der gespritzten Phentolamindosis durch einen erfahrenen Urologen ist deshalb wichtig, weil sonst bei der Anwendung zu Hause Dauererektionen möglich sind, die über viele Stunden gehen und das Schwellkörpergewebe schädigen können. Allerdings darf eine solche *kombinierte* Spritze nicht mehr als 2 bis 3 mal pro Woche (niemals aber hintereinander) oder etwa über viele Jahre verabreicht werden, denn bei zu langer Anwendung drohen Gefühlsstörungen und Verbiegungen des lokal verhärteten Penis (siehe unten). Wegen der Gefahr eines Herzinfarktes nach Verabreichung der gefäßaktiven Arzneimittel kommen Männer mit ernsthaften Herz-Kreislauf-Schäden für die »Potenzspritze« nicht in Frage. Aus medizinischer Sicht wesentlich unproblematischer ist es mit Sicherheit, wenn nur Paveron® gespritzt wird; ab 1989 dürfte dieses Mittel zur leichten »Selbstbedienung« auch in Form eines kugelschreibergroßen »Potenzstiftes« zur Verfügung stehen.

Zwar hilft die sogenannte SKAT-Technik bei der Hälfte aller organischen Ursachen, am wirksamsten ist sie aber als »psychische Stütze« bei Männern, die wegen ihres Versagens Erwartungsängste entwickelt haben. Denn nachdem die Überzeugung, »es funktioniert noch«, wieder da ist, haben viele Betroffene bereits nach drei Injektionen wieder spontane Erektionen. Allerdings neigen solche verunsicherten Männer auch leicht dazu, zuviel zu injizieren.

Unter solchen Bedingungen werden unter Umgehung aller regulierenden Ventile die *Corpora cavernosa* »geflutet«, es kommt zu einer schmerzhaften Dauererektion, einem sogenannten *Priapismus*. Eine solche Dauererektion muß möglichst in den ersten acht Stunden – auf jeden Fall innerhalb von drei Tagen – behandelt werden, weil sonst die Gefäßmuskeln der Schwellkörper und kleinen zuführenden Blutgefäße auf Dauer paralysiert werden. Außerdem entwickeln sich Bindegewebsversteifungen zur Entlastung der überdehnten *Corpora cavernosa*, wodurch die normale Erektionskontrolle für immer verloren geht.

Neben einer zu hoch dosierten intracavernösen Injektion sind Auslöser für einen Priapismus vor allem Verletzungen beim Geschlechtsverkehr, Geschlechtskrankheiten und leider auch das Nierenversagen, wobei das Sauerwerden des Blutes die Funktionsfähigkeit der Gefäßpolster schädigt.

Zu allererst sollte bei einer Dauererektion von vier Stunden immer der Versuch unternommen werden, durch Spritzen von *Araminum*® (gibt es zur Zeit nur in Holland) die Penisversteifung zum Abklingen zu bringen. Gelingt das nicht, hilft bei dem dann mit Sicherheit bestehenden Priapismus oft ein kleiner Umgehungskreislauf zwischen den Schwellkörpern.

## Wenn der Ballon ein Leck hat

Damit die drei Schwellkörper sich prall mit Blut füllen, bedarf es eines fein abgestimmten Gleichgewichts zwischen dem Zufluß von Blut durch die Arterien und einer hinreichenden Drosselung des Abflusses durch die Venen des Penis. Es sind drei Venen, die dabei eine Rolle spielen: die tiefgelegenen dorsalen und cavernosen Venen, die durch Kontraktionen der beiden Muskelsysteme an der Peniswurzel abgepreßt werden, und das oberflächliche subalbugineale Venengeflecht, welches durch die gedehnte feste Scheidenhaut des Penis zusammengedrückt wird.

Läuft bei einem ungenügenden Verschluß der Venenschotten das Blut immer wieder aus den Gefäßhohlräumen der Schwellkörper ab, so kommt es charakteristischerweise zu einem frühzeitigen Erschlaffen des Penis (das Ventil des aufgepumpten Reifens ist sozusagen undicht). Sehr schön läßt sich das im Schlaflabor feststellen, wo bei einem venösen Leck nur kurz anhaltende Erektionen während der Traumphasen auftreten. Dazu bedarf es nur einer kleinen Manschette um den Penis, welche den »Druck« mißt. Am zuverlässigsten sind natürlich unmittelbare Messungen der Blutdruckverhältnisse im Penis mit Hilfe der cavernosen Dopplersonographie, wo sowohl die pro Zeiteinheit zu- wie abfließende Blutmenge und der Zylinderdruck während einer durch Papaverin induzierten Erektion gemessen wird.

Bei einem kleinen venösen Leck hilft immer wieder das Mittel *Yohimbin Spiegel*®, durch welches die kleinen Venen enggestellt werden. Ohne Nutzen sind dagegen die yohimbinhaltigen Extrakte, wie sie in den verschiedenen Mitteln der Sex-Shops enthalten sind, denn die darin enthaltene Wirkstoffkonzentration ist viel zu niedrig. Bei vielen der Betroffenen muß jedoch die *Vena iliaca interna* und gegebenenfalls die seitliche Penisvene durch eine Venenligatur oder durch eine Verödung mittels eines Ballonkatheters unterbunden werden. Immerhin haben 80 Prozent dieser Männer hinterher wieder eine anhaltende Erektion. Die Erfolgsrate kann sogar noch weiter verbessert werden, wenn auch noch zusätzlich bestehende venöse Kurzschlüsse der Schwellkörper untereinander, zur Eichel oder zur dorsalen Vene, mittels einer sogenannten Spongiolyse beseitigt werden. Solche Querverbindungen bilden sich zum Beispiel nach Abbiegen des steifen Penis in einer ungünstigen Stellung beim Geschlechtsverkehr. Diese Art von Lecks lassen sich gut mit Hilfe eines Röntgenmittels darstellen, welches mit derselben Geschwindigkeit wie beim erektionserhaltenden Blutzufluß in die Schwellkörper injiziert wird.

Für alle diejenigen, bei denen eine Operation nicht in Frage kommt, besteht noch die Möglichkeit, mit Hilfe einer Druckmanschette um die Peniswurzel *(Erecaid®)* den venösen Abfluß zu verringern. Auch das Superkondom von *Synergie* arbeitet nach demselben Prinzip, nur daß durch ein Vakuum der Bluteinstrom in den Penis zusätzlich verstärkt werden soll. Eine ähnliche Wirkung haben auch Ringe aus Gummi oder Plastik. Doch durch den zur Klitorisstimulierung angebrachten Knoten kneifen diese Erektionserhalter.

Um zu testen, ob solche Mittel überhaupt bei ihm wirken, sollte ein Mann zuerst einmal versuchen, die Peniswurzel durch Fingerdruck abzukneifen.

In Fällen, wo sowohl ein venöses Leck als auch ein schlechter arterieller Zufluß besteht, hilft im eigentlichen Sinne nur ein mikrochirurgisch angelegter Umgehungskreislauf unter Einbeziehung der tiefen dorsalen Penisvene und der *Arteria epigastrica.* Bei den unter sechzigjährigen Männern führen zwei Drittel solcher Operationen zum Erfolg; bei älteren empfiehlt sich ein Abbinden der undichten Vene und intracavernöse Injektionen vor dem Geschlechtsverkehr.

## Die Zylinderwände müssen elastisch sein

Wird zusätzliches Bindegewebe in die Außenhaut der Schwellkörper, die *Tunica albuginea,* oder in die Innenwände der *Corpora cavernosa* eingelagert, dann können sich diese Strukturen nicht mehr bei der Erektion dehnen. Ein Grund für solche Fehlentwicklungen ist Sex bei stahlharten Erektionen unter Drogen wie Amylnitrit oder Kokain. Dabei versucht der Organismus die überbeanspruchten Wände der *Corpora cavernosa* zusätzlich zu versteifen. Aber auch der normale Verschleiß kann zu solchen verkalkten Fibrosen der *Tunica albuginea* führen. Es ist aber auch möglich, daß sich im Zuge einer Geschlechtskrankheit die kleinen Gefäße an der Penisoberfläche entzünden und sich dann gegen die Nachbarschaft durch Bindegewebe verkapseln.

Besonders auf der Oberseite des Penis entwickeln sich Verhärtungen, die bei den nachfolgenden Ablagerungen von Knochenmaterial – wegen des ungleichen Fülldrucks in den *Corpora cavernosa* – zu Verbiegungen des erigierten Penis führen (siehe *Bildtafel IV*). Sind auch die Trennwände des Schottensystems von solchen Verhärtungen betroffen, bleibt der weiter unten liegende Teil des Penis schlaff. Die mehr oder minder große Stelle ist im erschlafften Zustand schmerzlos, kann aber ein Grund für Schmerzen bei der Erektion sein. Solche Bindegewebsverhärtungen werden als PEYRONIEsche Krankheit bezeichnet, die bei einem von hundert Männern zwischen Dreißig und Fünfundsechzig auftritt. Solange noch keine Verkalkung stattgefunden hat, hilft die Einnahme von dreimal täglich 200 Milligramm Vitamin E. Bis zu einer wirklichen Besserung kann es aber lange dauern. Wenn nach Ablauf eines Jahres immer noch eine Abbiegung besteht, die jeden Geschlechtsverkehr unmöglich macht, oder wenn bereits Verknöcherungen aufgetreten sind, dann muß die »Verhärtung« chirurgisch entfernt und durch transplantierte Haut oder ein Stück Dacronnetz abgedeckt werden. Dreiviertel aller Betroffenen sind hinterher mit dem Ergebnis zufrieden.

Der Vollständigkeit halber muß erwähnt werden, daß es auch noch Bindegewebsbänder gibt, die von Kindheit an in einer Verkrümmung des sich versteifenden Penis resultieren. Diese lassen sich relativ einfach durchtrennen.

## Mitunter sind die Nerven schuld

Bei jedem zehnten Patienten mit Erektionsproblemen besteht entweder eine reine Nervenschädigung oder eine Mischform von neurogenen und vaskulären Ursachen. Oft sind es *Schmerzen*, die zur Angst vor dem Geschlechtsverkehr und damit zu einem reaktiven Verschwinden der Erektion führen. Keineswegs selten ist eine Überempfindlichkeit der Eichel in der Orgasmusphase. Oder es bestehen schmerzhafte Einrisse im Vorhautbändchen. Auch das Einführen eines gebogenen oder mit Herpesviren infizierten Penis kann so schmerzhaft sein, daß der Gedanke daran schon den Penis erschlaffen läßt. *Schmerzt* dagegen *der Penis beim Verkehr*, dann liegt das meist an einer zu engen Vorhaut (*Phimose*), an einem zu kurzen Vorhautbändchen, an kalkartigen Einlagerungen in der Penishaut oder dem zu langen Faden einer Spirale im weiblichen Gebärmuttermund. Schmerzt der Penis danach oder bleibt länger als eine Stunde ohne weitere Stimulation steif, dann ist das immer ein medizinischer Notfall. Entweder ist dann die Eichel durch eine zurückgestreifte und zu enge Vorhaut regelrecht abgeschnürt (*Paraphimose*), oder es besteht eine gefährliche Abflußstörung der Blutgefäße des Penis, ein *Priapismus*.

Umgekehrt können die Erregungsnerven des Penis auch einschlafen, zum Beispiel wenn man zuviel Alkohol getrunken hat. Eine halbe Flasche Schnaps beeinträchtigt nachhaltig die Erektionsfähigkeit.

Ausfälle der Penisnerven lassen sich identifizieren, wenn es selbst mit einem Vibrator nicht gelingt, einen durch Papaverininjektionen vorbehandelten Penis völlig zu versteifen. Sportliche Überanstrengungen wie bei langem Radfahren oder durch Springen beim Basketball oder beim Ballett können zu vorübergehenden Lähmungen des Penishauptnervs, des *Nervus pudendus*, führen. Dieser kann sogar zerreißen, wenn das Becken und die Harnröhre zum Beispiel bei einem Verkehrsunfall verletzt sind. Aber auch Bandscheibenvorfälle oder ein seltener Rückenmarktumor sind Ursache eines zunehmenden Erektionsversagens. Die feinen Erektionsnerven können aber auch bei einer radikalen Prostataentfernung oder anderen Beckenoperationen beschädigt werden.

Den Extremfall stellen natürlich Querschnittgelähmte dar, über die später (siehe Kapitel 16) gesprochen werden soll.

Die wohl klassischen Fälle einer selbstverursachten Nervenstörung sind starke Raucher. Schon nach zehn Zigaretten kann es zu einer vorübergehenden Blockierung der für die Erektion verantwortlichen Nervenübertragung kommen. Die Gefäßmuskeln können sich nicht mehr entspannen, wodurch der arterielle Blutzufluß und die Blutspeicherung in den Schwellkörpern abnehmen und die venöse Abflußsperre sogar ganz aufgehoben wird. Jedenfalls sind Versager bei Rauchern doppelt so häufig wie in der übrigen Bevölkerung. Besteht der Zustand noch nicht zu lange, helfen zweimal wöchentlich Injektionen von 15 bis 25 Milligramm Papaverin *(Paveron®)* sowie die Einnahme von *Yohimbin Spiegel®* über eine Gesamtdauer von zehn Wochen. Ab zwanzig Zigaretten pro Tag stehen allerdings arteriosklerotische Verschlüsse der Penisarterien im Vordergrund, wo dann nur noch Gefäßoperationen helfen.

Die wohl häufigste Mischform tritt beim männlichen Diabetiker auf. Immerhin leidet jeder zweite Diabetiker über 45 Jahren unter Erektionsschwierigkeiten. Doch 40 Prozent der Patienten können – selbst bei vorher mehrere Jahre lang bestehender Impotenz – nach der Anwendung intracavernöser Injektionen in Verbindung mit *Yohimbin Spiegel®* wieder ein normales Eheleben führen.

## Wenn Ängste zum Versagen führen

Da in unserer Gesellschaft Potenz so ungefähr alles symbolisiert, was ein Mann braucht, um im Privatleben und Beruf etwas zu erreichen, führt ein Versagen im Bett auch zwangsläufig bei vielen in eine Identitätskrise. Es ist ein Teufelskreis: Das erste Versagen führt zum nächsten... und das wiederum zum nächsten, weil nämlich dann *Erwartungsängste* das Versagen aufrechterhalten.

Dabei gibt es eine Reihe rein situations- oder partnerbezogener Versager. Bei einem Mann, bei dem es an einem regnerischen und kühlen Tag einmal beim Geschlechtsverkehr im Freien nicht geklappt hat, entwickeln sich Zweifel und Ängste, das könnte ihm nun immer wieder passieren. Manche Männer können nur in der eigenen Wohnung eine gute Erektion erreichen. Das gilt in der Natur auch für Kaninchenböcke: Es ist ein ererbter Territorialinstinkt. Und daß ein Penis nur beim Masturbieren, nicht aber in einer Partnerin steif ist, mag sowohl mit Schuldgefühlen aus der Zeit der Pubertät (siehe Kapitel 2) als auch mit der Person der Partnerin zusammenhängen. Aber auch ein Mangel an Lust bei Arbeitsüberlastung und Streß (oder auch durch Arbeitslosigkeit) oder bei Ärger im Beruf und durch einen Streit mit der Partnerin kann der ursprüngliche Auslöser für eine fehlende Erektion sein – doch von da an wird die ängstliche Erwartungshaltung zu einer sich selbst erfüllenden Voraussage.

Zu dieser Versagensangst gesellen sich noch die *Leistungsangst* (denn wer will schon ausgelacht oder zurückgewiesen werden), eine Angst, die sehr häufig beim ersten Zusammensein mit einem neuen Partner auftritt, oder die *Vergleichsängste*, ob man es mit dem hochgelobten Vorgänger aufnehmen könne. Und dann sind da noch die *Bindungsängste* und *Berührungsängste*. Das kann sogar der Fall in einer scheinbaren Musterehe sein, denn bei zuviel liebevoller Fürsorge und übertriebener Zärtlichkeit kapituliert der Mann als Mann vor der besitzergreifenden Liebe seiner Frau. Indem ein Mann »versagt«, geht er allen diesen Gefahren aus dem Wege.

Es gibt also im psychischen Bereich eine Vielzahl von Auslösern für eine Erektionsschwäche. Durch Ängste aller Art werden nun einmal die falschen Gefäßnerven aktiviert, nämlich gerade solche, die dafür sorgen, daß die Einstromventile der Schwellkörper geschlossen bleiben oder sich zumindestens die venösen Schotten zu früh öffnen. Und natürlich verhindert Angst auch die Konzentration auf jede Empfindung; Gefühle aber haben einen unmittelbaren Einfluß auf die Aktivität des Sexualzentrums im Gehirn. Bekommt das Selbstwertgefühl beim Anblick eines schlaffen Penis einen Knacks, dann blockiert dieses Negativerlebnis im Gehirn auch die Wirkung aller anderen sexuell anregenden Reize.

Kein Mann ist in der Lage, eine Erektion mit dem Willen zu erzwingen – man kann sie nur geschehen lassen. Atmen Sie erst einmal ganz ruhig durch, entspannen Sie sich von Grund auf, versichern Sie sich Ihres Selbstbewußtseins und bleiben Sie völlig gelassen. Sich dabei ständig selbst zu belauern, ob es denn klappt oder nicht, führt wie bei einem nervösen Schauspieler zum Lampenfieber – nur daß beim verkrampften Liebesspiel eine Souffleuse, sprich Partnerin, eher den Ablauf des ganzen Aktes verderben kann.

Darum geht es bei psychisch bedingten Erektionstörungen auch primär um eine Partnertherapie, bei der *auch die Frau* lernen muß, wie sie mit Verständnis auf die Erektionsunsicherheit des Mannes reagieren soll und wie sie mit Rat und Tat (manchmal auch einer unterlassenen) helfen kann, daß ein Mann seinen Mann steht. Die Sexualwissenschaftler sind sich einig, daß in vielen Fällen das wirkungsvollste Mittel das Verbot jeglichen Geschlechtsverkehrs für sechs Wochen ist. Nehmen wir einmal an, eventuelle Frustrationen und Ärgernisse sind in einem klärenden Gespräch mit dem behandelnden Arzt offengelegt worden, dann wird ein *Programm der allmählichen körperlichen Annäherung* empfohlen: weg vom sexuellen Leistungsdruck und hin zur verbalen und taktilen Kommunikation im Bett – nur aus »Spaß an der Freud'«. Die Medizin nennt das ein »Fokussieren auf die Gefühle«. Zuerst muß in einer ungestörten und entspannten Atmosphäre, möglichst zwei- bis dreimal in der Woche, die zärtliche Bedeutung des Küssens und Streichelns wiederentdeckt werden – vom Kopf bis zu den Füßen. Jeder kommt im Wechsel fünfzehn Minuten dran – nur gibt es keinen Sex, nicht einmal Berührungen der erogenen Zonen! Wichtig ist es, die Sicherheit zu vermitteln, daß nicht jede Berührung zum Sex führen muß. Nach fünf solcher »Sitzungen« sind erstmalig sanfte Berührungen der Orgasmuszonen erlaubt. Übrigens findet keine Frau bei zärtlicher Unterhaltung einen schlaffen Penis reizlos, manche Frauen spielen sogar ausgesprochen gern damit. Kommt es zur Erektion, soll sogar mit der Stimulierung aufgehört werden, bis die Erregung wieder abgeklungen ist. Der Mann soll lernen, daß eine Erektion kommen und gehen kann, ohne daß sie ausgenutzt werden muß. Wenn die Spannung zu groß werden sollte, ist als Ausnahmefall Selbstbefriedigung erlaubt.

Gewöhnen Sie sich einfach daran, sich verwöhnen zu lassen – ganz passiv, ohne die Verpflichtung zur *sofortigen* Gegenleistung und mit beliebigen Unterbrechungen. Wichtig für den Erfolg sind zärtliche verbale Rückmeldungen über die Qualität des Erlebten; vor allem sagen Sie Ihrer Partnerin, was Ihnen guttut. Auch gelegentliches Führen ihrer Hand kann hilfreich sein. Und erwarten Sie beide nicht, daß die körperliche Empfindungsfähigkeit jedesmal die gleiche ist!

Nach sechs Wochen dürfen Sie mit Ihrer Frau oder Partnerin wieder intim zusammensein, allerdings nur, wenn Sie ein echtes und spontanes Verlangen danach haben. Bleibt wider Erwarten der Penis nach dem Einführen in die Scheide nicht steif, dann bitten Sie Ihre Partnerin, sich auf Sie zu setzen und das Glied im halbschlaffen Zustand, mit der Hand um die Peniswurzel, in ihrer Scheide ruhig festzuhalten. Bei den ersten Malen geht es nur um die Gewöhnung, und diese Zeit läßt sich allmählich von fünfzehn Sekunden auf einige Minuten ausdehnen. Dabei kann der Penis auch zwischendurch wieder erschlaffen, um dann durch Streicheln erneut geweckt zu werden.

Nach einem halben Dutzend erfolgreicher Versuche kann Ihre Partnerin mit vorsichtigen und langsamen Beckenbewegungen anfangen. Es ist auch den Versuch wert, wenn Sie sich dabei am Hoden oder Po berühren lassen.

Wer aber generell Angst vor dem Zusammensein mit einer Frau hat, der muß zuerst während der Selbstbefriedigung lernen, sich in seiner Einbildung allmählich an die »gefährliche« Situation heranzuphantasieren. Danach gilt es, erst einmal durch Reiben des Penis am Körper der Partnerin blockierende Ängste abzubauen. Auch Tiere gewöhnen sich so instinktiv aneinander. Später wird der Penis von Mal zu Mal stückchenweise tiefer und tiefer in die Vagina eingeführt. Von ihr oder von Ihnen – was Ihnen besser hilft.

Möglicherweise gibt es auch eine gezielte medikamentöse Behandlungsmöglichkeit bei vielen Fällen von psychisch bedingter Impotenz. Neuere kanadische Forschungsergebnisse weisen in diesem Zusammenhang auf einen zusätzlichen Angriffspunkt von *Yohimbin* im Gehirn hin. Natürlich helfen bei Leistungs- und Versagensängsten auch »Stützen« wie die »Soforterektionen« mit Hilfe von intracavernösen Injektionen. Die kann sich ein Mann vorher im Badezimmer geben, ohne daß seine Partnerin es weiß.

Auch eine *Akupunktur* an »Potenzpunkten« wie sie vom *Deutschen Akupunkturzentrum* in Waldbrunn im Odenwald durchgeführt wird, kann in solchen Fällen erfolgreich sein. Allerdings ist eine genaue Kenntnis des »Punktes der Freude« unerläßlich und außer den bei der AKUNA arbeitenden chinesischen Ärzten kenne ich in der Bundesrepublik niemanden, der wirklich zahlenmäßig aussagekräftige Erfolge mit dieser Methode erzielt hat. Notwendig sind im allgemeinen zwei 14-Tage-Kurse, ehe sich Erfolge zeigen. Am allerbesten ist die Wirkung, wenn die täglichen Akupunktursitzungen noch mit einer anschließenden Verbrennung von speziellen Moxa-(Kräuter)-Stäbchen auf dem »Punkt der Freude« kombiniert werden. Damit die Haut nicht versengt wird, legt man übrigens hauchdünne Ingwerscheiben dazwischen.

Ein Erfolgserlebnis garantiert meist den künftigen Erfolg. Die Amerikaner haben sozusagen als Sicherheitsnetz auch gleich noch ein Injektionsmittel entwickelt, das nicht nur eine Einmalerektion zustandebringt, sondern gleich noch den sexuellen Appetit und die spontane Erektionsfähigkeit für die nachfolgenden Tage verstärkt. Dieses *Moxisylite* gibt es bisher in der Bundesrepublik nur in Tablettenform *(Vasoklin®)*, in der es allerdings gegen Erektionsprobleme nicht wirksam ist.

Mit Hilfe dieser verschiedenen Methoden sind immerhin *neun von zehn aller psychisch bedingten Erektionstörungen heilbar.*

## Hormonstörungen sind eine seltene Ursache

Ein zu niedriger Blutspiegel des Hormons *Testosteron* ist zwar immer wieder als Grund für eine bestehende Impotenz herangezogen worden, doch ist er wahrscheinlich eher eine Begleiterscheinung des reduzierten Liebeslebens, wie zum Beispiel bei Depressionen. Zahlenmäßig gesehen spielt ein relativer Testosteronmangel als Grund für eine Erektionsschwäche nur bei *Alkoholmißbrauch* eine Rolle. Denn die Aufrechterhaltung der Erektion hängt von dem Verhältnis zwischen *Östrogenen* und *Testosteron* im Blut ab. Testosteron wirkt, wenn überhaupt, nur als Injektion, niemals aber in Tablettenform. Doch solche Injektionen dürfen nur für eine kurze Zeit gegeben werden, weil sie sonst zur Entwicklung eines Prostatakarzinoms führen können.

Ein wirklicher Erektionsverhinderer sind erhöhte Werte eines anderen Hormons, des *Prolaktins.* Verschiedene Medikamente (besonders Östrogene), eine angeborene Schilddrüsenunterfunktion, aber auch ein prolaktinproduzierender Tumor in der Hirnanhangdrüse können den Hormonspiegel über die kritischen 15 Nanogramm pro Milliliter Blut erhöhen. Tumoren lassen sich mit der Computertomographie erkennen. Bei kleineren Geschwülsten reicht eine medikamentöse Behandlung mit Pravidel® aus. Größere Tumoren müssen chirurgisch entfernt werden.

## Penisprothesen als letzter Ausweg

Männer im deutschsprachigen Raum können sich nach wie vor nicht an den Gedanken einer Penisprothese gewöhnen. Doch sie hilft nun mal in Fällen, wo durch keine der besprochenen Behandlungen der Penis wieder ausreichend steif wird. Und es gibt heute biegsame Prothesen, die ohne Nebenwirkungen und Nachoperationen eingepflanzt werden können. Allen technischen Ansprüchen genügt ein System (genannt *Flexi-Flate*®), welches aus

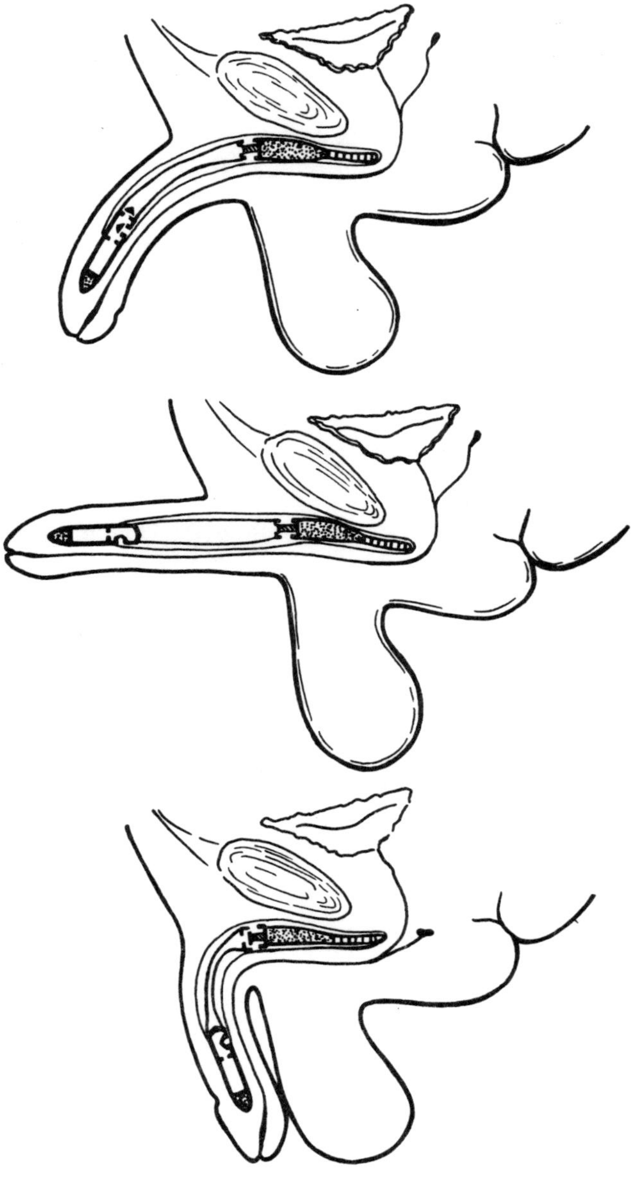

*Abbildung 6:* Funktionsweise der Penisprothese Flexi-Flate®.

zwei expandierenden Zylindern (eingepflanzt in die *Corpora cavernosa*) und zwei Ventilen besteht. Durch rhythmisches Drükken des Penisendes öffnet sich das eine Ventil, und eine Kochsalzlösung strömt von dem äußeren Zylinder in den inneren Zylinder (siehe *Abbildung 6.*) Da die Flüssigkeit im inneren Zylinder auf ein kleineres Volumen zusammengedrückt wird, sorgt dieser prall gefüllte Zylinder dafür, daß der Penis sich versteift. Wann immer gewünscht, kann der Penis einfach abgebogen werden, wodurch das hintere Ventil betätigt wird und die Flüssigkeit in den äußeren Zylinder zurückläuft.

Bevor Sie bei dem heutigen Stand der Mikrochirurgie fragen, ob nicht auch eine *Penistransplantation* möglich ist – die Antwort ist »im Prinzip ja, aber ...«. Sie ist bisher nur einmal durchgeführt worden – und zwar hatte eine eifersüchtige Thailänderin ihrem zweiundzwanzigjährigen Ehemann mit einem Rasiermesser den Penis abgeschnitten. In einer siebenstündigen Operation wurde ihm das Glied eines Transvestiten, der sich vom Mann zur Frau umwandeln ließ, verpflanzt. Doch wie und wie lange es funktionieren wird, weiß noch niemand.

Und wenn alles nichts hilft oder Ihnen nicht zusagt, dann suchen Sie sich doch bitte eine Partnerin, die mehr an Ihnen als Mann als an einem steifen Penis Interesse findet – mit der Zeit werden die Erektionen schon von selbst wiederkehren.

# 10

# Was tun, wenn der Samenerguß zu schnell kommt oder ganz ausbleibt?

Auch der *Orgasmus* ist bei Männern heute ein Problem. Das Zustandebringen einer *Erektion* ist eben noch nicht alles. Von den Männern, die in Großbritannien zum Arzt in die Sexualsprechstunde kommen, beklagt sich jeder fünfte darüber, daß ein *zu schneller Samenerguß* sein Liebesleben ruiniere, während jeder zehnte keinen *Orgasmus* beim Verkehr mit seiner Partnerin erlebt. Dazu kommen noch die Fälle, in denen sich Männer entnervt fühlen, weil sie zwar einen Höhepunkt haben, aber keinen Samenerguß, also keine *Ejakulation*, und dann noch die Ausnahmen, die sogar Schmerzen dabei verspüren. Alles in allem ist auf diese Weise in der Bevölkerung mindestens *einer von zehn Männern mit der Qualität seines Orgasmus unzufrieden.*

## Was heißt schon »zu früh«?

Aus den breitangelegten Untersuchungen ALFRED KINSEYS wissen wir, daß 75 Prozent der amerikanischen Männer innerhalb von zwei Minuten nach Einführen des Penis in die Vagina einen Samenerguß haben. Nach den Angaben des HITE *Reports über das sexuelle Erleben des Mannes* »kommt« jeder fünfte Mann sogar innerhalb von einer Minute. Für eine Reihe von Frauen reicht das aus – gerade auch in Verbindung mit anderen Formen der Stimulierung. Manche Frauen bevorzugen sogar leidenschaftliche »Quickies«. Ein schneller Samenerguß wird nur zu einem Problem, wenn die Partnerin sich sexuell unbefriedigt fühlt und der Mann dann unter seiner Unzulänglichkeit zu leiden beginnt. Bevor ein Mann meint, er habe einen behandlungsbedürftigen, vorzeitigen Samenerguß (*Ejaculatio praecox*), sollte er zuerst mit seiner Partnerin besprechen, was *ihr* vielleicht besser helfen würde, um ihren Orgasmus zu erlangen.

Wirklich zu schnell sind nur die Männer, die bereits vor dem Eindringen in die Vagina einen Samenerguß bekommen oder bei denen alles mit den ersten zehn bis fünfzehn Stoßbewegungen vorüber ist. Doch selbst das kann natürlich auch wieder als gelegentlicher »Schnellschuß« normal sein, wenn ein Mann sehr stark unter sexuellem Leistungsdruck steht (wie etwa beim »ersten Mal« mit einer neuen Partnerin), lange keinen Sex gehabt hat (Erwartungsstreß) oder beruflich ungewöhnlich stark angespannt ist. Denn unter *Streß*, egal welcher Art, wird das Hormon *Prostaglandin* $E_1$ ausgeschüttet. Durch dieses Hormon werden im Penis zwar alle Schleusen der Schwellkörper aufgerissen, doch werden reaktiv auch die nächsten Stufen im Orgasmusprogramm aktiviert, alles läuft sozusagen im Zeitraffer ab.

In der Jugend ist ein sehr schneller Orgasmus ein generelles Problem. Die Reizschwelle ist durch die hormonelle Überproduktion und den Erwartungsstreß extrem niedrig. Doch die meisten Männer entwickeln danach eine gewisse Kontrolle hinsichtlich der Fähigkeit, ihren eigentlichen Samenerguß zeitlich hinauszuzögern. Normalerweise läßt sich eine Kontrolle durch Tempoveränderungen oder einen Wechsel von stoßenden zu kreisförmigen Penisbewegungen, besonders aber durch richtig eingesetzte KEGEL-Übungen (siehe Kapitel 8) erreichen. Jeder weiß, daß man sich durch Zusammenkneifen der Pobacken den Toilettengang verkneifen kann; auch ein Harnstrahl läßt sich willentlich unterbrechen. Durch Zusammenkneifen der Pobacken nach dem »Stoß« ist es aber auch möglich, ein »Stottern« in das wie ein Blitz ablaufende Erregungsprogramm einzubauen. Denn Schnelligkeit beim Orgasmus ist entwicklungsgeschichtlich in unseren Genen angelegt und von der Natur im Interesse der Arterhaltung vorgesehen; Affen tun es in Sekundenschnelle.

## Die Kontrolle über den Samenerguß kann blockiert sein

Die Ursachen liegen mitunter in der Jugend, wo – um einer Entdeckung vorzubeugen – entweder bewußt schnell masturbiert wurde oder es mit einer Freundin sehr schnell gehen mußte. Auch die zur Eile antreibende Prostitutierte ist ein möglicher, heutzutage wohl eher seltener Auslöser.

Viel öfter hat sich ein vorzeitiger Samenerguß einmal mit der *Angst* eingestellt, bei der Ejakulation die Frau zu schwängern. Und diese Angst bleibt im Unterbewußtsein auch später bestehen. Überhaupt sind Ängste wieder ein wesentlicher Auslöser sowohl für den gelegentlichen Schnellschuß wie für eine anhaltende Störung. Wer einmal zu schnell ejakuliert hat und das an den Reaktionen der Partnerin zu spüren bekam, der hat auch schon beim nächsten Mal wieder die »Angst zu versagen«. Und solche Erwartungsängste verstärken sich selbst. Nichts ist aber schlimmer, als wenn ein Mann sich selbst unter Druck setzt, unbedingt recht lange bei einer Frau durchhalten zu wollen. Das sind genau die Willenssignale, die beschleunigend auf die Ejakulation wirken. So sind Leistungsängste auch entscheidend dafür verantwortlich, daß nicht genug Zeit bleibt, damit sich ein intensiver Höhepunkt langsam im Körper aufbauen kann. Das Resultat ist ein eher mittelprächtiges Erlebnis.

Eine andere Angst, die zur vorzeitigen Ejakulation führt, ist die unbewußte Angst vor zuviel Intimität (um nicht durch Zuneigung und Aufmerksamkeit erstickt zu werden) und vor einer Bindung. Ein solcher Mann möchte die Kontrolle über seine Gefühle behalten und nicht von der Partnerin geklammert werden. Ja, sie soll darum nicht einmal allzu großen Spaß am Zusammensein haben – suggeriert das Unterbewußtsein. Deshalb erleben Männer auch immer wieder, daß sie mit einer wirklich geliebten Frau »ewig« zusammensein können, daß es bei anderen Partnerinnen aber schnell vorüber ist. Natürlich gilt das auch im übertragenen Sinne, wenn ein Mann aus Groll gegen eine Frau – oder eine belastende Situation – sich innerlich wünscht, den ganzen Geschlechtsverkehr so schnell wie möglich hinter sich zu bringen.

Bei jedem fünften Mann bestehen aber *organische Gründe.* Manche Männer haben einfach noch nicht »gelernt«, Kontrolle über ihren Orgasmus zu haben. In diese Kategorie gehören gerade Männer, die als Kinder sehr lange mit dem Bettnässen zu kämpfen hatten. Bei anderen ist der Regelmechanismus durch eine Entzündung des Urogenitaltraktes durcheinandergekommen, wie beispielsweise

- eine *Urethritis* (Entzündung der Harnröhre) mit Harnröhrenausfluß und Juckgefühl an der Penisspitze,
- eine *Prostatitis*, die sich oft nur als Harndrang und Brennen, im akuten Stadium aber mit Schmerzen beim Wasserlassen und nach der Ejakulation sowie mit Abgeschlagenheit und Schwächezuständen äußert.

Ein besonderes Problem sind solche Männer, bei denen der vorzeitige Samenerguß auch noch von einer ungewöhnlich langen Refraktärzeit bis zur »Wiederbelebung« begleitet ist. Der Samenerguß wird hier zu einem spontanen Reflex, doch gleichzeitig betäubt ein hemmender Einfluß des Gehirns die weitere sexuelle Empfindung und Erregung.

## Jeder Samenerguß läßt sich hinauszögern

Was sicher nicht hilft, sind irgendwelche Ablenkungsmanöver, wie auf die Lippen zu beißen oder das gewollte Nachdenken über berufliche Probleme. Auch sollte niemand auf die Idee kommen, nun deswegen auch noch die Berührungen und Küsse beim Vorspiel »wegrationalisieren« zu wollen – nur weil diese die Erregung steigern könnten. Auch Einsprühen mit gefühlsbetäubenden Anästhesiemitteln oder das Tragen von dicken Gummikondomen hilft wenig. Es ist sowieso kein Problem einer zu starken sexuellen Stimulierung, denn die betroffenen Männer können meist die erotischen Reize wegen einer Art Betäubung des sexuellen Empfindens gar nicht bewußt erleben. Daher ist es ihnen auch unmöglich, den Zeitpunkt des Samenergusses willensmäßig hinauszuzögern.

Also geht es darum, einem betroffenen Mann erst einmal ein Gefühl zu vermitteln, was »länger durchhalten« bedeutet. Die Sexualmediziner empfehlen dafür, etwa vier Wochen lang jeden Geschlechtsverkehr unterbleiben zu lassen, um erst einmal Leistungsängste zu beseitigen. In dieser Zeit geht es darum, zuerst dem Streicheln und Berühren (wieder) ein Vergnügen abzugewinnen. Es ist sogar sehr wichtig, daß ein solcher Mann lernt, sexuellen Genuß zu empfinden. Je mehr er das Zusammensein mit einer Frau genießt, um so besser ist er in der Lage, die Ejakulation hinauszuzögern.

Die Partnerin hilft dem Mann, indem sie bei Anzeichen steigender Erregung die Stimulation des Penis durch ein *festes* Zusammendrücken unterbricht. Dabei liegt ihr Daumen auf dem Vorhautbändchen, und Mittel- und Zeigefinger auf dem oberen Eichelkranz (siehe *Abbildung 7*). Das tut nicht weh, beseitigt aber den Wunsch, ejakulieren zu wollen. Nach etwa 15 bis 60 Sekunden ist die sexuelle Erregung hinreichend abgeklungen, so daß wieder mit dem Streicheln und Küssen des Gliedes begonnen werden kann. Das gibt einem Mann allmählich das Gefühl einer Kontrolle über seine Ejakulation. Wenn der Mann es erst einmal 90 Sekunden ohne Unterbrechung durchhält, geht die Behandlung in das gefährlichere Stadium über – den Kontakt mit der weiblichen Scheide.

Der Mann liegt auf dem Rücken, und die Frau führt jetzt den

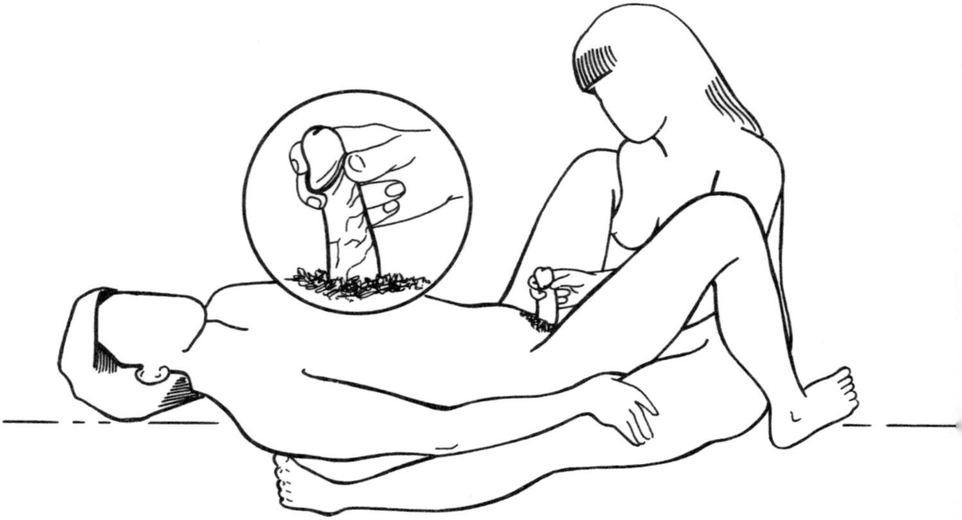

*Abbildung 7:* Anwendung der Drucktechnik am Penis.

Penis in ihre Scheide ein, zuerst nur ein kleines Stück, bei den nächsten Malen immer etwas mehr. Sobald die Erregung des stillgehaltenen Penis nicht mehr zu ertragen ist, wird unterbrochen – und zwar wieder unter Zuhilfenahme der Drucktechnik. Wird die Erektion dabei schwächer, wird wieder gestreichelt.

Versager sind einkalkuliert – genießen Sie sie und beginnen Sie von neuem. Erst wenn man es minutenlang ohne einen Samenerguß in der Vagina aushält, sind *langsame*, mal sanft stoßende, mal kreisförmige Bewegungen, zuerst von der Partnerin, später auch durch den Mann erlaubt. Die nächste Stellung sollte die Seitenlage sein. Die Mann-oben-Stellung löst am ehesten einen schnellen Samenerguß aus. Alles in allem ist es eine Prozedur zur Unempfindlichmachung und Gewöhnung, die eine Steigerung der Ausdauer auf 15 bis 20 Minuten garantiert. Im allgemeinen ist diese Technik erfolgreich (vorausgesetzt, die Partnerbeziehung ist nicht bereits von Ärger und Frustration geprägt), wenn ein Paar es drei- bis viermal in der Woche tut und nicht zu schnell versucht wird, das Tempo zu beschleunigen – auch nicht durch Abkürzungen im Programm. Zwei Monate Zeit muß man sich aber schon lassen.

Alleinstehende Männer können entsprechend versuchen, ihre Ausdauer beim Masturbieren mit der Drucktechnik allmählich auf eine Viertelstunde zu steigern. Allerdings sollten sie dabei den Rhythmus und die Art der Handbewegung variieren, mal Drükken, mal Reiben, mal an der Vorhaut ziehen und mal Kitzeln – das Ganze im Wechsel von schnell und langsam.

Allen denen, die mit diesem Trainingsprogramm nicht zurechtkommen, rate ich zum Griff nach der problemlösenden Tablette. Im Zweifelsfall, wenn man nicht weiß, ob es ein organischer Grund ist, und weil viele psychisch bedingte Versagensängste mit anhaltendem Erfolg verschwinden, ist der *Versuch einer medikamentösen Behandlung* von Anfang an gerechtfertigt.

Aus eigener Erfahrung kann ich bestätigen, daß bei mehr als 80 Prozent nicht gerade extrem überängstlicher Männer die Verabreichung von *Anafranil®* wirksam war, vorausgesetzt es wurde etwa vier Stunden vor dem Geschlechtsverkehr eingenommen. Die Dosis muß allerdings individuell angepaßt werden, sie kann zwischen 6 und 60 Milligramm liegen. Nur ältere Männer mit einer gleichzeitigen Erektionsschwäche sollten lieber kein Anafranil® nehmen, da dann der Penis noch schlapper werden kann.

Eine Sonderform des vorzeitigen Samenergusses ist der *spontane Orgasmus.* Auch hierbei sind Angstsituationen die Auslöser. Durch diese kommt es bei sechzehn- bis achtzehnjährigen jungen Männern in Prüfungen, Einstellungsgesprächen oder einem drohenden Zuspätkommen zur Arbeit zu plötzlichen Samenergüssen. Wem der nasse Fleck auf der Hose peinlich ist, der kann einen solchen Erguß durch Einnahme von *Melleril®* verhindern.

## Ein trockener Orgasmus ist beunruhigend

Damit wir uns richtig verstehen: In derartigen Fällen erlebt der Mann alle Anzeichen eines Höhepunktes mit schnellerem Herzschlag und Muskelzuckungen wie im achten Kapitel beschrieben, und er fühlt sich auch hinterher wohlig erleichtert. Was aber fehlt, ist ein Samenerguß. Manchmal stört das auch die Partnerin, weil es als ein Anzeichen mangelnder Liebe und Hingabe erscheint.

Schuld daran hat ein nicht funktionsfähiger Schließmuskel am Blasenhals. So läuft die gesamte Samenflüssigkeit in die Blase; es handelt sich um eine *retrograde Ejakulation*. Zu einem solchen Muskelversagen kommt es häufig *nach operativen Eingriffen*, wie bei Gefäßrekonstruktionen einer verkalkten Bauchschlagader, nach einer Prostatektomie (einer operativen Entfernung der Vorsteherdrüse) oder einer Operation am Blasenhals – und natürlich nach Rückenmarksverletzungen oder relativ frühzeitig bei einem schlecht eingestellten *Diabetes mellitus*. Doch auch Medikamente wie die Bluthochdruckmittel *Dibenzyran*® und *Ismelin*® oder das Neuroleptikum *Melleril*® können die Ursachen sein. Ein einfacher Trick ist das Ejakulieren mit voller Blase, doch manch einer findet Sex dann nicht so angenehm. An Medikamenten helfen *Ephedrin*® beziehungsweise *Ephetonin*® eine halbe Stunde vor dem Geschlechtsverkehr, *Tofranil*® 25 bis 50 Milligramm eine Stunde vorher oder *Felicur*®.

## Wenn ein Mann sich vor dem Samenerguß scheut

Manche Männer sind psychisch blockiert. Sie können unter keinen Umständen in einer weiblichen Scheide oder überhaupt bei klarem Verstand ejakulieren. Der Auslöser mag ursprünglich einmal die Angst vor einer Schwangerschaft, der Widerwille gegen Verhütungsmittel, ein traumatisches Erlebnis beim Geschlechtsverkehr (auch ein psychisches) oder einfach eine Abneigung gegen den Partner sein. Doch bei einer solchen psychisch bedingten *Ejaculatio deficiens* kommt es immer zu spontanen Samenergüssen nachts im Schlaf.

Mitunter hilft eine sehr starke Stimulierung, um dieser vom Sexzentrum des Gehirns ausgehenden Hemmung entgegenzusteuern. Ein Mann sollte dabei erotische Phantasien haben oder Pornohefte anschauen. Außerdem gilt es, Hand- und Mundarbeit zu kombinieren. Auch ein Einreiben des Penis mit einer Gleitcreme oder mit aromatischen Ölen erhöht die Empfindlichkeit für die Handstimulation. Allerdings sollte eine solche Stimulierung eine Art Intervalltraining sein. Denn zuviel Stimulierung wird leicht als Schmerz empfunden. Manchmal sind auch Vibratoren dazu geeignet, um allmählich neue Lustreflexe anzubahnen.

Ist es ein im Unterbewußtsein verankerter Widerwille gegen die dunkel drohende Vagina, geht es oft durch Handanlegen und einen sich dabei ganz allmählich verringernden Abstand zur Scheide, bis es dann erstmalig im Scheidenvorhof gelingt. Immerhin betrifft eine solche situationsbedingte Ejakulationsstörung vier von hundert Männern.

Sehr selten ist dagegen die absolute *ejakulatorische Impotenz.* Sie kommt nur bei sechzehn von zehntausend Männern vor.

In diesen Formenkreis gehört auch die extreme zeitliche Verzögerung von Ejakulationen, die *Ejaculatio retardata.* Fast immer sind die Frauen schon vorher ganz wund. Manchmal entwickelt sich solch ein Phänomen, wenn ein Mann hört, daß seine Frau unfruchtbar ist.

## Schmerzen beim Samenerguß

Schmerzhafte Ejakulationen, soweit sie nicht mit Infektionen zu tun haben, werden durch

- einen Krampf der Damm-Muskulatur bei starken Angstzuständen (»Schaff ich's oder schaff ich's nicht?«),
- bei einem nicht mehr funktionierenden Zusammenspiel des äußeren und inneren Blasenmuskels beim Samentransport in der Harnröhre und
- durch schmerzhafte Verengungen (Strikturen) der Harnröhre nach urologischen Spiegelungen beziehungsweise nach Anlegen eines Blasenkatheters, ausgelöst.

In allen solchen Fällen geht es darum, die Ursachen zu beseitigen.

Eine Ejakulationsstörung gilt es immer so zeitig wie möglich zu behandeln. Das große *Problem* ist nämlich, *daß Männer durch zu schnelle, aber auch verzögerte oder völlig ausbleibende Samenergüsse anfällig werden für das Entstehen von Erektionsstörungen.* Oft ist es auch eine Flucht in eine behauptete Impotenz, wenn ein Mann – der ehelichen Auseinandersetzungen über »seine schwache Stelle« überdrüssig – sein Sexualleben unnötigerweise einfach aufgibt und sagt, er sei zu müde und überarbeitet, um am Sex noch Interesse zu haben. Doch sich eine Behandlung wegen einer Ejakulationsstörung zu versagen, bringt viele Männer um eine wichtige Quelle ihrer Lebens- und Sinnesfreude. Hinzu kommt, daß ein unnötiger, frühzeitiger Verzicht auf sexuelle Aktivität zu einem ebenso zu frühen Einsetzen des Alterungsprozesses und einem tatsächlichen Nachlassen der Potenz infolge mangelnder Beanspruchung führt. Nur ein sexuell aktiver Mann kann auch bis in sein höheres Lebensalter ein vollwertiger Liebhaber bleiben.

# 11

# Für ein befriedigendes Sexualleben gibt es keine Altersgrenze

Ein beglückendes Sexualleben verlangsamt die Alterungsprozesse. Nicht zuletzt sterben Männer deshalb durchschnittlich neun Jahre früher als Frauen, weil ihnen zu oft die Ausschüttung wohltuender Hormone fehlt, wie sie durch Zärtlichkeit und Innigkeit im Körper stattfindet. Eigentlich müßten Männer jenseits der Fünfzig zur eigenen Lebensverlängerung die »Dosis Frau« steigern. Dabei gibt es keine Altersgrenze für die körperliche Liebe – solange sie Vergnügen bereitet. »Dranbleiben« erhält auf der anderen Seite auch die sexuelle Leistungsfähigkeit. Nie sollte ein Mann, sei es nach einer Operation oder nach dem tragischen Verlust der Ehefrau, »es« für mehrere Monate ganz einstellen – auch wenn das bedeutet, selbst Hand anzulegen. Denn sonst werden Hormonumstellungen in Gang gesetzt, die das sexuelle Verlangen und die Erektionsfähigkeit nachhaltig reduzieren und die dann nur mit Anstrengung überwunden werden können.

Lediglich Erektionsstörungen nehmen im Alter zu. Doch dagegen läßt sich ja etwas tun (siehe Kapitel 9). Und noch eines – es geht beim Samenerguß nicht etwa »unersetzliche Energie« verloren, so daß man sich mit Rücksicht darauf lieber schonen sollte. Die »Berechnungen« des Schriftstellers Mark Twain, nach denen ein Mann im Leben nur 5000 Liebesakte verkraften könne (eine Frau aber 150 000), sind ein Zahlenspiel, welches dazu angetan ist, das Liebesspiel zu verhindern.

## Mit der Lebensreife läßt sich der Genuß steigern

Das Interesse am Sex wird in keinem Lebensalter geringer. Im Hite *Report über die sexuellen Vorlieben und Praktiken des männlichen Geschlechts* äußert sich ein Drittel der 61- bis 75jährigen dahingehend, daß die Freude am Sex mit dem Alter zugenommen habe; nur bei 16 Prozent hatte sie abgenommen. Aber selbst 9 Prozent der 31- bis 40jährigen beschwerten sich darüber, daß mit dem Alter die Liebesfreuden geringer würden. Als Ergebnis ihrer Umfragen weist Shere Hite auch darauf hin, daß Männer über Achtzig zwar weniger Erektionen und Orgasmen hätten, daß für sie aber das geistige Verlangen und der Lustgewinn in der körperlichen Liebe gewachsen seien.

Mit dem Alter gewinnen Zärtlichkeit, Streicheln und Umarmungen – und nicht zuletzt das Miteinandersprechen – an Bedeutung. Vor allen Dingen sind beide Partner wesentlich ungehemmter beim gegenseitigen Eingestehen und selbstlosen Erfüllen von Wünschen und Vorlieben in den intimsten Stunden. Dadurch wird das körperliche Zusammensein ausgefüllter und entspannter – die Zeiten gemeinsamer Lust werden gemeinschaftlich und damit intensiver gestaltet. Und man hat ja jetzt endlich Zeit füreinander, nachdem die Kinder aus dem Haus und beide Partner weniger angespannt und beschäftigt sind.

Bewußt sollte sich jeder Mann nur darüber sein, daß mit zunehmendem Lebensalter der anbahnende Einfluß der Gehirnsignale beim Erregungsaufbau im Penis weniger ausgeprägt ist. Visuelle Reize wie ein wackelnder Po oder sexuelle Phantasien regen jenseits des 65. Lebensjahres kaum noch zu Aktivitäten an. Zusätzlich muß der Penis wegen der jetzt höheren Reizschwelle mit *stärkeren Berührungsreizen* und längerem Vorspiel aufgeweckt werden, bis die Intensität der Signale ausreicht, um die Schwellkörper zu füllen. Dafür hält der Penis auch länger durch (zumindestens bis zum siebten Lebensjahrzehnt), als dies bei jungen Männern der Fall ist. Selbst wenn die Erektion nicht mehr »stahlhart« wie bei einem Siebzehnjährigen ist – es bedarf keiner maximalen Schwellkörperfüllung, um Freude am Sex zu haben und um solche der Partnerin zu spenden. Ältere Männer bekommen bei hinreichender Stimulation auch keineswegs weniger Erektionen, doch läßt das Verlangen nach, jedesmal unbedingt ejakulieren zu wollen. So ist vielleicht nur noch jede vierte Erektion von einer Ejakulation begleitet. Doch der Erregungsablauf kann auch bei trockenem Orgasmus sehr befriedigend sein. Allerdings nimmt mit dem Schwächerwerden der Muskelkontraktion im Penis und Becken mitunter auch die Intensität des Orgasmuserlebnisses ab, denn die Samenflüssigkeit wird weniger kraftvoll herausgeschleudert.

Um die Spermienqualität für die Fortpflanzung zu sichern, hat die Natur die Verzögerungszeit bis zur Wiederbelebung verlängert. Im siebten Lebensjahrzehnt kann es darum auch 24 Stunden dauern, bis nach einer Phase hoher sexueller Erregung erneut eine Erektion möglich ist. Auch kann die Zeit nach einem Mittagsschlaf oder nach dem Aufwachen am Morgen »die beste« sein.

Eine ganze Reihe von Männern zwischen 50 und 65 erleben einen Schub von sexueller Vitalität, den bewußten »zweiten Frühling«. Allerdings kann keine Frau erwarten, daß ihr solche Liebeskräfte zugute kommen, wenn sie ihr Äußeres vernachlässigt – Kleidung, Kosmetik und kleine Schönheitsoperationen können heutzutage wahre Wunder bewirken. Sonst entsteht beim Mann eher der Wunsch, woanders etwas nachholen zu müssen. Es ist eben schön und hebt das Selbstwertgefühl, wenn man wieder einmal von einer neuen Frau bewundert und anerkannt wird... doch in diesem Zusammenhang ein guter Rat: Ängste vor dem Älterwerden lassen sich nicht auf längere Zeit durch Liebesgefühle verdrängen.

## Die unnötigen Ängste der Männer in den besten Jahren – es gibt keine Wechseljahre beim Mann

Der männliche Hormonspiegel bleibt bis ins fünfte Lebensjahrzehnt gleichbleibend hoch, erst danach setzen langsam fortschreitende Veränderungen ein. Doch unter gesunden Männern gibt es auch noch viele 73jährige, die noch dieselben Testosteronwerte wie mit 37 aufweisen. Der Testosteronspiegel ist sowieso nur ein »Spiegel« der sexuellen Aktivität und hat selbst nichts mit dem sexuellen Verlangen zu tun. Auch die Zahl der Spermien – also das Zeugungspotential – ist nach Aussagen des Münsteraner Professors Nieschlag bei 68- bis 86jährigen nicht etwa niedriger als bei 23- bis 32jährigen. Nein, eine »Andropause« (analog zur Menopause der Fauen) gibt es nicht.

Daß jeder zweite Endvierziger eine *Midlife-crisis* durchlebt und plötzlich Zweifel an seiner Liebesfähigkeit entwickelt, hat ganz andere Gründe. Beunruhigend ist es für diesen »Mann in den besten Jahren«, wenn er erstmals feststellt, daß ihm unter einem T-Shirt durchschimmernde weibliche Brustwarzen keine Soforterektion mehr verschaffen, daß sein Penis überhaupt nicht mehr so steif wird wie früher und daß er generell mehr Stimulierung braucht, um in Stimmung zu kommen. Denn alles das geschieht ja in einem Lebensabschnitt, da die körperliche Leistungsfähigkeit generell etwas abnimmt und Haarausfall, Bauchansatz, Falten und erste graue Haare das nahende Alter ankündigen. Außerdem empfindet ein Mann in dieser Phase plötzlich Zweifel am Sinn und Zweck seines beruflichen Engagements, Erfolge vergangener Jahre erscheinen schal, und die Routine eines eingefahrenen Ehelebens erdrückt die Sexualität. Nichts ist aber schlimmer, als dadurch in eine Krise des Selbstvertrauens hinsichtlich der sexuellen Leistungsfähigkeit zu geraten. Es funktioniert ja alles noch, und es gibt doch recht wirksame Anreger – von Liebeselixieren über Gaumenfreuden bis hin zu neuen Vorlieben. Ein wirkungsvolles Konditionstraining für das Sexualleben ist erwiesenermaßen auch eine regelmäßige sportliche Betätigung, ganz besonders das Schwimmen.

Ein guter Gesundheitszustand ist nun einmal die beste Garantie für ein aktives Liebesleben, warum selbst jeder Siebzigjährige, der regelmäßig schwimmt, auch doppelt so häufig Geschlechtsverkehr hat wie ein unsportliches »Faultier«. Oft fehlen auch nur wichtige Vitamine und Spurenelemente in der Ernährung. Die entsprechenden Mittel aber lassen sich heute in ausgewogener Zusammenstellung in der Apotheke kaufen.

Mit *Normabrain®*, einem Mittel, welches nachweisbar den Hirnstoffwechsel und damit die geistige Leistungsfähigkeit verbessert, steht dem Arzt auch ein Medikament zur Verfügung, das als »Nebenwirkung« noch die sexuelle Stimulierbarkeit steigern kann und bei Erektionsschwächen hilft. Wirksam ist eine Normabrain-Dosis von 2400 Milligramm pro Tag, besonders patientenfreundlich ist dabei die Trinkampulle. Außerdem besteht auch noch die Möglichkeit, dieses Medikament zur Erzielung eines schnelleren Wirkungseintritts in der Anfangsphase zu injizieren.

Wenn wirklich das sexuelle Verlangen bei einem ansonsten gesunden Mann zwischen 50 und 60 nachhaltig abgenommen hat, dann hat das oft durchaus behandelbare Ursachen. Die LEYDIG-Zellen im Hoden sprechen zum Beispiel mit zunehmendem Lebensalter weniger stark auf die Stimulierung durch sexuelle Signalhormone wie das LH an, was sie empfindlich gegenüber den antiandrogenen Nebenwirkungen mancher Arzneimittel macht. Darum gilt es, Medikamente zu wechseln, bei deren Einnahme sich ein Lustverlust einstellt, wie zum Beispiel bei dem häufig verschriebenen Magensäurehemmer *Tagamet®*. Medikamente können aber auch das für die Aufrechterhaltung der Erektion wichtige Verhältnis zwischen Östrogen und Testosteron durcheinanderbringen (siehe auch Kapitel 16). Bei älteren Männern nimmt sowieso der Spiegel an weiblichen Hormonen durch die Umwandlung von Testosteron in Östrogen im Blut etwas zu, so daß es gar keiner hohen Arzneimittelmengen bedarf, um Erektionsschwächen auszulösen.

Natürlich kann ein bestehender *Mangel an sexuellem Interesse* auch *medikamentös behandelt* werden. Immer lohnt sich ein Versuch mit dem apothekenpflichtigen *Regazell Energen®*. Das stärkt männliche Kräfte auch noch in anderer Hinsicht, wird es doch von deutschen Spitzenfußballern und Leichtathleten zur Leistungssteigerung genommen. Doch die Einnahme über eine Dauer von 40 Tagen ist erforderlich, damit durch die pflanzlichen Bioaktivatoren der Energiefluß im Sexualsystem und damit die Intensität der bioelektrischen Ströme wieder verstärkt werden. Dieses Mittel kann problemlos zusammen mit anderen Medikamenten eingenommen werden. In den seltenen Fällen von hartnäckigem Lustverlust hilft eine dreimonatige Behandlung mit *Bupropion®*. Dieses vom Arzt zu verschreibende Medikament kann über jede Apotheke aus den USA bestellt werden.

Da wir das Liebesleben aber nun einmal paarweise erleben, wende ich mich hier auch mit einigen *Hinweisen an die Leserin dieses Buches*. Das beste Mittel, die körperliche Liebe bis ins hohe Alter zu genießen, ist auch bei Frauen dies: sexuell aktiv zu bleiben! Sowohl die Erregung wie die männliche Samenflüssigkeit stimulieren die Ausschüttung weiblicher Hormone und erhalten die Gefäßpolster in der Scheidenwand funktionstüchtig. Die sexuelle Erlebnisfähigkeit und das Interesse an der körperlichen Liebe erreichen bei Frauen ein Maximum zwischen 35 und 45 und beginnen erst langsam nach den Wechseljahren abzunehmen.

Sollten Sie als Frau wider Erwarten Schmerzen beim Geschlechtsverkehr haben, so kann eine Östrogencreme helfen, die Scheidenwand wieder geschmeidiger und poröser zu machen, was Voraussetzung für die Absonderung des Gleitsekrets bei der Erregung ist. Ziehende Kontraktionen der Gebärmuttermuskeln während des Orgasmus treten zwar jenseits des 60. Lebensjahres auf, sind aber eher eine Seltenheit. Ein *fehlendes Interesse am Sexualleben*, das nichts mit einer Abneigung gegen den Partner zu tun hat, ist ebenfalls auf einen Östrogenmangel zurückzuführen. Das Hormon, das auch bei Frauen das Liebesverlangen anregt, ist nämlich das »männliche« Hormon Testosteron. Das aber wird bei der Frau ebenfalls aus Östrogenen gebildet. Außerdem werden unter Östrogeneinfluß in der weiblichen Scheide Sexualduftstoffe produziert (siehe Seite 209), die das Lustzentrum des Mannes anregen und in Liebesstimmung bringen. Beide Östrogenmangelerscheinungen sind die häufigsten Ursachen einer partnerbezogenen Impotenz bei Männern über Fünfzig. Wie auf Seite 201 ausführlich erklärt wird, sollte heute jede Frau beim Erreichen der Wechseljahre ein Östrogenpräparat einnehmen. Sicherheitshalber kann sie noch zusätzlich etwas gegen den Lustverlust bei der körperlichen Liebe tun: vom anregenden *Bio-Tonix®* (siehe Kapitel 17) bis zur Einnahme des verschreibungspflichtigen Medikamentes *Thombran®*.

Nach der Lebensmitte bedarf ein zufriedenes Liebesleben einer gewissen Sicherheit. Am schwersten trifft es Männer, wenn in einer harmonischen Verbindung die Partnerin plötzlich stirbt. Denn Männer fühlen sich viel weniger dazu in der Lage, für den Rest des Lebens allein zu bleiben.

## Keine Angst vor einer neuen Partnerschaft!

Meist spielt die Sexualität bei der neuen Partnerwahl in vorgerückterem Alter nur eine untergeordnete Rolle. In solchen Lebensgemeinschaften stehen die Männer nicht unter sexuellem Leistungsdruck. Es geht um eine zärtliche Harmonie zu zweit. Mich berührt es tief, wenn ich ältere Menschen Hand in Hand oder eng umschlungen gehen sehe. Durch intensive Gefühle der Zuneigung wird Sex im Alter erst interessant und lohnend. Und nehmen Sie bitte einmal nicht zuviel Rücksicht auf die Meinung Ihrer Kinder – in der Pubertät haben die sich auch nicht nach Ihnen gerichtet!

In ihrer Einsamkeit treffen Männer auch immer wieder auf ganz junge Frauen, die eigentlich einen väterlichen Schutz und die Geborgenheit suchen. Aus Angst vor dem zu stürmischen Drängen junger Männer und vor der Zukunft flüchtet sich eine junge Frau in die Arme des erfahrenen Mannes. Eine Vaterfigur wird aus Kindheitsträumen mit einer Glücksgarantie gleichgesetzt. Es kann durchaus ein bleibendes Glück bedeuten, vorausgesetzt, daß es auch geistige Gemeinsamkeiten gibt – es darf eben nicht ausschließlich nur eine sexuelle Anziehung sein, denn die läßt bei den meisten älteren Männern irgendwann nach ein paar Monaten oder Jahren nach. Wenn ein Mann unrealistische Erwartungen hat, was das Mysterium Sex alles für ihn tun könne, dann wird Sex bald zu harter Arbeit und zu einer Ursache der Frustration. Eine entscheidende Quelle männlicher Lebensfreude wird dann eines Tages ganz versiegen.

Altersunterschiede in Partnerschaften sind übrigens kein ganz so seltenes Phänomen. TONY CURTIS ist heute in vierter Ehe mit der 37 Jahre jüngeren Schauspielerin Andrea Savio verheiratet, WILLY BRANDT hat mit 70 die 33 Jahre jüngere Brigitte Seebacher geehelicht, und der Altersunterschied zwischen dem Herzchirurgen CHRISTIAN BARNARD und seiner Frau beträgt sogar 40 Jahre. Auch der unverwüstliche JOHANNES HEESTERS lebt mit der 45 Jahre jüngeren Simone Rethel zusammen. So ganz neu ist dies alles nicht, denn auch der Vater des Komponisten CARL MARIA VON WEBER war um 35 Jahre älter als seine Frau, der von GEORG FRIEDRICH HÄNDEL 29 Jahre und der ALBRECHT DÜRERS immerhin noch 25. Als CHARLIE CHAPLIN mit 53 die 36 Jahre jüngere Oona heiratete, zeugte er noch acht Kinder. Als sein jüngster Sohn Christoph geboren wurde, war er 73. PABLO PICASSO war 68, als er Vater wurde. Kann man also als Vater je zu alt sein?

## Ältere Väter sind gute Väter

Wenn man das Risiko eines mongoloiden oder zwergwüchsigen Kindes durch eine Fruchtwasseruntersuchung ausschließt, gibt es überhaupt keinen Grund, warum ein Mann nicht mit 60 Vater werden sollte. Durch die Pensionierung haben solche Väter viel mehr Zeit für ihre Kinder. Sie spielen gern, helfen geduldiger bei den Schularbeiten und stellen nicht so leicht überhöhte Ansprüche an die Leistungen.

Natürlich ist es auch ein Jungbrunnen für die Väter. Sie wollen ja ihren kleinen Kindern so lange wie möglich erhalten bleiben und achten daher auf ihre Gesundheit. Studien an der Universität Oklahoma (USA) haben bewiesen, daß eine späte Vaterschaft das Leben verlängert.

Der älteste Vater in der Bundesrepublik ist CARL THEODOR MEYER aus der Gegend bei Itzehoe, der mit 70 Jahren eine 51 Jahre jüngere Frau heiratete (weil sie von ihm schwanger war) und jetzt drei Söhne zwischen 6 und 14 Jahren hat. Stolz verkündet er, daß seine Frau die Pille nimmt, denn »im Bett« würde es »die Woche noch dreimal klappen« – womit wir denn wieder beim Thema wären.

# 12

# Die Zeugungsunfähigkeit des Mannes hat viele »Väter«

Selbst in unserer so aufgeklärten Zeit wird die Zeugungsunfähigkeit eines Mannes häufig mit fehlender Männlichkeit gleichgesetzt. Schlimmer noch, es rüttelt irgendwie an den Grundfesten des Selbstwertgefühls, schon allein, weil ja das »genetische Erbgut« dadurch nicht weitergegeben werden kann. Selbst Männern, die jahrelang glücklich waren, daß es sie in wechselnden Beziehungen nie »erwischt« hatte, macht plötzlich das Liebesleben weniger Spaß, wenn ihnen bewußt wird, daß sie zeugungsunfähig sind. Es kann mitunter sogar zu Erektionsstörungen kommen. Auf jeden Fall entstehen mit der Zeit starke Unsicherheitsgefühle und nur ungenügend verdrängte Ängste. Alles wird verstärkt durch einen seelischen Druck der Partnerin, die sich im Stich gelassen fühlt, und von ihrer (möglichen) Feindseligkeit.

Das Gegenstück zu den hohen Abtreibungszahlen in unserer Gesellschaft sind die Ehepaare, die trotz jahrelanger Bemühungen keine Kinder bekommen. Immerhin sind im gebärfähigen Alter *15 Prozent aller Ehepaare* betroffen. Bei einem Drittel liegt die Ursache allein in der Unfruchtbarkeit des Mannes begründet, bei jedem fünften Paar sind sowohl männliche wie auch weibliche Faktoren beteiligt. Dazu kommt noch, daß jede sechste Fehlgeburt durch Abnormalitäten in den väterlichen Erbfaktoren ausgelöst wird. Alles in allem sind an einer ungewollten Kinderlosigkeit heute *Männer zur Hälfte beteiligt*.

## Die Samenprobe

Das, was den Mann zeugungsfähig macht, ist sein Samen. Darum ist auch die Samenprobe für eine orientierende Analyse bei einer möglichen Unfruchtbarkeit so wichtig. Normal ist ein Volumen des Ejakulats von zwei bis sechs Milliliter, worin idealerweise pro Milliliter 20 Millionen Spermien für eine ausreichende Zeugungschance enthalten sein sollten. Wenigstens zwei Drittel dieser Spermien müssen sich vorwärts bewegen, wenn man sie unter dem Mikroskop betrachtet *(Bildtafel I)*. Spermien jagen nämlich im Rudel, warum die Geschichte von dem einzelnen zur Befruchtung ausreichenden Spermium auch nicht wahr ist. Außerdem dürfen in einer Samenprobe nicht mehr als zwanzig Prozent an abnormalen Formen, wie zum Beispiel Spermien mit zwei Köpfen *(Bildtafel I)*, vorkommen.

Im Alter von zwanzig bis dreißig Jahren liegt die *Spermienzahl* bei 50 bis 100 Millionen pro Milliliter. Sie nimmt dann im Laufe des Lebens allmählich ab. Ein schlechter Gesundheitszustand (besonders negativ sind fieberhafte Infektionen), Entzündungen der Geschlechtsorgane und nicht zuletzt Streß senken die Zahl der Spermien. Außerdem bestehen jahreszeitliche Schwankungen; in den Monaten Februar und März enthält das Ejakulat besonders viele Spermien, dagegen erreichen sie im September ihr Jahresminimum. Damit die Samenanalyse eine möglichst große Aussagekraft hat, sollten ihr zwei bis drei Tage sexueller Abstinenz vorausgehen. Gesammelt wird die durch Handanlegen gewonnene Probe in einem sauberen Glasgefäß oder einem Spezialkondom ohne (spermienabtötende) Beschichtung. Wegen der beschriebenen Schwankungen in der Spermienzahl ist nur der Vergleich von drei in monatlichen Abständen abgelieferten Proben aussagekräftig. Bei totalem Fehlen von Spermien im Ejakulat spricht die Medizin von einer *Azoospermie*; liegt deren Zahl unter 20 Millionen pro Milliliter, so handelt es sich um eine *Oligospermie*. Es gibt aber auch das Bild der *Polyzoospermie*, wo bis zu eineinhalb Milliarden Spermien pro Milliliter vorkommen, der Mann ist aber trotzdem unfruchtbar, weil die Fortbewegung dieser Spermien gehemmt ist.

Denn auch die *Beweglichkeit der Spermien*, die Motilität, ist sehr wichtig. Nur wenn die meisten Spermien sich auch wirklich vorwärts bewegen, haben sie eine Chance, eine Eizelle zu erreichen und zu befruchten. Die erste Hürde ist schon der Schleimpfropf im Gebärmuttermund. Erst wenn sie den Schleim passieren, verlieren die Spermien ihre schützende Eiweißhülle, und erst in diesem nackten Zustand können sie die Außenhaut der Eizelle durchdringen (siehe *Bildtafel I*). Abgesehen vom Zählen sich spontan bewegender Spermien hat die Sexualmedizin einen spezifischen Mukuspenetrationstest entwickelt, bei dem die Spermien durch den isolierten Zervikalschleim der Partnerin und einer als fruchtbar gesicherten Spenderin innerhalb von Minuten hindurchwandern müssen. Bleiben sie im Schleim stecken, so wird auf das Vorhandensein von Antikörpern getestet. Solche Antikörper behindern die Spermien und können entweder bereits an den männlichen Spermien haften (was bedeutet, daß der Mann sie selbst produziert), oder der Schleim des Gebärmuttermundes der Partnerin reagiert feindlich auf die eindringenden Spermien, wenn sich weibliche Antikörper gebildet haben. Außerdem werden Spermien heute auf vorbehandelte Eizellen von Hamstern losgelassen. Wenigstens 15 Prozent müssen in der Lage sein, in eine solche Eizelle einzudringen. Sind nicht genug bewegliche Spermien unter dem Mikroskop auszumachen, dann kann ein Energiemangel für den fehlenden Antrieb verantwortlich sein. Im Labor wird in solchen Fällen die Konzentration von Fruktose (Fruchtzucker) im Ejakulat beziehungsweise von energiereichen Phosphatverbindungen in den Spermien bestimmt. Fehlt Fruktose, die in den Samenbläschen produziert wird, so ist das ein Hinweis auf einen strukturellen Verschluß des eigentlichen Samenleiters.

Damit sich kein Fehler in die Beurteilung der Spermienmotilität einschleicht, ist es wichtig, daß die Samenprobe binnen zwei Stunden das Labor erreicht.

## Wodurch die Samen reifen und beweglich werden

Der Hoden *(Testis)* des erwachsenen Mannes besteht, abgesehen von Stützgewebe, aus Tausenden von kleinen Samenkanälchen mit speziellen SERTOLI-Zellen und sogenannten LEYDIG-Zellen. Unter dem Einfluß des luteinisierenden Hormons *LH* wird von den Leydig-Zellen *Testosteron* produziert, das für männliches Aussehen, Geschlechtstrieb und die spätere Reifung der Spermien im Nebenhoden verantwortlich ist. In den Samenkanälchen, die eine Gesamtlänge von bis zu 300 Metern haben, werden abhängig von der Konzentration des luteinisierenden Hormons die Urformen der Spermien – die *Spermatozoen* – gebildet. Hierfür ist die Wirkung der richtigen Konzentration des follikulierenden Hormons *FSH* auf die Sertoli-Zellen notwendig. Dadurch daß die Sertoli-Zellen selbst ein komplexes Peptidhormon – das *Inhibin* – produzieren, sind sie in der Lage, unmittelbar den FSH-Spiegel im Blut einzuregulieren. Doch auch zu hohe Testosteronkonzentrationen hemmen die Spermienbildung. Die Samenkanälchen münden in 15 bis 20 größere Abflußkanälchen, die mit feinen Härchen (ähnlich denen in den feinen Lungenästchen) ausgestattet sind. Die Abflußkanäle vereinigen sich zu einem fünf bis sechs Meter langen Gang, der zusammengeschlängelt den Nebenhoden bildet. Der Nebenhoden (*Epididymis*), ist eine kleine Struktur, die dem Hoden etwas seitlich hinten aufliegt. Im Nebenhoden befindliche Zellen sorgen unter Einfluß von Testosteron dafür, daß Spermatozoen zu fruchtbaren und vor allem bewegungsfähigen Spermien reifen. Die Reifung der Spermien dauert etwa 64 Tage, anschließend wandern sie zwölf Tage lang noch durch das Schlauchsystem des Nebenhodens. Das Hormon, das die Spermien beweglich macht, heißt *Kallikrein* und kann bei trägen Spermien in Form des Medikamentes *Padutin*® injiziert oder als Tablette eingenommen werden.

## Warum manche Väter nur Töchter bekommen

Das Geschlechterverhältnis bei Geburten ist normalerweise so verteilt, daß auf 100 Mädchen jeweils 106 Jungen zur Welt kommen. Doch manche Männer können keine Söhne zeugen, wie oft sie es auch versuchen. Es ist zwar keine Zeugungsunfähigkeit – aber es wird selbst in unserer Zeit von manchen Männern immer noch als ein Mangel empfunden. Solche Männer scheinen zu vergessen, daß sie auch Töchter nur mit Frauen – den Töchtern anderer Väter – zeugen können.

Immerhin aber gibt es nach neuesten Forschungen Anhaltspunkte einer Erklärung, warum manche Väter, Kind nach Kind, ausschließlich Töchter zeugen und vergeblich etwa auf einen Stammhalter und Erben der Familie warten. Dies scheint insbesondere auf Männer zuzutreffen, deren Beruf mit übermäßigem Streß verbunden ist oder die Schadstoffen ausgesetzt sind; auch der Alkoholkonsum scheint eine nicht völlig unbedeutende Rolle zu spielen. Dies alles hängt offenbar damit zusammen, daß Spermien, die die genetische Information zur Zeugung eines Jungen tragen, anfälliger gegenüber Veränderungen des Hormonstatus im männlichen Körper sind. Bei extremem Alkoholmißbrauch wird sogar die Bildung von Spermien beziehungsweise ihre Reifung zu mobilen Formen gänzlich verhindert – womit wir nun auch bei den vermeidbaren Ursachen der Unfruchtbarkeit wären.

## Infektionen im Genitalbereich verursachen Zeugungsunfähigkeit

Es besteht kein Grund dazu, Schuldgefühle zu entwickeln. Heutzutage grassieren Infektionen und Entzündungen im männlichen

Genitalbereich. Im Vordergrund stehen zahlenmäßig die *Geschlechtskrankheiten*. Jedes Jahr infizieren sich in der Bundesrepublik 800000 Männer mit *Chlamydia trachomatis* beim Geschlechtsverkehr. Bei Männern unter 35 kommt es nach einer unerkannten und unbehandelten Infektion dann zu einer Entzündung des Nebenhodens, wohin die die Infektion auslösenden Organismen über den Harnleiter gelangen. Bei schweren Fällen ist eine solche *Epididymitis* begleitet von Fieber und Schüttelfrost, der Hodensack ist auf einer Seite geschwollen. Die Passage von Spermien ist durch eine permanente Verklebung der feinen Kanälchen unterbrochen. Die Funktion der Spermien ist beeinträchtigt, denn es entwickeln sich in dem entzündeten Harnleiter (bei Kontakt von Spermien mit Blut) Antikörper gegen die Spermien, so daß letztere im Zervixschleim steckenbleiben. Immerhin ist das der Grund, warum jeder zehnte Mann plötzlich unfruchtbar wird, selbst wenn er früher schon ein Kind gezeugt hat.

Zwar gibt es nur knapp 30000 Fälle von *Gonorrhö* pro Jahr, aber die Nachwirkungen auf die Männer sind gleichermaßen andauernd. Wieder ist der Nebenhoden betroffen. Und dazu kommen noch die vielen Fälle von *Trichonomaden*-Infektionen, die ebenfalls die Spermienqualität nachhaltig beeinflussen können. Wie man alle diese Infektionen erkennt und rechtzeitig behandelt, wird im vierzehnten Kapitel beschrieben.

Durch eine *Entzündung der Prostata (Prostatitis)* wird die Bewegungsfähigkeit der Spermien erheblich eingeschränkt. Sicher gibt es Länderunterschiede, und gerade in Schweden ist die Prostatitis eine der häufigsten Ursachen der Zeugungsunfähigkeit. Bakterielle Infektionen der Prostata können nämlich sehr leicht chronisch werden. Typische Anzeichen einer Prostatitis sind ein vermehrter Harndrang mit Schmerzen beim Wasserlassen, Rükkenschmerzen und – durchaus charakteristisch, soweit vorhanden – Schmerzen beim Samenerguß. Zur Behandlung ist eine längere Antibiotikatherapie mit *Trimanyl*® oder *Carindapen*® erforderlich. Sitzbäder und Bettruhe wirken lindernd.

Eine akute *Hodenentzündung (Orchitis)* ist der Alptraum aller Männer. Sie tritt bei jedem dritten Mann auf, der nach der Pubertät an Ziegenpeter (Mumps) erkrankt. Das Gefährliche ist, daß die Samenkanälchen auf Dauer zerstört werden können, wodurch die Zahl der Spermien drastisch abnimmt. Natürlich gibt es Schutzimpfungen, doch davon wird wenig Gebrauch gemacht. Sobald die Ohrspeicheldrüse geschwollen ist, gilt es, den Hoden durch Hochlagerung im Bett, Eiswickel und zum Beispiel *Prednisolon* zu schützen. Zum Hodenversagen kann es aber auch nach der heute recht selten gewordenen Tuberkulose kommen.

Bei allen beschriebenen Entzündungen der verschiedenen sexuellen Anhangsdrüsen sollte immer der Versuch gemacht werden, die Zeugungsfähigkeit durch eine viermonatige Behandlung mit *Amuno*® wiederherzustellen.

## Arzneimittel und Umweltschadstoffe

Im Vordergrund dieser nächstgrößeren Gruppe von Schädigungen der Zeugungsfähigkeit stehen *Arzneimittel*. Besonders häufig vermindert wird die Spermienqualität durch die Einnahme der Antikrebsmittel *Cyclostin*®, *Endoxan*® und *Vincristin*®, der Leukämiemittel *Alexan*®, *Leukeran*® und *Udicil*® sowie durch *Sulfonamide*, die bei entzündlichen Darmerkrankungen gegeben werden. Entsprechende Schädigungen kommen jedoch auch vor bei so häufig verschriebenen Arzneimitteln wie *Tagamed*® (gegen Magengeschwüre), *Reserpin*® (gegen Bluthochdruck und nervöse Herzrhythmusstörungen), den Antidepressiva *Jatrosom*® und *Parnate*®, den Antibiotika *Clont*®, *Flagyl*®, *Gentamycin*®, *Refobacin*® und *Trimanyl*®, aber auch bei massiver Einnahme der Schmerzmittel *Aspirin*®, *Aspro*®, *ASS*®, *Halgon*®, *Solpyron*®, *Temagin*® und *Trineral*®. Nur unreife Spermienformen werden gebildet bei Einnahme von Mitteln gegen Blasen- und Nierenbeckenentzündung wie zum Beispiel *Cystit*®, *Furadantin*®, *Furo-*

*phen*®, *Ituran*®, *Nitrofurantoin*®, *Phenurin*® und *Urolong*®, aber auch von Betablockern wie zum Beispiel *Beta-Tablinen*® oder *Dociton*® oder durch Antiepileptika wie *Epanutin*®, *Phenydran*® und *Zentropil*®.

Es ist eine Ironie des Schicksals – das von Medizinern immer noch bei Zeugungsunfähigkeit verschriebene Testosteron (zum Beispiel *Andriol*®, *Testoviron*®) hemmt in Wirklichkeit die Spermienbildung. Dasselbe gilt auch für Anabolika, die auch heute noch von Sportlern und zum Bodybuilding geschluckt werden. Selbst wenn es nur Fernreisende betrifft, auch Medikamente zur Malariaprophylaxe und Wurmmittel können gelegentlich schuld an einer schlechten Samenqualität sein.

Selbst *Kaffeemißbrauch* (über acht Tassen am Tag) und natürlich *Drogen* wie Heroin und Marihuana sind für männliche Unfruchtbarkeit verantwortlich.

Und dazu kommen noch viele Umweltschadstoffe. So hindert das *Zigarettenrauchen* die Spermien an der für den Befruchtungsvorgang erforderlichen Reifung. *Pflanzenschutzmittel* treffen uns alle, darum muß Obst und Gemüse vor dem Verzehr auch gut gewaschen werden. Arbeiter, die *Schädlingsbekämpfungsmittel* oder die *Chemikalien* Dioxin, Toluoldiamin und Vinylchlorid herstellen, bekommen weniger Kinder, da bei ihnen die Spermienzahl geringer ist. Dasselbe gilt auch für die Beschäftigten in der *Gummivulkanisierung* (wegen des Kohlendisulfids) und beim Kontakt mit *Blei* durch Bleifarben, in Schmelzhütten, bei der Batterieherstellung und in der Druckindustrie, beziehungsweise *Kadmium* in der Stahlindustrie und in Müllverbrennungsanlagen sowie bei Anstreichern, die kadmiumhaltige Rostschutzmittel benutzen. Schon seit langem ist bekannt, daß *Röntgenstrahlen* und gammastrahlende *Isotopen* die Spermienbildung schädigen.

Bedenken Sie bitte, daß Beeinträchtigungen der Spermienqualität sich immer erst drei Monate nach dem Schadensereignis auswirken können, denn so lange dauert der Reifungs- und Transportprozeß der Spermien. Zum Glück verschwinden mit dem

Aufhören dieser Belastungen auch deren Auswirkungen – manchmal allerdings erst nach vier bis fünf Jahren. Doch mancher Umweltschaden trifft bereits den männlichen Embryo im Mutterleib.

## Ererbte Ursachen der Unfruchtbarkeit

Bereits *im Mutterleib* ist der männliche Embryo gefährdet. Da ist das *Diäthylstilböstrol (DES)*, mit dem Kälber, Ochsen und Hähnchen gedopt werden, um so einen verbesserten Fleischansatz zu erreichen. Ist eine werdende Mutter aber solchen synthetischen Östrogenen in der sechsten und siebten Schwangerschaftswoche ausgesetzt, dann kann sich der Hoden bei kleinen Jungen später nicht richtig entwickeln, und die Spermienzahl ist vermindert. Bis 1970 wurden sogar DES-haltige Medikamente häufig verabreicht, um Fehlgeburten zu verhindern. Die Söhne solcher Mütter sind heute im zeugungsfähigen Alter – doch fähig dazu sind sie nur selten.

Doch schon bei der *Befruchtung* kann es zu einem falschen genetischen Programm kommen. Anstelle eines männlichen *Y*-Chromosoms und eines weiblichen *X*-Chromosoms können nämlich zwei X-Chromosomen auf den kleinen Jungen vererbt werden. Ein solcher *XXY*-Mann zeichnet sich dann später durch sehr kleine Hoden aus, die Fettpolster am Körper sind wie bei einer Frau verteilt, und es besteht ein Ansatz zum Busen. Die Medizin nennt das ein KLINEFELTER-Syndrom. Mit einem unter der Haut implantierten Testosteronkristall, der alle acht Monate ersetzt werden muß, kann lediglich die männliche Potenz, niemals aber die Zeugungsfähigkeit wiederhergestellt werden.

Vererbt werden können aber auch einige abnormale *Erbfaktoren*, die den Mann unfruchtbar werden lassen. Es ist augenscheinlich, daß solche Störungen sich leicht an den für die Fortpflanzung verantwortlichen Strukturen des Gehirns, dem Hypothalamus, der hormonproduzierenden Hirnanhangdrüse und dem Keimepithel im Hoden manifestieren können. Entfällt zum Beispiel das hormonelle Schlüsselsignal, welches für die äußeren Charakteristika der Männlichkeit sorgt (das sogenannte *Gonadotrophin Releasing Hormon*), dann wird dieser Mann zum »Eunuchen«. Ein Gonadotrophinmangel *(hypogonadotroper Hypogonadismus)* läßt sich ausgleichen, indem man Sechzehn- bis Siebzehnjährigen Testosteron gibt, um ein männliches Erscheinungsbild zu induzieren, und später bei den Zwanzigjährigen durch Injektionen von *Choriongonadotrophin* die Spermienbildung in Gang bringt. Natürlich können auch andere Sexualhormone wie *FSH* und *LH* (siehe oben) fehlen, die nur für die Funktion bestimmter Stufen bei der Bildung und Reifung der Spermien eine Rolle spielen. Ist zum Beispiel der FSH-Spiegel im Blut auf das Dreifache des Normalwertes erhöht, hilft nur eine künstliche Befruchtung der Frau. Dagegen läßt sich ein isolierter Mangel an FSH oder LH sehr gut durch Hormoninjektionen ausgleichen.

Vererbt werden können aber auch *strukturelle Defekte*. So haben 17 Prozent aller Männer, bei denen die Spermien im Ejakulat fehlen *(Azoospermie)* keine Samenleiter. Eine chirurgische Rekonstruktion neuer Samenleiter ist immerhin bei der Hälfte der Fälle erfolgreich. Doch die Samenkanälchen können auch aus anderen Gründen undurchlässig sein. Eine Ursache ist die *Mukoviszidose*, bei der zähflüssiger Schleim die Gänge der Bauchspeicheldrüse (daher Verdauungsstörungen), die feinen Lungenästchen (daher Bronchitis), aber auch die ableitenden Samenkanäle verstopft. Beim YOUNG-Syndrom kommt es dagegen zu einem Versagen von feinen Härchen, wie sie nötig sind, um Staub und Schleim aus der Lunge oder den Nasennebenhöhlen zu entfernen. Doch da die Schwanzfäden der Spermien, mit denen sie sich ja vorwärts bewegen, den gleichen Defekt haben, leidet der Betreffende nicht nur unter chronischen Atemwegserkrankungen, sondern seine Spermien bleiben unterwegs liegen. In solchen Fällen helfen mitunter schleimlösende Medikamente wie *Mucopront®*

oder *Transbronchin®*, vorausgesetzt sie werden über ein Jahr eingenommen. Verstopfte Abschnitte des Nebenhodenganges müssen vorher mikrochirurgisch umgangen werden. Es handelt sich hierbei um ein keineswegs seltenes Phänomen, denn nahezu jeder dritte Verschluß der ableitenden Samenkanäle hat seine Ursache in einem YOUNG-Syndrom.

Aber auch die Hoden können scheinbar fehlen. Doch fast immer sind sie nur während der Entwicklung in der Bauchhöhle oder im Leistenkanal steckengeblieben. Die Medizin spricht daher von Hodenhochstand oder von einem *Kryptorchismus*. Die Hoden sind von der Natur extra nach außen verlagert worden, damit ihre Temperatur nicht höher als 32 °C ist, denn bei Körpertemperaturen von 37 °C gibt es kaum lebensfähige Spermien. Deswegen sollten die Hoden auch vor Erreichen des Schulalters außerhalb des Körpers fixiert werden (*Orchidopexie*). Übrigens läßt sich heute bereits ein Hoden mit komplizierten mikrochirurgischen Techniken transplantieren.

## Zuviel Wärme ist schädlich

Unzweifelhaft sind Stahlkocher und Hüttenwerker in ihrer Zeugungsfähigkeit gefährdet. Auch häufige heiße Bäder oder das Tragen von zu engen Unterhosen führen zu einer spermienschädigenden Überwärmung des Hodens.

Doch die zahlenmäßig wohl bedeutendste Ursache ist eine sogenannte *Varicozele*, eine Krampfader in der inneren Samenleitervene *(Bildtafel III)*. Diese tritt meist zwischen dem 15. und 25. Lebensjahr und zu 90 Prozent linksseitig auf. Immerhin findet man solche Varicozelen bei jedem fünften Mann, der sich wegen einer Zeugungsunfähigkeit untersuchen läßt. Da die Venenklappen nicht mehr hinreichend schließen, kommt es zum Rückstau von Blut und damit zu einer Überwärmung der Hoden, was sich auch unmittelbar mit Hilfe der Thermographie messen läßt. Bei

Bestehen einer Varicozele sieht man im Elektronenmikroskop, daß die Auskleidung der Samenkanälchen beschädigt ist. Im Ejakulat finden sich zahlreiche spitze (statt ovale) Spermien sowie unreife Formen. Wird die Vene hoch am Leistenkanal unterbunden, mit der *Vena epigastrica* kurzgeschlossen oder mit einem Spezialballon behandelt, so verbessert sich die Spermienqualität bei sieben von zehn Männern. Binnen zwei Jahren sind danach die Hälfte der entsprechenden Ehepartnerinnen schwanger. Natürlich kann sich auch ein Versuch lohnen, zehn Wochen lang sechsmal täglich den Hoden in Eiswasser zu kühlen.

Übrigens, auch eine *Hydrozele*, eine Flüssigkeitsansammlung in der Scheidenhaut des Hodens *(Bildtafel III)* – daher der Name Wasserbruch –, kann mitunter zu einer Überwärmung führen.

## Sterilität als Folge von Operationen und Krankheiten

Wird am Hoden oder am Samenstrang zum Beispiel bei einem Leistenbruch operiert, so kommt es – mitunter erst nach Jahren – zu Rückwirkungen auf die Zeugungsfähigkeit. Nach einem Eingriff an der Blase im Kindesalter oder nach einer Prostataoperation im späteren Lebensalter kann die Menge des Ejakulats gering sein, ja es kann sogar ein Samenerguß völlig fehlen. In Wirklichkeit wird wegen einer Beschädigung des inneren Blasenschließmuskels das Sperma rückwärts in die Blase ergossen. Nützlich ist immer ein Versuch, solche retrograde Ejakulation mit Sympathomimetika zu behandeln, doch zum Erzielen einer Schwangerschaft ist es sicherer, den Mann sofort nach dem Orgasmus urinieren zu lassen und die Spermien aus dem alkalisch gemachten Harn abzuzentrifugieren. Solche Spermien werden dann zur künstlichen Befruchtung der Ehepartnerin verwendet. Wie bereits beschrieben, führen Infektionen zu Verschlüssen der Kanäle im hinteren Teil des Nebenhodens sowie der Samenleiter. Nach einem chirurgischen Eingriff (zum Beispiel mittels einer feinen

Messerelektode) werden die Hälfte solcher Männer wieder zeugungsfähig. Mitunter setzt das auch noch eine zusätzliche Immunbehandlung voraus, da durch den Verschluß nämlich Antikörper gegen Spermien im Körper des Mannes gebildet werden. Das braucht keineswegs immer eine mehrmonatige Behandlung mit *Solaskil®* sein (das bisher aus Frankreich bestellt werden muß), häufig reicht eine einmalige Einnahme von Prednisolon am Morgen vor dem Geschlechtsverkehr. Sind dagegen feindliche Antikörper im weiblichen Zervixschleim vorhanden, dann soll mindestens der Versuch gemacht werden, durch Benutzung eines Kondoms die Abwehrreaktion des Körpers wieder einzuschläfern. Sind dagegen auch Spermienantikörper im Blut vorhanden, dann helfen nur Anti-Antikörper, die die Wirkung der Antikörper auf die Spermien kurzzeitig neutralisieren. Solche monoklonalen Antikörper gibt es bisher nur in der Abteilung für Fortpflanzungsbiologie des Medizinischen Forschungsrates in Edinburgh. Die Unterdrückung jeder Antikörperbildung ist auch deshalb wichtig, weil Spermien, die Antikörper gebunden haben, sich auch nicht zur künstlichen Befruchtung eignen, da sie nicht in die Eizelle eindringen können.

Von den *Allgemeinkrankheiten* können ein schlecht eingestellter *Diabetes mellitus* wegen der großen Blutzuckerschwankungen eine Überfunktion der kortisolproduzierenden Nebennierenrinde beim *Morbus Cushing* (charakteristisches Vollmondgesicht auf fettem gedrungenem Körper mit schlanken Armen und Beinen) sowie eine Unterfunktion der Schilddrüse (*Hypothyreose*) von einer Unfruchtbarkeit bei Männern begleitet sein. Diese verschwindet mit der erfolgreichen Behandlung der Grundkrankheit.

*Tumoren* sind als Ursache von Zeugungsunfähigkeit eine Seltenheit. Hodentumoren treten zwar zwischen dem 15. und 34. Lebensjahr auf, sind aber heute durch Chemotherapie und Röntgenbestrahlung gut behandelbar. Einer Sterilität läßt sich vorbeugen, wenn die Spermienbildung während der Tumorbehandlung für einige Monate durch Hormonantagonisten abgeschaltet wird. Recht selten sind Tumoren, die das Hormon *Prolaktin* ausschütten, das wegen der Absenkung der Hormonspiegel des *LH* und *FSH* Männer steril macht. Warnzeichen für solche Tumoren sind plötzlich einsetzende Störungen des Gesichtsfeldes und ein Verlust des Geruchssinnes. Durch *Pravidel*® läßt sich jedoch die Prolaktinausschüttung unterdrücken.

## Kleine vermeidbare Ursachen

Dann gibt es noch *jüngere Männer*, die auch nach einem oder zwei Jahren keine Schwangerschaft zustandebringen, weil bei ihnen die Beweglichkeit der Spermien geringfügig erniedrigt ist und die Spermienzahl schwankt. In solchen Fällen helfen entweder 200 Milliliter Vitamin C am Abend, wodurch die Spermien am Verklumpen gehindert werden, *Oxytocin*-Injektionen zur Verbesserung der Spermienbeweglichkeit, eine Erhöhung der Spermienzahl durch Behandlung mit dem Antiöstrogen *Dyneric*® oder eine *Akupunktur*, die über die Anregung der Hirnanhangdrüse und des Nebenhodens sowohl Zahl wie Beweglichkeit der Spermien erhöht.

Manchmal wird allerdings einfach vergessen, daß beim *Anfeuchten der zu trockenen weiblichen Scheide* mit Speichel oder handelsüblichen Gleitmitteln in Wirklichkeit die Beweglichkeit der Spermien gehemmt wird.

Übrigens darf niemand erwarten, Vater zu werden, wenn er *Tag für Tag hintereinander Geschlechtsverkehr* hat, denn dann nimmt die Zahl und Qualität der Spermien zu stark ab. Sie können es mit MARTIN LUTHER halten: »die Woche zweimal und auch drei«, *ohne Zwang*, ohne Zeitplan, aber bitte mit Lust – denn die fördert die Spermienbildung.

Selbst wenn in den Nachschlagewerken steht, daß *geringe Mengen von Samenflüssigkeit* nicht zur Zeugung ausreichen –

solange die Empfängnisbereitschaft der Partnerin optimal ist, lösen sechs Millionen sich fortbewegender Spermien in nur eineinhalb Milliliter Ejakulat ziemlich sicher innerhalb eines Jahres eine Schwangerschaft aus. Es kommt also auch immer auf die Frau an.

*Streß vermindert nicht nur die Spermienbildung, sondern verhindert bei einer Frau den Eisprung*, ein wesentlicher Grund dafür, warum es bei Frauen nicht in jedem Monatszyklus zu einer Ovulation kommt. Und gibt es einen größeren Streß für beide, als das »Jetzt-oder-nie-Syndrom« bei der Zeugungspanik? Das bedeutet, daß Sie nicht nur Ihren eigenen Streß reduzieren, sondern auch den Streß, unter dem Ihre Partnerin steht, wenn Sie ihr sagen, daß Sie sich wegen der ausbleibenden Schwangerschaft behandeln lassen wollen. In der daraus resultierenden entspannten Atmosphäre habe ich bei meinen Patienten viele erfolgreiche Zeugungsakte registrieren können.

## Worauf Sie bei Ihrer Frau achten sollten

Um es vorwegzunehmen, ein Orgasmus der Frau ist nicht erforderlich für eine Befruchtung, auch wenn das Erregungssekret das Scheidenmilieu für die Spermien günstiger macht. Dagegen sollten Sie Ihre Frau davon abhalten, sofort nach dem Geschlechtsverkehr zur Toilette zu gehen oder zu duschen – denn das tötet die Spermien ab. Dagegen kann der Toilettenbesuch »vorher« recht wichtig sein, wenn sich Ihre Frau mit einer chronischen Stuhlverstopfung herumquält. Bei vollem Darm kann sich nämlich nicht genug Sperma in der Nähe des Gebärmuttermundes ansammeln.

Wenn Ihre Frau unter Unterleibsschmerzen, einer verstärkten Regelblutung, eventuell auch noch unter sich verschlimmernden Schmerzen beim Geschlechtsverkehr leiden sollte – dann ist die Ursache sehr wahrscheinlich eine Wildwucherung von Gebärmutterschleimhaut (eine *Endometriose*); die damit verbundenen

Hormonstörungen machen eine Frau aber unfruchtbar. Eine *Endometriose* ist ein keineswegs seltenes Krankheitsbild, was leider noch viel zu oft vom Hausarzt verkannt wird. Dabei hilft hier nahezu immer eine Behandlung mit dem Medikament *Winobanin*®.

Selbst nach Absetzen der *Antibabypille* kann es übrigens Jahre dauern, bis eine Frau wieder fruchtbar ist. Wurde dagegen eine *Spirale* entfernt, dann können die Eileiter wegen einer abgelaufenen Infektion mitunter nicht mehr durchgängig sein. Die Mikrochirurgie hat jedoch beim Tubenverschluß große Fortschritte gemacht. In England sind auf diesem Gebiet das *John-Radcliffe*-Krankenhaus in Oxford und das *Hammersmith-Hospital* in London führend. In der Bundesrepublik beschäftigt sich damit zum Beispiel die Universitätsfrauenklinik am Klinikum der Stadt Mannheim. Selbst Eileiterverpflanzungen sind bereits erfolgreich in England und Australien vorgenommen worden. Und zur Not bleibt immer noch die Befruchtung der weiblichen Eizelle im Reagenzglas mit dem Samen des Ehemannes und anschließendem Embryotransfer, eine Methode, die in England von STEPTOE entwickelt wurde, inzwischen aber auch in Universitätskliniken des deutschsprachigen Raumes zu Hause ist.

Natürlich wird es immer einen Prozentsatz von zeugungsunfähigen Männern geben, denen nach heutigem Stand der medizinischen Forschung (noch) nicht geholfen werden kann. Dann bleibt zur Erfüllung eines Kinderwunsches nur die beim Arzt vorgenommene Fremdsamenübertragung, in der Bundesrepublik, in Österreich und der Schweiz kamen auf diese Weise bisher 15 000 Kinder zur Welt.

# 13

# Verhütung – pro und kontra Mann und Frau

Nichts ist belastender für eine Partnerschaft als eine unerwünschte Schwangerschaft. Weder ein einfühlender Mann und wohl kaum eine Frau können sich richtig bei der Liebe entspannen, wenn »es« unbeabsichtigte Folgen haben kann.

## Sterilisation

Die sicherste Verhütungsmethode ist zweifelsohne die Sterilisation eines Partners. Doch es ist ein Schritt, der gründlich überlegt sein will. Bestehen bereits Probleme im Sexualbereich, dann ist es bestimmt ein falscher Weg, denn dann erhalten unterdrückte Ängste und Minderwertigkeitskomplexe ein greifbares psychologisches Problem, in das in Zukunft alles hineinprojiziert werden kann.

Grundsätzlich ist die Sterilisation heutzutage ein kleiner chirurgischer Eingriff – doch es wird eine aufwendige und nicht immer erfolgreiche Operation daraus, wenn es darum geht, alles wieder rückgängig zu machen. Ohne Frage kann man heute von einer Standardoperation sprechen. In den USA ist nahezu die Hälfte aller weißen Ehepaare sterilisiert, praktisch genauso viele Männer wie Frauen. Auch in Großbritannien gibt es bereits zweieinhalb Millionen Paare, von denen sich ein Partner hat sterilisieren lassen. Zwei Drittel dieser Paare gaben an, daß sich ihr Sexualleben nach der Sterilisation verbessert habe. Um den Frauen die

Last mit der Verhütung abzunehmen, gelegentlich auch aus Angst vor Frauen, die durch Schwangerschaften eine Bindung suchen, lassen sich in den USA jedes Jahr 500 000 Männer sterilisieren; in der Bundesrepublik sind es jährlich nur 50 000.

Grundsätzlich ist eine solche Sterilisation *keine Kastration*! Der Mann produziert weiter Spermien, unterbrochen ist lediglich der Ausfluß in die Harnröhre. Die *Orgasmusfähigkeit bleibt völlig unverändert*, nach wie vor wird ein Ejakulat, bestehend aus den Sekreten der Prostata und der Cowperschen Drüsen, beim Höhepunkt hinausgeschleudert. Auch bei der Frau reifen monatlich die Eizellen. Sie lassen sich sogar für eine Befruchtung im Reagenzglas entnehmen. Nur in die Gebärmutter können sie wegen der durchtrennten Eileiter nicht mehr gelangen.

Vom rein technischen Aspekt her gesehen ist der Eingriff beim Mann wirklich minimal. Es geht praktisch nur um einen Schnitt von einem Zentimeter Länge am Hodenansatz. Danach wird der Samenleiter *(Vas deferens)* auf beiden Seiten freigelegt *(Abbildung 8)* und dann entweder unterbunden – beispielsweise durch einen Kunststoffeinlauf – oder es wird ein Stück davon herausgeschnitten, weshalb die Medizin auch von einer *Vasektomie* spricht. Das Ganze erfolgt unter lokaler Betäubung, dauert nur sechs bis zwanzig Minuten und schmerzt nicht mehr als eine Zahnbehandlung. Trotzdem ist eine erfahrene Hand des Operateurs sehr wichtig. Es ist nämlich kritisch, was mit den Enden der durchtrennten Samenleiter geschieht. Verwächst ein solcher Samenleiterstrang mit der Haut des Hodens, entsteht jedesmal beim Geschlechtsverkehr ein »zwickendes Gefühl«, auch Wochen oder Monate danach. Entscheidend ist, daß die Samenleiter auf beiden Seiten sehr gut abgebunden oder durch Hitze verschorft werden, denn sonst bilden sich neue Kanäle zwischen den durchtrennten Samenleiterenden, und dann ist der Mann wieder zeugungsfähig. Im einzelnen muß man sich das so vorstellen, daß bei unzureichendem Druck eines Tantal-Clips oder durch Einschmelzung des zur Abbindung benutzten Fadens Spermien aus dem Ende

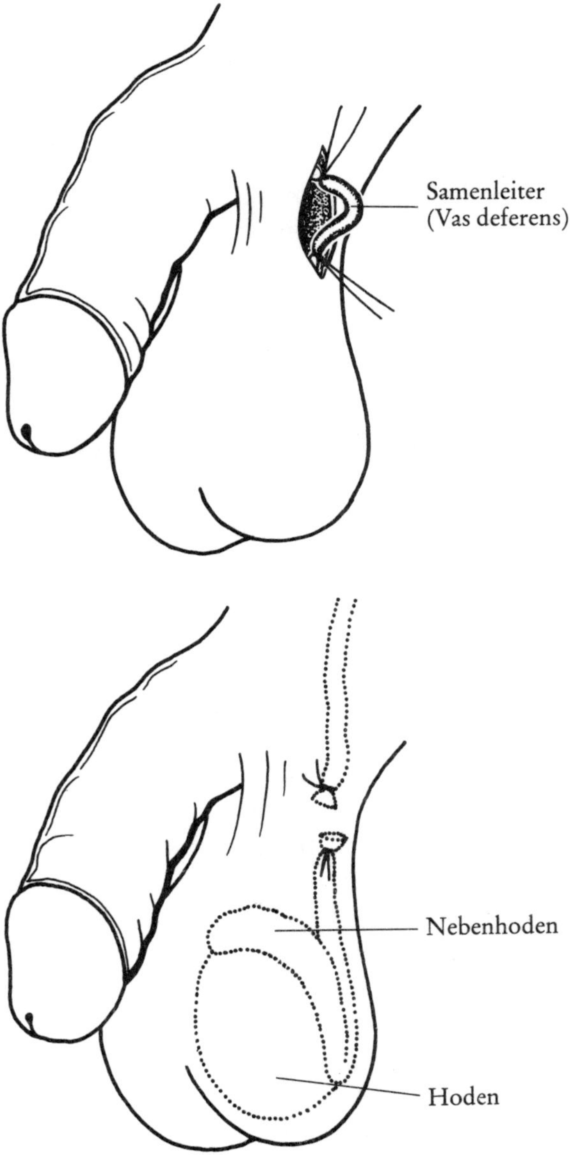


*Abbildung 8:* Operationsschritte bei der Vasektomie.

des Samenleiters aussickern können, welche dann zu einer Entzündung im umgebenden Gewebe und damit zu einer Neubildung von Bindegewebe führen. Ein solches erbsengroßes Knötchen oder Spermiengranulom »überbrückt« die beiden Schnittenden der durchtrennten Samenleiter, und so können frühestens fünf Wochen nach dem Eingriff, gelegentlich aber auch viele Jahre nach der Vasektomie, wieder Spermien ins Ejakulat gelangen. Warnzeichen sind, wenn ein Mann an Schmerzen und einer Schwellung der Operationsstelle etwa zwei Wochen nach einer Vasektomie leidet.

Man rechnet heute mit einer Häufigkeit von zwei spontanen »Umkehrungen« pro tausend Vasektomien. Normalerweise sind alle gespeicherten Spermien innerhalb von sechs Wochen nach einer Vasektomie aufgebraucht; in ganz seltenen Fällen findet man aber noch Spermien nach vier Monaten im Ejakulat – deshalb die beiden Kontrolluntersuchungen des Ejakulats nach der Operation. Es bedarf also eines anderweitigen Schutzes während dieser Zeit.

Nebenwirkungen im eigentlichen Sinne sind bei einer Vasektomie nicht zu erwarten. Natürlich können sich Blutergüsse als Folge der Operation oder durch eine übertriebene körperliche Anstrengung in den ersten drei Tagen nach dem Eingriff bilden. Ein Hodensack sieht dann schrecklich mißhandelt aus. Doch die Verfärbungen verschwinden relativ schnell. Auch Schwellungen des Hodens bis auf die doppelte Größe können vorkommen; sie sind durch eine reaktive Entzündung der Nebenhoden oder durch vorübergehende Störungen bei der Flüssigkeitsdrainage des Hodens bedingt. Auch wenn die entzündeten zarten Strukturen manchmal sehr schmerzhaft sind – einige Tage Bettruhe und Antibiotika bringen alles wieder in Ordnung.

Schlimmer sind da schon die *psychischen Nebenwirkungen einer Vasektomie*. Schon bei der Beratung vor der Operation erleidet eine Reihe von Männern Ohnmachtsanfälle wegen der Angst, ihre »Männlichkeit zu verlieren«. Ich halte es daher für unerläßlich, daß jeder Mann, der eine Sterilisation wünscht, sich vorher ausgiebig mit einem bereits vasektomierten Geschlechtsgenossen unterhält. Auch wenn erwiesenermaßen dieser Eingriff keinerlei Auswirkungen auf die sexuelle Leistungsfähigkeit hat, setzt bei einem von hundert Männern danach eine *psychische Impotenz* ein. Etwa zwölf von hundert sterilisierten Männern empfinden – meist nur vorübergehend – den Geschlechtsverkehr weniger befriedigend oder leiden sogar unter Erektionsschwächen. Männer, die für derlei psychische Nebenwirkungen anfällig sind, sollte ein erfahrener Arzt rechtzeitig in dem ausführlichen Vorbereitungsgespräch vor der Operation identifizieren und ihnen eine Sterilisation ausreden.

Wenn wir nun die Alternative betrachten, dann kann man als Arzt ohne Zögern einer Frau erst raten, sich sterilisieren zu lassen, wenn sie über Vierzig ist oder wenn alle anderen Verhütungsmethoden nicht vertragen werden, beziehungsweise wenn bereits mehrere Kinder da sind. Grundsätzlich würde ich einen solchen Eingriff für Frauen unter Dreißig oder kurz nach der Geburt eines Babys ablehnen – aber auch wenn eine andere Ehe wahrscheinlich ist, wie es in einer bereits kriselnden Partnerschaft der Fall sein dürfte. Die schonendste Form der Sterilisation ist sicher das Überstreifen von Ringen oder Clips über die Eileiter – die *Tubenligatur*. Geschieht dies in dem nahe der Gebärmutter gelegenen Bereich des Eileiters, hat eine spätere Umkehroperation auch gute Erfolgsaussichten. Dagegen kann es, wenn auch sehr selten, beim Verkochen der Eileiter mit einer glühenden Schlinge, einer sogenannten *Diathermie*, zu Verletzungen von Gedärmen oder Blutgefäßen kommen. Etwaige Schulterschmerzen in den ersten zwei Tagen nach einer Tubenligatur sind durch eine Ansammlung von Luft in der Bauchhöhle bedingt. Bei einer Tubenligatur werden oft auch wichtige kleine Blutgefäße der Eileiter mit abgebunden. Jede Frau sollte sich darüber im klaren sein, daß nach einer Eileiterligatur ihre Monatsregel womöglich stärker und schmerzhafter werden kann. Damit möchte ich auf keinen Fall etwa die Totalentfernung einer Gebärmutter als möglichen Weg zur Sterilisation empfehlen.

Etwa sieben von hundert sterilisierten Frauen läßt das Unterbewußtsein unter ihrer Unfruchtbarkeit leiden: in Form von Depressionen oder periodisch wiederkehrenden Kopfschmerzen und Schlafstörungen. Auch eine Abnahme des Liebesverlangens ist dann möglich, übrigens eine seelische Nebenwirkung der Sterilisation der Frau, die auch gelegentlich beim männlichen Partner vorkommen kann. Wird die weibliche Unfruchtbarkeit zur absoluten Gewißheit, verkümmert nicht selten ein vorher aktives Liebesleben. Selbst wenn wir das heute eigentlich nicht mehr wahrhaben wollen, der Fortpflanzungsdrang ist eine genetisch vorprogrammierte Triebkraft unseres Sexuallebens.

Es gibt sicher keine allgemeingültige Empfehlung dafür, wer sich sterilisieren lassen sollte. Was ich jedoch zu bedenken gebe, ist dies: Bei den heute benutzten Methoden liegen die Erfolgschancen einer späteren Umkehroperation für Frauen bei 75 Prozent (bei Anbringung einer Klammer durch die Mikrochirurgie sogar bei 90 Prozent), bei Männern dagegen nur bei 50 Prozent. Ein gewichtiger Grund für diesen Unterschied liegt darin, daß sich bei etwa der Hälfte der Männer Antikörper bilden, wenn Spermien nach einer Vasektomie erstmals wieder mit der Harnröhre in Berührung kommen. Diese Antikörper aber hemmen die Spermien in ihrer Fortbewegung. Und dann können versehentlich bei der Vasektomie auch noch die Versorgungsnerven für den Samenleiter und den Nebenhoden durchtrennt worden sein. Zu lange darf ein Mann nie warten, wenn er eine Umkehroperation wünscht, denn die Erfolgschancen nehmen mit den Jahren ab. Sicher gibt es für jeden Mann die Möglichkeit, hinreichend Spermien vor einer Sterilisation in flüssigem Stickstoff einfrieren zu lassen (Aufbewahrungspreis: etwa vierhundert Mark pro Jahr) – für eine zukünftige künstliche Besamung der Partnerin. Doch nur in zwei Drittel der Fälle ist die spätere Befruchtung einer weiblichen Eizelle dadurch gesichert. Bei jedem zehnten Mann ist zum

Beispiel die Spermienzahl im Ejakulat zu niedrig, als daß genug davon das Einfrieren überleben.

## Die »Pille« – und was sie alles noch verhindert

Da es ein Buch primär für Männer ist: Die »Pille« für den Mann wird es in diesem Jahrtausend nicht mehr geben – so jedenfalls das Fazit, welches im letzten Jahr auf dem 8. Weltkongreß für Sexualwissenschaften in Heidelberg gezogen wurde. Alles scheitert vorrangig daran, daß eine vergleichbare »Pille«, wie sie Frauen nehmen, beim Mann mit der Zeugungsfähigkeit auch noch den sexuellen Appetit und die Potenz beseitigt. Denn es wird nicht nur die Spermienbildung, sondern auch noch die Bildung des männlichen Hormons Testosteron gehemmt. Es ist eben äußerst schwierig, einen Prozeß wie die Spermienbildung zu unterdrücken, wo tausend neue Zellen in jeder Sekunde neu gebildet werden. Auch wenn es bereits in den Medien angepriesen wurde, *Gossypol*, ein Pigment aus Samen und Rinde der Baumwollpflanze, eignet sich vielleicht für Länder der dritten Welt, um dort einer Bevölkerungsexplosion vorzubeugen, aber eine sichere Pille für den Mann läßt sich daraus nicht herstellen. Verändert wird durch Gossypol im Nebenhoden die Gestalt und Beweglichkeit der Spermien, es bleiben aber genug fruchtbare Spermien übrig. Bei den Chinesen, bei denen Gossypol wirklich wirkte, ging gleichzeitig auch die Zeugungsfähigkeit auf alle Zeit verloren. Außerdem litten zehn Prozent der 8000 freiwilligen Testpersonen unter Appetitlosigkeit (auch auf Sex) beziehungsweise unter Kopfschmerzen, Abgeschlagenheit und Herzrhythmusstörungen – wohl auch nicht gerade ein Preis, den ein Paar für mehr Sicherheit zahlen möchte.

So bleibt denn die Antibabypille auf absehbare Zeit eine Frauensache. Die »Pille« ist für Frauen nach wie vor das Verhütungsmittel Nummer eins. In der Bundesrepublik wird sie von vier

Millionen Frauen genommen, dabei der Hälfte aller 20- bis 29-jährigen. In Großbritannien wird die Pille von der regierungsnahen Gesellschaft für Familienplanung auf der Grundlage großangelegter Studien den Nichtraucherinnen sogar bis zum 45. Lebensjahr empfohlen. Leider altern die Blutgefäße bei rauchenden Frauen schneller, was sie dann bei Einnahme einer kombinierten Antibabypille mit einem relativ hohen Östrogen- und einem Progestagenanteil anfällig für Bluthochdruck, Herzinfarkt und Schlaganfälle macht. Wer schon nicht das Rauchen aufgeben will, muß mit dieser Pille nach dem 30. Lebensjahr aufhören, sonst ist die Wahrscheinlichkeit eines frühzeitigen Todes 300 Prozent höher. Nicht zu empfehlen ist die höher dosierte Kombinationspille auch für Diabetikerinnen, bei Vorhandensein eines beträchtlichen Übergewichts sowie bei bereits bestehenden Herz-Kreislauf-Problemen und Leberschäden. Alle diese Frauen können jedoch die Minipille mit reinem Progestagenanteil nehmen. Doch die muß praktisch auf die Stunde genau regelmäßig eingenommen werden – um Versagern vorzubeugen. Und Nebenwirkungen hat auch die Minipille. Gewisse Vorteile beider Pillentypen scheinen die neuen Mikropillen zu kombinieren. Durch einen minimal gehaltenen Gestagen- wie Östrogenanteil kommt es im Gegensatz zu den höher dosierten Progestagen-Minipillen nicht mehr zu Müdigkeit, Übelkeit, Gewichtsveränderungen und Migräne. Ab dem 30. Lebensjahr können allerdings wegen des niedrigen Östrogengehaltes Zwischenblutungen auftreten. Trotzdem kann eine Frau die Mikropille bis zum Aufhören der letzten Regel einnehmen.

Doch schon zeichnen sich neue Entwicklungen bei der Antibabypille ab. Inzwischen ist gerade in Großbritannien eine neue Langzeitpille auf den Markt gekommen, das *Norplant®*, welches in Form von sechs winzigen Silastic-Kügelchen unter die Haut des Armes implantiert wird und dann gespeichertes Progestagen langsam über fünf Jahre freisetzt. Die Wirksamkeit beruht auf einer Unterdrückung des Eisprungs und einer Eindickung des

Schleimpfropfes im Gebärmuttermund, in dem die Spermien dann steckenbleiben. Und dann gibt es noch über zwölf Wochen wirksam bleibende injizierbare Pillen. Nur für junge Mädchen sind sie nichts, die werden nämlich dick davon.

Für Frauen, die die Pilleneinnahme wegen des erhöhten Hormonspiegels im Blut nicht vertragen, gibt es neuerdings eine Pille, die in die Scheide eingeführt wird. Sie besteht ähnlich der Antibabypille aus 500 Mikrogramm DL-Norgestrel plus 50 Mikrogramm Ethinylestradiol. Auch eine Vaginalpille, die nur ein bis zwei Tage lang schützt, ist mit Erfolg in England getestet worden.

Der Vollständigkeit halber: Es gibt auch noch *»die Pille danach«*. Das Präparat *Tetragynon*® besteht aus zweimal zwei Tabletten, die spätestens 48 Stunden nach dem Geschlechtsverkehr an zwei aufeinanderfolgenden Tagen genommen werden müssen. Es handelt sich um keine Abtreibung, denn diese Pille verzögert lediglich die Entwicklung der Gebärmutterschleimhaut um fünf bis sechs Tage, so daß sich die befruchtete Eizelle nicht einnisten kann. Schon einen Tag später hört der Schutz wieder auf. Doch eine Dauerlösung ist es nicht, denn diese Pille darf nur einmal während eines Monatszyklus eingenommen werden.

An dieser Stelle ein Wort »von Mann zu Mann«: Zwingen Sie Ihre Frau nie, gegen ihren Willen die Antibabypille zu nehmen, denn dann wird die Pille zu einer Quelle seelischer Störungen, die sich in Form eines labilen Kreislaufs, als Kopfschmerzen und Haarausfall äußern!

Doch unbedingt angebracht ist ein Östrogenpräparat in den *Wechseljahren*. Immerhin wird dadurch den Beschwerden des Klimakteriums vorgebeugt. Bekannterweise sind das Hitzewallungen, Nachtschweiß und Knochenbrüchigkeit (ich verweise auf das Buch *»Östrogen«* von Professor NACHTIGALL, Ariston Verlag, Genf-München 1987). Außerdem wird ohne Östrogenzufuhr sowohl die äußere Hauthülle wie die Schleimhautauskleidung verschiedener Körperhöhlen dünner und weniger elastisch. Aus diesem Grunde beugt eine Östrogeneinnahme über zehn bis fünfzehn Jahre nicht nur einer schlaffen Haut, sondern auch der Entwicklung von Reizblase und Harninkontinenz vor. Doch besonders wichtig ist der positive Einfluß auf das Liebesleben. Ohne Östrogensubstitution wird die Scheidenschleimhaut zu dünn, und es wird nicht genug »Gleitflüssigkeit« gebildet. Deshalb wird der Geschlechtsverkehr als schmerzhaft empfunden. Dazu kommen noch andere durch einen Östrogenmangel bedingte Veränderungen, die das Liebesleben negativ beeinflussen (siehe Seite 172).

Die Unerläßlichkeit der Östrogenzufuhr in und nach den Wechseljahren wird von der modernen Medizin uneingeschränkt bejaht. Entsprechend dem internationalen Erfahrungsstand hat die Kommission »Hormontoxikologie« der Deutschen Endokrinologischen Gesellschaft die Östrogeneinnahme für Frauen jenseits des 45. Lebensjahres empfohlen (siehe Deutsches Ärzteblatt, 27. 6. 1988). Die längsten und besten Erfahrungen hat die Medizin mit natürlichen konjugierten Östrogenen. Zum Ausschluß eines möglichen Krebsrisikos müssen diese mit Gestagenen kombiniert werden. Das Präparat, das diese Sicherheitsanforderungen bisher am besten erfüllen dürfte, ist *Presomen compositum®*.

Nach 35 Jahren weltweiten Einsatzes solcher kombinierter Östrogen-Gestagen-Präparate weiß die Medizin heute, daß bei mehrjähriger Einnahme auch andere Vorteile für die Gesundheit der Frau bestehen. Die Häufigkeit von bösartigen Geschwülsten in der Gebärmutter und in den Eierstöcken sinkt auf die Hälfte. Auch das Brustkrebsrisiko wird reduziert. Zysten der Eileiter, gutartige Knoten in der Brust und Wucherungen der Gebärmutterschleimhaut (Endometriose) werden seltener. Rheuma tritt nur noch halb so oft auf, und Gelenkschmerzen werden gemildert. Da die gefäßschädigende Cholesterinfraktion im Blut unter Östrogeneinnahme unschädlich gemacht wird, kann die Entstehung einer Arteriosklerose hinausgezögert und damit das Risiko eines Schlaganfalls oder Herzinfarkts drastisch reduziert werden.

All dies sind überzeugende Gründe dafür, die hormonell bedingte zweite Jugend zu wählen, selbst wenn es »nur« die Garantie für ein befriedigendes Liebesleben bedeutet – und dafür gibt es keine Altersgrenze!

## Kondome und Scheidendiaphragmen

Durch die Regierungskampagnen für »sicheren Sex« im Hinblick auf die AIDS-Gefahr haben Kondome wieder an Bedeutung gewonnen. Eingeführt wurde das »Verhüterli« in unseren Breiten bereits vor dreihundert Jahren. Weltweit werden jedes Jahr 250 Millionen benutzt. In den USA verwendet es derzeit jeder zehnte, in China jeder fünfte und in Japan sogar jeder vierte Mann. Alle auf dem Markt befindlichen Gummifabrikate sind beim normalen Geschlechtsverkehr hinreichend sichere Verhütungsmittel. Von hundert Paaren, die über ein ganzes Jahr hin Kondome benutzen, wird nur eines schwanger. Diese Versagerquote hat immer etwas mit falscher Anwendung zu tun. Das Kondom muß unbedingt bei voller Erektion langsam über die Eichel abgerollt werden, und das geht nicht mehr, wenn man es vorher teilweise aufgerollt hat. Am besten man nimmt ein Kondom mit einem säckchenförmigen Reservoir an der Spitze – zur Aufnahme des Samens. Die Luft muß aus dem Säckchen gedrückt werden, indem man das Reservoir beim Überstreifen mit Daumen und Zeigefinger zusammenpreßt, sonst wird später leicht ein platzender Ballon daraus. Alle mit Gleitcreme beschichteten Kondome (feuchte Seite nach außen) dürften dann eigentlich auch bei heftigen Stößen nicht platzen. Um das Risiko des Platzens minimal zu halten, sollte aber auch die weibliche Scheide feucht sein. Nichts geht also ohne Vorspiel.

Ein *spermizider* (spermieninaktivierender) Schaum, abgesehen vom zusätzlichen Schutz, erhöht die Gleitfähigkeit in der Vagina. Öle beschädigen dagegen den Gummi. Sollte der Gummi wirklich einmal platzen, gilt es, die Scheide möglichst schnell auszuspülen. Noch wirkungsvoller ist ein griffbereit liegender spermizider Schaum. Eine weitere mögliche Versagerquelle ist das falsche oder zu späte Abziehen nach dem Höhepunkt. Halten Sie bitte das Kondom am Penisende mit festem Griff, wenn Sie das Glied herausziehen.

Natürlich kann man Kondome auch falsch lagern. Porös wird der Gummi durch höhere Temperaturen wie sie in Autoablagen, in der Nähe von Heizungen und auch in Hosentaschen herrschen, besonders aber durch Sonnen- und UV-Strahlen. Die Packung sollte man nur seitlich aufreißen und ein Kondom nie herauszerren, um ja den Gummi nicht zu beschädigen.

Nur jede fünfte Frau interessiert sich für Noppen, Igelkopf und Hahnenkamm, die Intensität des Liebeserlebnisses verstärken solche Vorsprünge am Kondom sowieso nicht. Die leuchtenden Signalfarben von Kondomen schmeicheln eigentlich mehr der Männlichkeit. Verlassen Sie sich beim Kondomkauf nicht auf Billigangebote, sonst sind Sie verlassen.

In den Apotheken wird das von der »Stiftung Warentest« mit »sehr gut« bewertete Kondom *Ritex RR®* als besonders »sicher« empfohlen. Sie können sich aber genauso sicher auf die Fabrikate *Curafam de Luxe, durex Top Safe* und *Lavetra glyder* verlassen.

Außerdem schützen Kondome nicht nur vor einer Schwangerschaft, sondern auch noch gegen Geschlechtskrankheiten. Bei einer Beschichtung mit spermiziden Substanzen (wie zum Beispiel *Nonoxynol 9*) werden auch Viren und damit auch das AIDS-Virus abgetötet. Auf diese Weise werden auch Frauen gegen die von Männern übertragenen Papillomaviren geschützt (siehe Kapitel 15), welche zur Entstehung eines Krebses am Gebärmuttermund führen. Ein zuverlässiges beschichtetes Präparat ist das apothekenpflichtige *Ritex ideal®*.

Für einige Männer hat ein Kondom sogar ausgesprochene Vorteile: Es dämpft die Berührungsreize und verzögert so einen vorzeitigen Samenerguß; durch die abschnürende Wirkung auf die Penisvenen bleibt das Glied leichter steif – und manche Männer regt ein Kondom sogar sexuell an, besonders wenn es ihnen als Teil des Liebesspiels von der Partnerin angelegt wird. Bei älteren Männern, die eine stärkere Berührungsintensität brauchen, stört dagegen ein Kondom. Jedoch läßt sich die Stimulation verstärken, wenn vor dem Überstülpen des Kondoms die Vorhaut zurückgezogen wird.

Allerdings gibt es einen gewissen Prozentsatz von Frauen, die gegen Gummi oder auch Spermizide (auch in Scheidenzäpfchen und Schwämmen) allergisch sind. Es kommt dann zu einer Harnröhrenreizung mit häufigem Harndrang und Schmerzen beim Wasserlassen. In manchen Fällen tritt dies nach jedem Geschlechtsverkehr auf und dauert einige Tage an. Inzwischen gibt es aber zwei Arten von antiallergischen Kondomen, eines mit einer speziellen Latexbeschichtung, das andere aus Schafsdarm.

Das Gegenstück zum Kondom ist das *Scheidenpessar* oder *Diaphragma*, welches an sich zu Unrecht bei Frauen hierzulande unbeliebt ist. Nicht geeignet sind Diaphragmen allerdings für Frauen nach mehreren Schwangerschaften oder bei einem Gebärmuttervorfall. Mit ein bißchen Übung sind Pessare genauso leicht wie ein Tampon einzuführen. Weder können sie verlorengehen, noch kann der Mann sie beim Zusammensein spüren. Allerdings müssen diese Diaphragmen sechs Stunden »danach« liegen bleiben, niemals aber länger als insgesamt 24 Stunden, da es sonst zu einer Schockwirkung kommen kann. Gefühle des Wundseins sowie häufiges und schmerzhaftes Wasserlassen sind ein Zeichen von Allergien gegen die spermizide Beschichtung, seltener auch eines mechanischen Druckes auf die Harnröhre, wenn noch ein Pessar mit Metallrand benutzt wird. Doch heutzutage gibt es eine Reihe sehr weicher Diaphragmen. Am *Margaret Pyke Centre* in London ist gerade die Entwicklung eines solchen übergroßen Diaphragmas abgeschlossen worden, das auch die Schamlippen bedeckt und damit auch gegen Geschlechtskrankheiten und selbst gegen harmlose Scheideninfektionen schützt. Denn Spermien neutralisieren das schützende saure Milieu der Scheide, wodurch sich leichter Mikroorganismen ansiedeln können.

Ein genereller Hinweis: Bei Benutzung von Kondomen oder Pessaren mit spermieninaktivierender Beschichtung, natürlich auch von entsprechenden Zäpfchen, Schwämmen oder Cremes, sollten Intimküsse *vor* der Anwendung ausgetauscht werden. Der Geruch und Geschmack solcher Spermizide wird nämlich häufig als unangenehm empfunden.

## Die »Spirale«

*Intrauterinpessare*, wie sie medizinisch heißen, gehören heute – besonders die kupferhaltigen – zu den absolut sichersten Verhütungsmitteln. Nur für junge Mädchen taugen sie nicht, weil die Spirale leicht wieder ausgestoßen wird. Allerdings wird in Belgien und Holland zur Zeit mit einer neuen Spirale experimentiert, die mit einem Knoten im Muskel der Gebärmutter festgezurrt wird und so nicht mehr herausfallen kann. Nicht geeignet ist die Spirale für Frauen mit einem gutartigen Gewächs *(Myom)* in der Gebärmutter, bei Verdacht einer bestehenden *Chlamydiainfektion* (siehe Kapitel 14) oder bei einer erst kürzlich abgeheilten Beckenentzündung.

Bei acht von hundert Frauen wird nach Einsetzen der Spirale die Monatsregel stärker und schmerzhafter. Doch die inzwischen entwickelte Spirale mit Progestagenspeicher hat diese Nebenwirkungen bereits nicht mehr (*Progestasert*® kann aus Großbritannien bezogen werden). Sicher sind Spiralen das beste Mittel bei Raucherinnen. Nicht zu empfehlen ist die Spirale bei häufig wechselnden Partnerschaften, weil der Faden wie eine Leiter für Keime wirkt, die so leichter in die Gebärmutter hineinwandern können und dann Eileiter- und Beckenentzündungen verursachen. Deshalb wird Frauen die Spirale auch oft nicht vor der Geburt des ersten Kindes eingesetzt, um sie nicht unnötig durch eine Eileiterentzündung zur Unfruchtbarkeit zu verurteilen. Besonders anfällig sind hierfür junge Frauen unter zwanzig Jahren.

Einen Vorteil hat die Spirale – sie kann sofort nach einer Schwangerschaft zur Verhütung eingesetzt werden.

Da Frauen wie Männer in ihrer körperlichen »Bauart« variieren, darf es nicht wunder nehmen, daß der Mann gelegentlich am Penis den aus dem Muttermund herausragenden Faden spüren kann; solche Manipulationen des Fadens werden allerdings auch von vielen der betroffenen Frauen als unangenehm empfunden. In jeder Hinsicht ist es daher am besten, den Faden der Spirale nach Ablauf von sechs Wochen so kurz wie möglich schneiden zu lassen. Diese sechs Wochen sind deshalb kritisch, weil eine Spirale so lange braucht, um mit dem umgebenden Gewebe zu verwachsen. Erst danach ist sie aber beim Geschlechtsverkehr auch sicher.

## Coitus interruptus – der unterbrochene Geschlechtsverkehr

Er ist nun einmal *die* einzige immer verfügbare Verhütungsmethode des Mannes. Das jähe Unterbrechen des Geschlechtsverkehrs, wann immer der Mann spürt, daß »es« kommt, ist eigentlich mehr etwas für eingeübte Ehepaare. Bei spontanen Begegnungen sind vier bis fünf Prozent Schwangerschaften die Folge. Besonders scheint es Frauen über 35 zu erwischen, die glaubten, sie seien sowieso nicht mehr fruchtbar. In England sind ein Viertel der Schwangerschaftsabbrüche in dieser Altersgruppe auf einen Treffer beim Coitus interruptus zurückzuführen.

Man kann sich auch nicht darauf verlassen, daß sich keine Spermien in dem Sekret befinden, das bei der anfänglichen Erregung von den Cowperschen Drüsen abgesondert wird. Vor allem darf auch nicht ein Tropfen des Ejakulats beim Höhepunkt auf die Schamlippen kommen, denn Spermien schlängeln sich auf feuchter Schleimhaut mit ungeahnter Energie zum Gebärmuttermund. Nach jedem Verkehr muß die Haut gründlich gewaschen und auch uriniert werden, denn sonst sind Spermien beim nächsten

Liebesspiel von Anfang an dabei. In der weiblichen Scheide haben Spermien noch eine Lebensdauer von bis zu fünf Tagen, um sich eine Eizelle zu suchen.

Allerdings ist der Coitus interruptus niemals eine geeignete Verhütungstechnik, wenn Erektionsstörungen, ein vorzeitiger Samenerguß oder gar Versagensängste bestehen, denn die Konzentration auf den richtigen Zeitpunkt ruiniert am Schluß den ganzen Akt. Da auch das wichtige Gefühl des vollständigen Erfülltseins ausbleibt, trägt diese Methode der Empfängnisverhütung sicher auch ihren Teil zu Partnerschaftsproblemen bei.

## Voraussagen des Eisprungs und Schutzimpfungen haben Zukunft

Bisher waren immer Messungen der Temperatur am Morgen nötig, um den Eisprung bei der Frau rechtzeitig zu erkennen. Die waren mit erheblichen Unsicherheiten belastet, denn gemessen werden mußte jeden Morgen sofort beim Aufwachen im Bett mit dem Thermometer im Mund ein recht kleiner Temperaturunterschied von 0,2 °C. Um soviel nimmt nämlich beim Eisprung die Körpertemperatur ab, um dann während der nachfolgenden sicheren Tage um etwa 0,5 °C höher als sonst zu sein. Doch inzwischen sind in England imprägnierte Stäbchen entwickelt worden, die – in den morgendlichen Urin eingetaucht – den Anstieg des ovulationsauslösenden Hormons anzeigen.

Zur Zeit befinden sich zwei Vakzine in der klinischen Erprobung. Bei dem einen Impfstoff wird nach einer Schutzimpfung der Frau die Oberfläche der Eizelle so verändert, daß Spermien sie nicht mehr erkennen können. Mit dem anderen wird ein Schwamm getränkt, der, in die Scheide eingelegt, die Bildung von Antikörpern gegen Spermien induziert, so daß diese nicht mehr den Schleimpfropfen im Gebärmuttermund durchwandern können.

# 14

# Achten Sie auf den Intimbereich!

Warum sollten wir es schamhaft verleugnen – das andere Geschlecht weckt Bedürfnisse und Lustgefühle in uns. Die Natur hat alles unterhalb der Gürtellinie schon mit den richtigen Reizsignalen versehen. Es ist nur eine Minderheit von Männern, die ihre Partnerin im Intimbereich ganz kahl sehen wollen. Diese Männer haben meistens unbewußte Ängste vor dem Dunkel der weiblichen Scheide. Auch auf Frauen wirkt das Gesehene anziehend, wobei allerdings weniger die Größe als die Tatsache, daß »er« wächst, anregend ist. Doch wie weit die Lust geht, bestimmt auch der Geruch.

## Die Duftnote im Intimbereich entscheidet

Keine Frage, es gibt Intimdüfte der Frauen, die auf den Mann erregend wirken. Sie hängen mit der östrogenabhängigen Produktion spezieller kurzkettiger Fettsäuren in der weiblichen Scheide zusammen. Jede Frau hat ihre ureigene, genetisch festgelegte Duftnote. Durch die übertriebene Verwendung von Deosprays und Seifen wird dieser Eigengeruch häufig sehr verdünnt oder verändert. Besonders stark ist die Absonderung der weiblichen Lockstoffe in Zeiten ausgeprägter sexueller Aktivität, denn die Natur will sicherstellen, daß das Weibchen auch befruchtet wird. So wird das Unterbewußtsein der Männer immer wieder neu angeregt.

Leider wird die Produktion dieser Sexduftstoffe durch Einnehmen der Antibabypille sehr stark gehemmt und nimmt durch den Östrogenmangel im Klimakterium ab. Beides sind gewichtige Gründe dafür, warum Frauen plötzlich für den Mann nicht mehr so interessant sind wie vorher.

Umgekehrt können nur Frauen im gebärfähigen Alter bestimmte von den Hoden produzierte männliche Lockstoffe wahrnehmen. Unter anderem verhindert die Nähe eines Mannes dadurch Unregelmäßigkeiten bei der Periode. Doch generell spielen die auf das Unterbewußtsein wirkenden Intimduftstoffe eine wichtige Rolle für das Liebesleben. Männer wie Frauen, die ihren Geruchssinn verloren haben, verlieren nämlich die Lust an der körperlichen Liebe.

Was die Liebeslust der meisten Männer zum Verschwinden bringt, sind dagegen abschreckende Gerüche im Intimbereich der Frau. Die häufigsten Verursacher sind Infektionen mit Gardnerella-Bakterien durch ihren penetranten Fischgeruch gerade beim Geschlechtsverkehr oder danach, Pilzbefall in der Schamgegend und unter den hängenden Brüsten, ein absterbender Polyp der Gebärmutter – und Ungepflegtheit. Sie als Mann müssen es einer Frau behutsam sagen, denn sie kann ihren eigenen Körpergeruch ja nicht wahrnehmen. Umgekehrt muß auch ein Mann etwas für seine Intimpflege tun, um nicht die Frau zu erschrecken. Denn Frauen sind sehr geruchsempfindlich.

Recht wirkungsvoll ist für beide das an aromatischen Ölen reiche *Hygienol®* von *CDD*. Es beseitigt Fremddüfte und tötet geruchsproduzierende Bakterien. Vor allem aber intensiviert es die Eigenduftnote der Frau und ist dabei gleich noch ein ideales Gleitmittel für die Scheide, gerade in den Wechseljahren.

Deosprays und Schaumprodukte lassen dagegen die empfindlichen Schleimhäute zu sehr austrocknen und können zu schmerzhaften Allergien führen.

## Damit die Liebe nicht zum Risiko wird

Die großen Lustseuchen der Vergangenheit sind recht selten geworden. Die schmerzlosen Geschwüre am Penis, am Gebärmutterhals und bei Homosexuellen im Analbereich – so typisch für die *Syphilis* – findet man nur noch bei 4000 Fällen in deutschen Spezialkliniken. Allerdings sind 98 Prozent davon Männer. Wenn man bedenkt, daß noch vor gar nicht so langer Zeit Männer wie WLADIMIR ILJITSCH LENIN, die Maler HENRI TOULOUSE-LAUTREC und PAUL GAUGUIN und die Komponisten ROBERT SCHUMANN und FRANZ SCHUBERT an den Folgen der Syphilis gestorben sind, dann hat die Medizin doch einen weiten Weg zurückgelegt. Auch der *weiche Schanker* mit seinen sehr schmerzhaften Geschwüren ist heute eine Rarität, begrenzt auf Hafenstädte.

Von den »Klassikern« fallen nur die *Gonorrhö* oder der *Tripper* zahlenmäßig noch ins Gewicht – meist als »Reisemitbringsel«. Jährlich sind es in der Bundesrepublik 42 000 Neuinfektionen. Gonokokkeninfektionen bei Männern führen zwei bis sieben Tage nach einem sexuellen Kontakt zu schmerzhaftem Wasserlassen, später zu eitrig-schleimigem Ausfluß und geschwürähnlichen Rötungen *(Bildtafel II)*. Immer wieder kommt es zu Entzündungen der Nebenhoden. Jeder zehnte Mann ist beschwerdefrei. Gelegentlich kommt es bei infizierten Männern zum Arthritis-Dermatitis-Syndrom. Rheumaähnliche Beschwerden wandern zwischen Hand- und Kniegelenken einer Körperseite hin und her. Dazu kommen mit blutigem Eiter gefüllte Bläschen auf der Haut. Behandelt wird die akute Phase mit zehn Millionen Einheiten *Penizillin G*, intravenös verabreicht, danach für zehn Tage mit *Ampicillin*-Tabletten. Da die Bangkok-Stämme gegen Penizillin resistent sind, helfen nach Südostasienreisen nur *Cephalosporine*. Nach dem Abklingen der Gonorrhö wird in 60 Prozent der Fälle ein milder Ausfluß mit fortbestehender Harnröhrenreizung festgestellt, die durch *Chlamydien* verursacht sind. Leider ist inzwischen wertvolle Behandlungszeit verstrichen.

## Wenn der Geschlechtsverkehr plötzlich weh tut

*Harnröhrenentzündung* durch *Chlamydia trachomatis* ist heute die häufigste durch Geschlechtsverkehr übertragene Infektionskrankheit. Die Inkubationszeit variiert zwischen fünf und einundzwanzig Tagen. In der Bundesrepublik gibt es jedes Jahr über zwei Millionen neue Fälle. Vom Mann werden der schleimige Ausfluß *(Bildtafel II)* und die bläschenförmigen Stellen am Penis meist gar nicht bemerkt. Frauen klagen schon eher über den schmutzig-weißen Ausfluß und das leichte Brennen beim Wasserlassen. Bei einem Viertel aller Infizierten bestehen keinerlei Beschwerden.

Da *Chlamydia trachomatis*, sofern nicht rechtzeitig behandelt, eine ganze Reihe von Spätschäden auslösen kann, ist eine *schnelle* und *sichere Diagnose besonders wichtig*. Ideal sind dabei monoklonale Antikörper oder die indirekte Immunfluoreszenz.

Sofort sichtbar ist die Bindegewebshautentzündung, wenn Genitalsekret mit den Fingern ins Auge gewischt wurde. Männer zwischen 15 und 35 Jahren erwischt es in Form der Nebenhodenentzündung, verbunden mit einer schmerzhaften Hodenschwellung. Auch die Funktion der Spermien ist beeinträchtigt, da in dem entzündeten Harnleiter durch den Kontakt von Blut und Spermien sich plötzlich Antikörper gegen die Spermien bilden, wodurch diese im weiblichen Zervixschleim steckenbleiben. Die schwerwiegendste Komplikation bei Männern (seltener auch bei Frauen) ist die REITERsche Krankheit, bei der es in den Jahren nach einer abgeklungenen Chlamydieninfektion zu rheumaähnlichen Schüben besonders im Knie und in der Wirbelsäule kommt. Immer wird das Krankheitsbild noch durch eine erneute Infektion mit Chlamydien verschlimmert. Indem sie sich an Spermien heften, infizieren Chlamydien bei Frauen Gebärmutter und Eileiter. Für Frauen wird der Geschlechtsverkehr dann recht schmerzhaft. Hauptrisikogruppe sind 15- bis 24jährige Frauen. Beide Partner müssen so schnell wie möglich behandelt werden, solange die Organismen noch im Körper sind und keine gewebeschädigenden Immunkomplexe gebildet wurden. Eine gezielte Antibiotikatherapie ist also nur in den ersten Wochen sinnvoll: das heißt *Oxytetrazyklin* (zum Beispiel *Terramycin*® oder *Terra-Tablinen*®), 500 Milligramm nach dem Essen viermal täglich zehn Tage lang geben. Der Nachteil ist, daß in dieser Zeit keine Milchprodukte verzehrt werden dürfen, da sonst die Medikamentenresorption gestört ist. Die Alternative ist *Doxycyclin* (zum Beispiel *Vibramycin*®), eine Kapsel zweimal täglich nach den Mahlzeiten vierzehn Tage lang. Während dieser Behandlung sollte kein Geschlechtsverkehr stattfinden, um Reinfektionen zu verhindern.

Besteht erst einmal eine Reitersche Arthritis, muß in den Schüben niedrigdosiertes Prednison zusammen mit *Naprosyn*® Zäpfchen gegeben werden. Die Naprosyn-Behandlung muß über Monate fortgesetzt werden, mit zusätzlicher Tabletteneinnahme am Morgen.

Um Mißverständnissen vorzubeugen, bei den *durch Haustiere,* besonders Papageien, Tauben und Geflügel, seltener durch Katzen und Hunde, übertragenen Erregern handelt es sich um *Chlamydia psittaci*. Die aber führen im Gegensatz zu den genitalen Chlamydien »nur« zu trockenem Husten, Nasenbluten, Kopf- und Rückenschmerzen, verbunden mit Fieber und Schüttelfrost.

Da es Sie als Mann trifft, wenn Ihre Frau den Geschlechtsverkehr als unangenehm empfindet, denken Sie bitte daran, daß die häufigsten Ursachen bei Frauen Infektionen mit *Gardnerella vaginalis* und *Sproßpilzen*, seltener mit *Trichonomaden* sind. Sicher ist die gesunde Scheide der Frau durch ihr saures Milieu immer in der Lage, Bakterieninfektionen abzuwehren. Nur wird beim Geschlechtsverkehr diese Abwehrbereitschaft durch die Freisetzung von Schleim aus dem Gebärmuttermund und durch die alkalischen Spermien verändert. Menstruationsblut stellt darüber hinaus einen idealen Nährboden für das Bakterienwachstum dar.

Bei der *Trichonomaden*-Infektion ist die Scheide gerötet und empfindlich, was den Geschlechtsverkehr beeinträchtigt. Im Vordergrund steht der starke grüne Ausfluß. Die birnenförmigen Mikroorganismen mit ihren vier Geißelfäden sind leicht unter dem Mikroskop zu erkennen.

*Gardnerella*-Infektionen stören durch ihren dünnflüssigen, grauen *Ausfluß, der nach fauligem Fisch riecht* – und das besonders intensiv während oder nach dem Geschlechtsverkehr. Grund dafür sind Amine, die eigentlich von anaeroben Bakterien, besonders *Bacteroides*, gebildet werden. Diese unangenehmen Gesellen aber braucht Gardnerella, um im Scheidenmilieu überhaupt leben zu können, bauen sie doch die von Gardnerella gebildeten Aminosäuren ab. Die geruchsintensiven Amine wie Methylamin, Äthylamin, Cadaverin und Putrescin »verflüchtigen« sich, wenn sie mit der alkalischen Spermienflüssigkeit in Berührung kommen.

Jede achte Frau beklagt sich übrigens auch über ein Jucken. Es hat wenig Sinn, nur die Frauen zu behandeln. Männer sind nämlich die Überträger, leben doch die Gardnerella-Kolonien in ihrer Harnröhre sechs Monate lang weiter, und bei jedem Samenerguß heften sich die Organismen an die Spermien.

Sowohl Trichonomaden als auch die für Gardnerella lebenswichtigen Anaeroben sind empfindlich gegen *Metronidazol* (zum Beispiel *Flagyl®* oder *Tricho-Cordes®*), Gardnerella speziell gegen *Erythromycin*. Neu in England ist ein Impfstoff (*Gynatren®*), der die gesunde Scheidenflora, besonders die stäbchenförmigen Laktobazillen stärkt und so Trichonomaden-Infektionen auf ein Fünftel verringert.

Infektionen mit dem *Sproßpilz Candida albicans* werden durch den Geschlechtsverkehr, aber auch durch Finger übertragen. Bäder, Saunen und Toiletten sind Brutstätten. Östrogenhaltige Antibabypillen erhöhen die Anfälligkeit, da mehr Glykogen als Nahrungsquelle zur Verfügung steht. Bei infizierten Frauen sind die überempfindlichen Geschlechtsorgane gerötet und geschwollen, meist juckt oder brennt es. Wasserlassen und Geschlechtsverkehr sind recht schmerzhaft. Nicht immer findet man einen weißen Ausfluß, wohl aber weiße »Stippchen« an der Scheidenwand. Bei Männern führt diese Pilzinfektion meist nur zu einer Reizung der Eichel, etwa 6 bis 24 Stunden nach dem Geschlechtsverkehr, dafür sitzen die Sproßzellen dann hartnäckig unter der Vorhaut des Penis. Daher müssen *beide Partner* medikamentös behandelt werden, zum Beispiel mit *Daktar*® Creme, *Canesten*® Vaginaltabletten beziehungsweise *Nizoral*® Tabletten, möglichst fünf Tage lang. Auch die Fingernägel müssen eingecremt werden.

Eine solche *Candidiasis* ist auch eine häufige Begleiterin des genitalen Herpes. Noch vor fünf Jahren war der *Herpes genitalis* die »Lustseuche« der Medien. Denn übertragen werden *Herpes-genitalis*-Viren nur durch Geschlechtsverkehr. Zuerst ist es nur ein lokales Brennen und Jucken. Wer betroffen ist, fühlt sich abgeschlagen, oft mit Schmerzen im Rücken, Gesäß und in den Oberschenkeln, gerade wie nach einem Zwanzig-Kilometer-Lauf. Die Körpertemperatur klettert auf bis zu 39 °C. Daß es aber keine Grippe sein kann, ist sofort klar, wenn man die kleinen Knötchen an der Eichel und dem Schaft des Penis *(Bildtafel II)* beziehungsweise an den äußeren weiblichen Geschlechtsorganen und in der Scheide sieht. Binnen 24 bis 36 Stunden wandeln sich die Knötchen zu Bläschen, deren wasserhelle Flüssigkeit bald eine gelbliche Farbe annimmt. Nach ein bis zwei Tagen platzen die Bläschen und lassen schmerzhafte Geschwüre zurück. Innerhalb von fünf Tagen verschorfen diese und sind nach zwei bis drei Wochen vollständig abgeheilt. Besonders schmerzhaft sind solche Veränderungen im Analbereich, da jede Stuhlentleerung zu starken Schmerzen führt. Die begleitende Mastdarmentzündung *(Proktitis)* ist für Stuhldrang und Ausfluß verantwortlich.

Da die *Herpes-genitalis*-Viren in die Sakralganglien des Rükkenmarks wandern, kommt es durch den Befall der versorgenden Nerven bei jeder zehnten Frau zu quälenden Schmerzen beim Geschlechtsverkehr, zu Gefühlskälte und zu so starken Schmerzen beim Wasserlassen, daß nur in einem warmen Bad oder unter

Lokalanästhesie uriniert werden kann. Bei Männern resultiert aus denselben Gründen mitunter eine Erektionsschwäche.

Ein Weiterwandern der Viren ist die Ursache für Kopfschmerzen, Nackensteifigkeit und Lichtempfindlichkeit, die nach drei Tagen abklingen. Auf jeden Fall ist *Herpes genitalis* eine ernste Virusinfektion. Auch wenn binnen zwei Wochen alle Symptome verschwunden sind, sollten weitere zwei Wochen vor der Arbeitsaufnahme verstreichen. Häufig folgt sogar noch eine Depression.

Allerdings leidet nur die Hälfte der jährlich 100 000 neuen Fälle in der Bundesrepublik – etwa doppelt so viele Männer wie Frauen – in irgendeiner Weise unter ihrem Herpes. Doch bei 80 Prozent aller *Herpes-genitalis*-Infektionen kommt es zu wiederholten Attacken. Selten ist allerdings der Krankheitsverlauf so schwer wie bei der Erstinfektion. Meist sind es nur zwei oder drei kleine Geschwüre am Penis. Verantwortlich für das Wiederauftreten ist die Einlagerung von Herpesviren in den unteren Rückenmarksganglien. Von Zeit zu Zeit vermehren sich die Viren und wandern die Nervenbahnen zu den Genitalien hinunter. Im allgemeinen reicht die Körperabwehr aus, um diese Viren abzutöten. Nur wenn Streß diese Abwehrmechanismen schwächt, löst das eine weitere Herpesinfektion aus. Streß kann einmal aus Unterkühlung bestehen (zum Beispiel durch unterlassenes Abtrocknen nach dem Baden, Warten in naßkaltem Wetter, längeres Sitzen auf Plastikbezügen oder eine zu kalte Klimaanlage), genausogut können es aber Gewebsverletzungen, wie beim Geschlechtsverkehr im Bereich des Vorhautbändchens und der Klitoris, oder fiebrige Erkrankungen sein. Das hormonelle Streßsignal *Prostaglandin* $E_2$ wird auch durch UV-Licht beim Sonnen und auf Sonnenbänken produziert.

Während es nicht möglich ist, den schlafenden Virus in den Rückenmarksganglien zu vernichten, kann seine Vermehrung mit Hilfe eines selektiven Hemmers der Nukleinsäuresynthese, *Isoprinosine®* über fünf Tage eingenommen, unterdrückt werden.

Abhängig davon, wie früh die Tabletten genommen werden, denn *Zovirax*®-Creme ist da nicht besonders wirkungsvoll, kann die Schwere des Anfalls gemindert und die Abheilung beschleunigt werden. Besonders vielversprechend ist die Entwicklung eines Impfstoffes gegen *Herpes-genitalis*-Viren an der Universität Birmingham. Risikopatienten, bei denen der Partner *Herpes genitalis* hatte, bekamen in keinem Fall die Krankheit. Außerdem hatten nur sieben Prozent der bereits mit Herpes Infizierten noch einen erneuten Krankheitsschub, während es normalerweise 80 Prozent sind.

Kleine Knötchen und Geschwüre am Penis können aber gerade bei jungen Männern auch durch die harmlose *Krätze* (Skabies) ausgelöst werden. Schuld sind die Weibchen der Krätzmilben, die sich in strichförmigen, fünf bis fünfzehn Millimeter langen Gängen entlang der Oberhaut einbohren, um am Ende des Ganges ihre Eier abzulegen. An diesen Stellen entstehen nach etwa zwei Wochen stark juckende Bläschen und – als Folge einer Überempfindlichkeitsreaktion der umgebenden Haut – großflächige Papeln oder Knötchen, die später verschorfen *(Bildtafel II)* oder durch Kratzen zu Geschwüren werden. Übertragen werden diese unfreundlichen Gesellen über engen Körperkontakt auf die Finger, die Beugeseite der Handgelenke und die äußeren Genitalien, gelegentlich auch auf Rücken, Gesäß und den Warzenvorhof der Brust. Deshalb muß der Körper auch an drei aufeinanderfolgenden Tagen von Hals bis Fuß mit einer *Jakutin*® Emulsion eingepinselt werden. Dasselbe gilt natürlich auch für alle Kontaktpersonen. Das Jucken kann allerdings noch zwei Wochen lang weiterbestehen.

Und wenn wir schon beim Jucken sind – es können da unten auch *Filzläuse* sein. Sie werden sie als Betroffener kaum zu Gesicht bekommen, aber sie sehen breiter aus wie Kopfläuse, ähnlich etwa einer Krabbe. Wenn an den Schamhaaren sehr viel Schuppen sitzen, dann sind das in Wirklichkeit Eier. Und so selten sind Filzläuse im Zeitalter des Zeltens und der Skihütten auch wieder nicht. Schnell wirksam ist das Einpinseln des Schambereichs mit *Goldgeist* forte, was allerdings nach einer Woche wiederholt werden muß.

Wenn aber nach einer wilden Liebesnacht Ihr Penis blutunterlaufen aussieht, dann muß das kein Grund zur Beunruhigung sein. Durch eine mechanische Überbeanspruchung schält sich die Oberschicht der Haut. Es kann aber auch eine *allergische Reaktion* auf eventuell benutzte Gleitcreme oder auf die Spermizidbeschichtung eines Kondoms sein. Sogar die von Ihrer Partnerin verwendeten Deosprays oder Seifen können eine Kontaktallergie auslösen.

## Warum die Angst vor AIDS meist unbegründet ist

In den letzten Jahren ist AIDS gleichbedeutend geworden mit der Angst vor einer schrecklichen unheilbaren Krankheit – eine Angst, die eine der wichtigsten Quellen menschlicher Lebensfreude – das Liebesleben – bedroht. Wenn man die Zahlen und die Gruppe der Betroffenen ansieht, ist es allerdings bisher weniger eine Epidemie von AIDS als eine Epidemie der Angst und Verunsicherung, unnötig geschürt von den Medien und aufgegriffen von verunsicherten Politikern. *Ein Drittel der bundesdeutschen Bevölkerung kann sich grundsätzlich nicht mit AIDS infizieren,* denn durch eine genetische Festlegung fehlt diesen Menschen ein spezialisierter Zuckerrezeptor (der für die Bindung und Einschleusung des Virus in die Körperzellen unerläßlich ist), oder sie haben einen natürlichen Antikörperschutz gegen das Virus. Mit dem Blut solcher »nichtinfizierbaren« Menschen ist es dem Leiter des Bluttransfusionsdienstes im englischen Cambridge, ABRAHAM KARPAS, immerhin gelungen, AIDS-Kranke relativ beschwerdefrei über lange Zeit am Leben zu erhalten.

Aber auch in der übrigen Bevölkerung ist das Risiko, sich mit AIDS anzustecken, relativ leicht einzugrenzen.

Dadurch, daß in San Francisco ein Viertel der Einwohner Homosexuelle sind und wir dort die größte Zahl von AIDS-Kranken in der ganzen Welt finden, wissen wir heute sehr gut über den *Infektionsweg* Bescheid. Es ist zu 90 Prozent der Analverkehr, der nun einmal regelmäßig von der Hälfte der Homosexuellen praktiziert wird. Doch hierbei kommt es unweigerlich zu Einrissen in die Schleimhaut des Enddarms. Aber eben in dieser Schleimhaut sitzen viele Kommandozellen des Immunabwehrsystems unmittelbar an der Oberfläche. Doch gerade diese Zellen sind die Brutstätten des AIDS-Virus. Wir wissen aufgrund von amerikanischen Untersuchungen mit weitgehender Sicherheit, daß weder durch wilde Zungenküsse noch durch Oralverkehr das AIDS-Virus übertragen werden kann. Selbst beim Schlucken von Sperma – und das ist ja in einer Gelegenheitsbeziehung wirklich nicht nötig – ist das Infektionsrisiko recht gering, denn die Spermienflüssigkeit enthält relativ wenig Viruspartikel. Und es muß ja dann auch noch der Kontakt mit einer offenen Stelle zum Blutkreislauf vorhanden sein. Die einzig denkbare Möglichkeit ist das genaue Aufeinandertreffen von blutenden Stellen am Penis mit offenen Zahnfleischentzündungen. Und darum haben Penisgeschwüre (und natürlich auch Entzündungsherde in der Vagina) bei unbehandelter *Gonorrhö* oder einem *Herpes genitalis* ein hohes Übertragungsrisiko für AIDS. Ansonsten ist in der medizinischen Literatur bisher nur ein einziger Fall bekannt, wo im Liebesspiel zweier Lesbierinnen AIDS-Viren durch Schlucken von Menstruationsblut übertragen worden sind.

Was nun den normalen Geschlechtsverkehr zwischen Mann und Frau anbetrifft, so gibt es bisher keinerlei Beweise dafür, daß eine Frau dabei das Virus auf einen Mann übertragen kann, es sei denn sie hat offene Geschwüre einer Geschlechtskrankheit und auch der Mann hat Verletzungen am Penis. Umgekehrt kann es beim Vaginalverkehr nur vorkommen, wenn die Scheide trocken ist und dann beim Geschlechtsverkehr kleine Risse in der relativ derben Vaginalschleimhaut entstehen. Das ist aber im allgemeinen nur der Fall, wenn eine Frau mehrere Partner innerhalb kurzer Zeit gehabt hat. Trotzdem bleibt das Infektionsrisiko im Vergleich zum Analverkehr relativ gering, weil in der Vagina die infizierbaren Immunzellen in sehr viel tieferen Gewebeschichten sitzen.

Sieht man von den Drogensüchtigen ab, bei denen die gemeinsame Benutzung von infizierten Nadeln für die Virusverbreitung sorgt, so waren alle mir bekannten Fälle von Frauen, die in England und den USA an AIDS erkrankt sind, entweder Prostituierte oder sie hatten am Gruppensex mit mehr als zwanzig Partnern pro Wochenende teilgenommen. Eine ganze Reihe waren Herpesträgerinnen, und in allen Fällen war eben auch Analverkehr mit im Spiel.

Zugegeben, Analverkehr gehört auch zum Repertoire etwa jedes zehnten Ehepaares – und hier besteht eine Gefahrenquelle, besonders dann, wenn man bedenkt, daß sechs von hundert Männern bisexuell sind und auch an sich selbst oft Analverkehr von homosexuellen Zufallsbekanntschaften praktizieren lassen. Trotzdem ist der heterosexuelle Geschlechtsverkehr im Vergleich zur Übertragung durch Drogen- oder Tätowierbestecke und durch Blutprodukte nur eine untergeordnete Gefahrenquelle. Von den AIDS-Positiven in den USA sind nur 1,3 Prozent aller Frauen und nur 0,3 Prozent aller Männer durch heterosexuellen Geschlechtsverkehr infiziert worden. Blutstropfen, egal ob von Stechmücken oder in Schwimmbädern übertragen, reichen nie zur Infektion aus. Und an der Luft stirbt das Virus sehr schnell ab, so daß Berührungen, gemeinsame Toilettenbenützung oder selbst eine nachfolgende Zahnarztbehandlung völlig ungefährlich sind.

Kondome schützen gegen AIDS, weil die spermizide Beschichtung auch die AIDS-Viren abtötet. Deshalb verleiht sogar ein

Kondom mit Löchern noch einen gewissen Schutz – und keines der gängigen Kondome übersteht ja einen Analverkehr intakt.

Jeder, den es erwischt hat, bleibt ein Virusträger und damit eine Infektionsquelle für das ganze Leben. Nach dem heutigen Wissensstand erkrankt einer von zehn Infizierten innerhalb von zehn Jahren an AIDS. Das Krankheitsbild – auch wenn es zuerst wie eine Grippe aussieht – tritt durch die plötzliche Muskelschwäche offen zutage. Der Betroffene kann seinen Pullover nicht mehr anziehen und hat Mühen, vom Tisch aufzustehen. Dazu kommen violette Flecken auf Rumpf und Beinen, so daß die Haut einer fleckigen alten Tapete ähnelt.

Zahlenmäßig schlimmer als die eigentliche AIDS-Krankheit ist der Gehirnschaden, der sich über die Jahre bei vielen Virusträgern entwickelt. Diese Menschen werden vorzeitig senil oder leiden unter Verfolgungswahn. Doch hiergegen hilft in drei von vier Fällen das neue Mittel *Retrovir®* (AZT). Bei den typischen AIDS-Kranken mildert dieses Mittel (ganz besonders wenn es mit *Zovirax®* kombiniert wird) die Krankheitssymptome, verringert die Gefahr von gefährlichen Infektionskrankheiten und verlängert die Überlebenszeit.

Auch wenn wir von einer wirksamen Schutzimpfung gegen AIDS noch viele Jahre entfernt sind, gibt es einen ersten Hoffnungsschimmer für einen Schutz, der sich schneller in die Praxis umsetzen läßt. Mediziner in Boston und San Francisco erproben derzeit ein neues Präparat, das wie ein Schwamm das Virus in der Blutbahn aufsaugt.

Liebesbeziehungen werden in jeder Beziehung zu Schicksalsgemeinschaften. Deshalb bedarf die Lösung vieler Probleme im Intimbereich der Mitwirkung beider Partner. Und lösen lassen sich heute alle diese Probleme mit dem Wissen um ihre Hintergründe, dem rechtzeitigen Erkennen und ungehemmten Ansprechen – auch beim Arzt!

# 15
# Geschwülste bedeuten nicht das Ende

Welcher Mann macht sich wohl keine Sorgen, wenn »da unten« irgendeine Schwellung entsteht? Sicherheitshalber sollte ein Mann deshalb auch zum Urologen gehen, wenn eine Geschwulst am Hoden oder auch Veränderungen am Penis länger als vierzehn Tage bestehen bleiben. Und selbst wenn der Urologe beim rektalen Abtasten der Prostata nachdenklich schaut, dann bedeutet das heutzutage keineswegs mehr ein Todesurteil für die Männlichkeit, genausowenig wie ein rechtzeitig erkannter Tumor der Hoden oder des Penis noch zwangsläufig lebensbedrohende Konsequenzen haben muß. Doch es gilt, frühzeitig und vorsorglich zum Facharzt zu gehen.

## Prostata in Gefahr

In der Prostata produzieren Tausende von Drüsen wichtige Bestandteile der Samenflüssigkeit. Die kastanienförmige, etwa drei Zentimeter lange Prostata vergrößert sich jenseits des vierzigsten Lebensjahres bei der Hälfte aller Männer bis auf die Größe einer mittleren Orange. Dieses Wachstum wird durch ein Abbauprodukt des männlichen Hormons *Testosteron* – das *Dihydrotestosteron* induziert. Sexuelle Aktivität verlangsamt diesen Prozeß. Selten bringt eine solche *gutartige Prostatahyperplasie* (ein *Prostataadenom*) sexuelle Probleme mit sich. Der recht langsame Wachstumsprozeß fällt eigentlich nur dadurch auf, weil

- der betroffene Mann nachts häufiger Wasser lassen muß,
- der Harnstrahl schwächer wird,
- es zu Schwierigkeiten beim »Starten« und zu einem längeren Nachtröpfeln kommt
- und der Mann immer wieder das Gefühl hat, zur Toilette gehen zu müssen, da der sich im Prostatabereich zurückstauende Urin irritierend wirkt.

Der Grund für diese Beschwerden ist in der Lage der Prostata zu suchen, umgreift sie doch hufeisenförmig die Harnröhre genau unterhalb des Blasenauslasses (siehe *Abbildung 4, Seite 127*). Der Druck durch die benachbarte Prostata behindert den Urinabfluß und »irritiert« wichtige nervöse Kontrollmechanismen der Blasenentleerung. Die Blasenmuskulatur muß sich zunehmend mehr anstrengen, um den Urin durch die verengte Harnröhre auszutreiben. Schließlich ermüden die Muskeln, die Blase bleibt prall gefüllt, es tröpfelt ständig aus dieser Überlaufblase. Restharn ist eine ideale Brutstätte für Bakterien. Außerdem kann der Rückstau des Harns das Nierenbecken schädigen.

Bevor Sie als Mann aber wegen solcher Beschwerden die Selbstdiagnose »vergrößerte Prostata« stellen, schließen Sie bitte aus, daß Ihre Blasenfunktion nicht als Folge der Einnahme von Medikamenten beeinträchtigt ist. Entsprechende Nebenwirkungen haben Belladonna-Alkaloide, Mittel gegen Depressionen und gegen die Parkinsonsche Krankheit, aber auch bei Asthma, Pollenallergien und Hautjucken verordnete Antihistaminika. Übrigens können auch Blasensteine, eine echte nervöse Blase sowie das wesentlich seltenere Prostatakarzinom ähnliche Wirkungen auf das Wasserlassen haben.

Kommen allerdings dazu noch Schmerzen im Kreuz, in den Lenden und an der Hinterseite der Beine, sollte man auch an eine *Prostataentzündung* denken, die bei einer vorher bestehenden Prostatahyperplasie sehr viel häufiger auftritt. Das klassische Bild einer sogenannten *Prostatitis* mit grippeähnlichen Beschwerden und Schüttelfrost, Schmerzen zwischen den Beinen und im Kreuz und sogar Schmerzen beim Toilettengehen ist bei älteren Männern recht selten. Meist sind es eben nur die bekannten Beschwerden der Prostatahyperplasie, die sich verstärken – man leidet unter einer »Reizblase« und kann doch nur mit Schwierigkeiten urinieren. Diagnostische Hinweise sind – soweit vorhanden – ein Harnröhrenausfluß und eventuelle Schmerzen beim Samenerguß. Abgesehen von einer Zehn-Tages-Behandlung mit Antibiotika helfen Bettruhe, Sitzbäder und recht viel Trinken von Mineralwasser und Fruchtsäften. Nur keinen Sex bitte in dieser Zeit! Alkohol und gewürzte, stark salzhaltige Speisen verstärken oft die Beschwerden.

Bei der eigentlichen *Prostatahyperplasie* hängt die Form der Behandlung von dem Ausmaß der Vergrößerung und den damit verbundenen Symptomen ab. Im Anfang reicht meist eine Ernährung reich an Zink aus, welches das für die *Dihydrotestosteron*bildung wichtige Enzym *Alpha-5-Reduktase* hemmt. Besonders zinkhaltig sind Austern, Heringe, Muscheln, Kürbis- und Sonnenblumenkerne sowie Kuhmilch. Auch der Verzehr von vielfach ungesättigten Fettsäuren läßt die Prostata wieder schrumpfen. In diesem Sinne sind Meerfische, Wild und Pflanzenfette besonders zu empfehlen. Die Schutzwirkung des täglichen Verzehrs von etwa 30 Gramm Pflanzenfasern (in Form von Obst oder Gemüse) beruht auf einer Senkung des Zucker- und Cholesterinspiegels im Blut.

Doch bestehen erst einmal lästige Beschwerden, läßt sich meist nur noch durch monatelange Einnahme des Medikamentes Beta-Sitosterin (*Harzol*® Kapseln aus der Apotheke) eine Schrumpfung der vergrößerten Prostata erreichen. Hat man jedoch zu lange untätig gewartet, dann ist selten ein Abhobeln der behindernden Drüsenteile mit einem feinen, mittels eines Endoskopieschlauches eingebrachten Messerchens zu umgehen. Bei dieser Operationstechnik wird die Orgasmusfähigkeit praktisch niemals beeinträchtigt. Es sind die noch immer verwendeten Großoperationen, die zu einer Beschädigung des äußeren Blasenschließmuskels führen, so daß der Samen jetzt nach hinten in die Blase ergossen wird (siehe Kapitel 9).

Allerdings sollte kein Mann eine sich verschlimmernde *Prostatahyperplasie* ignorieren, denn bei Blockierung des Blasenabflusses entstehen hartnäckige Harnwegsinfektionen – bis schließlich durch den Rückstau des Harns auch die Nierenfunktion gestört ist. Ab dem 45. Lebensjahr sind deshalb jährlich urologische Vorsorgeuntersuchungen erforderlich, auch wenn ein *Prostatakarzinom* meist erst jenseits des 60. Lebensjahres entsteht. Jedes Jahr werden in der Bundesrepublik 17 000 solcher bösartigen Geschwülste entdeckt.

Beim Prostatakarzinom sind die Anzeichen wesentlich milder als bei der gutartigen Prostatavergrößerung. Nur selten ist Blut im Sperma oder Urin das erste Zeichen, wobei der weitaus häufigere Grund für eine solche *Hämatospermie* das Platzen eines kleinen Blutgefäßes bei sexueller Erregung ist. Knochenschmerzen, Rückenschmerzen, Kurzatmigkeit und allgemeine Schwäche sind Spätsymptome des sich im Körper ausbreitenden Tumors.

Es ist schon seit langem bekannt, daß ein Prostatakrebs männliche Hormone zum Wachsen braucht, weil nur so die bei der Zellteilung unerläßlichen *cis*- und *trans*-Gene funktionieren können. Testosteronhaltige Medikamente sowie Anabolika beim Bodybuilding erhöhen darum auch das Risiko für die Entstehung eines Prostatakarzinoms.

Wegen der nachgewiesenen Hormonabhängigkeit des Tumorwachstums bestand auch lange Zeit die Standardbehandlung in einer Entfernung der testosteronproduzierenden Hoden. Inzwischen wird in den USA und in Großbritannien lieber auf eine medikamentöse Blockade der Testosteronproduktion ausgewichen. Sicherlich führt die Unterdrückung der Freisetzung der sexuellen Signalhormone LH und FSH aus der Hirnanhangdrüse bei Behandlung mit einem Antiandrogen zwar bei 70 Prozent aller Männer zu einem Totalverlust des sexuellen Interesses, und bei den Verbleibenden ist der Penis beim Verkehr nicht mehr so steif wie früher. Es trifft aber eben nicht alle Männer – wie bei der *Orchidektomie*.

Der wohl entscheidende Vorteil von *Suprefact*® (Buserelin), welches ab 1989 auch als Depotform vorliegen dürfte, besteht in der vollständigen Reversibilität der hormonellen »Kastration«. Diese Gewißheit nimmt dem betroffenen Mann die enorme psychische Belastung einer irreversiblen chirurgischen Kastration. Strenggenommen sollte eine Hormontherapie erst dann begonnen werden, wenn der Tumor durch Bildung von Tochtergeschwülsten unerträgliche Schmerzen verursacht. Bei Vorliegen einer Hormonresistenz hilft in vier von zehn Fällen *Estracyt*®. Doch knapp ein Viertel aller Männer mit einem Prostatakarzinom spricht nicht auf eine solche medikamentöse Tumorbehandlung an. Dann muß die Prostata total entfernt werden (Prostatektomie). Unter der Voraussetzung, daß die Samenleiter erhalten bleiben und die Erregungsnerven nicht verletzt werden, ist bei einer entsprechend schonenden Operationstechnik nur noch einer von fünfzig solcher Männer zur Impotenz verurteilt. Allerdings läßt sich eine Reizblase nicht in allen Fällen verhindern. Mögliche Alternativen im Frühstadium des Tumors sind eine Hochvolttherapie mit ultraharten Strahlen oder eine Implantation von radioaktiven Jodkristallen.

## Tumoren der Hoden und des Penis

Ein *Hodentumor* ist heute bei Männern zwischen dem 25. und 34. Lebensjahr der am häufigsten vorkommende Tumor, er kann aber in jedem Alter auftreten. Insgesamt ist einer von vierhundert Männern betroffen. »Schuld« am Hodentumor sind vor allem stark übergewichtige Mütter, denn während der Schwangerschaft ist bei ihnen der Östrogenspiegel erhöht. Dadurch wird aber schon im embryonalen Hoden eine spätere Schwäche für die Krebsentstehung angelegt. Dann reicht im späteren Leben das

Einatmen von polyzyklischen Kohlenwasserstoffen aus Verbrennungsmotoren (aus Autos), wenn man nicht gar im Straßenbau mit Teer oder sonstwie in der Bitumenherstellung arbeitet – auch wenn bis zum Tumornachweis 25 Jahre vergehen können. Generell ist bei allen jenen Männern, die an Ziegenpeter (Mumps) erkranken, das Krebsrisiko dreizehnfach vergrößert. Wird ein Hodenhochstand nicht im Kindesalter beseitigt, ist die Krebshäufigkeit zehnfach erhöht. Da auch Leistenbrüche für eine spätere Tumorentwicklung prädisponieren, gilt es, diese rechtzeitig zu operieren.

Relativ gut dran sind Männer, die schon frühzeitig durch ein Ziehen oder ein Schweregefühl der Hoden oder durch Schmerzen im Unterleib oder in der Leistengegend auf Veränderungen aufmerksam werden. Denn beim Hodentumor sind gutlokalisierte, hartnäckige Kreuzschmerzen, die sich möglicherweise noch beim Husten und Niesen verschlimmern, bereits ein spätes Warnzeichen. Dann hat nämlich der Tumorbefall bereits auf die Lymphknoten um die Bauchschlagader übergegriffen. Eine seltenere Form des Tumors produziert Schwangerschaftshormone, was zum Spannen der Brüste führt.

Für eine frühzeitige Diagnose, die allein gute Heilungschancen sichert, ist deshalb eine *Selbstuntersuchung der Hoden* unerläßlich.

○ Einmal im Monat sollte ein Mann beim Baden oder heißen Duschen, wenn die Haut des Skrotums entspannt ist, den Inhalt zwischen Daumen und Zeigefinger hin und her rollen. Etwas nach hinten gelegen befindet sich oben auf dem Hoden eine wurstartige Struktur – der Nebenhoden. Nicht ungewöhnlich ist, daß beide Hoden sich etwas in ihrer Größe unterscheiden. Doch fühlt man beim regelmäßigen Abtasten der Hoden Knötchen oder andere Unebenheiten oder einen Unterschied in der Festigkeit, bleibt nur der Weg zum Urologen!

Eine rechtzeitige Diagnose sichert einen guten Behandlungserfolg. Wenn der Tumor jenseits des 30. Lebensjahres auftritt, wächst er fast immer nur sehr langsam und spricht bei der großen Mehrheit gut auf Isotopenbehandlung mit *Cisplatin* oder *Carboplatin* an (unterstützt von einer klassischen Chemotherapie). Nach Absetzen der Therapie erholt sich auch die Spermienbildung wieder. Bei Hodentumoren, die sich zwischen dem 15. und 30. Lebensjahr bilden, muß wegen des aggressiveren Wachstums leider der befallene Hoden entfernt werden. Allerdings ist ein Mann auch mit einem Hoden zeugungsfähig. Mehr als 70 Prozent sind damit geheilt. Doch ein Viertel der Fälle bekommt später Tochtergeschwülste, die aber wirkungsvoll durch eine Kombinationstherapie mit *Cisplatin, Bleomycin* und *Etoposid* bei acht von zehn Männern ausgeheilt werden können. Die Überlebenschance verbessert sich noch weiter, wenn alle verbliebenen Tumormetastasen im Anschluß an die Chemotherapie operativ entfernt werden.

Einer von hundert älteren Männern bekommt auch ein *Karzinom des Penis*. Insgesamt sterben in Großbritannien jedes Jahr hundert Männer daran. Dabei ist das *Peniskarzinom* eigentlich vermeidbar, denn der Auslöser ist in schlechter Hygiene zu suchen, wenn nämlich die Ansammlungen von abgestorbenen Zellen, Altsekret und Schmutz unter der Vorhaut nicht regelmäßig beseitigt werden. Dadurch kommt es zu chronischen Entzündungen und weißen Hautwucherungen (*Leukoplakien*). Am häufigsten tritt der Tumor im Abschnitt zwischen Eichel und Penisstamm auf. Erste Anzeichen sind meist Geschwüre *(Bildtafel IV)* und ein übelriechender Ausfluß, manchmal allerdings sind es nur Verhärtungen, die sich durch die Vorhaut hindurch fühlen lassen.

Da es erst spät zu einer Tumorausbreitung durch die Blutbahn kommt, helfen für lange Zeit lokale Behandlungsmethoden. Häufig wird heute eine Verschorfung der offenen Stellen durch einen Neodyn-Yag-Laser oder Iridiumbestrahlung angewendet. Die Abheilungszeit beträgt sechs bis acht Wochen. Am wirkungsvollsten ist danach das Aufbringen einer Muskel-Haut-Abdeckung (vom *Rectus femoris* oder *Sternomastoideus*-Muskel), womit sogar sieben bis neun Zentimeter große Hautdefekte verschalt werden können. Ist der Tumor allerdings nicht mehr lokalisiert, hilft nur noch eine Kombinationstherapie von *Vincristin, Methothrexat* und *Bleomycin.*

## Die größten Schwellungen sind meist gutartig

Gehen wir davon aus, daß Ihnen eine Schwellung in der Leistengegend keine Sorgen macht, denn Sie wissen, daß es sich dabei um einen Bruch oder um die Aussackung eines Blutgefäßes handeln dürfte. Wenn Sie allerdings ein junger Mann sind, tasten Sie bitte Ihre Hoden ab und vergewissern Sie sich, daß Sie wirklich zwei davon im Hodensack fühlen können.

Beunruhigender ist es, wenn der Hoden auf mehrfache Größe anschwillt. Die Gründe hierfür sind fast immer

- ein äußerer, indirekter Leistenbruch, wo der Bruchinhalt mit dem Samenstrang durch den Leistenkanal in den Hodensack gelangt *(Bildtafel III)*;
- ein Wasserbruch (*Hydrozele*), bei dem sich serös entzündliche Flüssigkeit in der Scheidenhaut des Hodens (der *Tunica vaginalis*) ansammelt. Hält man aber eine Taschenlampe dicht heran, kann man eine Hydrozele gut durchleuchten *(Bildtafel III)*;
- eine Zyste oder Spermatozele des Nebenhodens.

Alle diese Schwellungen sprechen sehr gut auf einen operativen Eingriff an. Die Hauptbeschwerden sind durch ihre Größe bedingt, da die Schwellungen an den Beinen reiben und nicht nur beim Anziehen im Wege sind.

Schmerzt dagegen ein stark geschwollener Hoden, dürfte es sich um eine Nebenhodenentzündung handeln.

## Warzen sind keineswegs harmlose Anhängsel

Was den Penis betrifft, so sind Warzen zehntausendmal so häufig wie etwa ein Peniskarzinom. Warzen können als kleine Blumenkohlköpfe am Penishals wachsen, wo sie dann ein schlecht riechendes Sekret absondern, oder sie liegen wie flache Linsen dem Penisstamm an (siehe *Bildtafel III*).

Verursacher von Warzen ist immer das *Papillomavirus*, das durch den Geschlechtsverkehr übertragen wird und binnen drei bis sechs Monaten zu einer lokalen Abkapselungsreaktion in Form einer Warze führt. Solche *Condylomata acuminata* sollten unbedingt entfernt werden!

Aus Untersuchungen am englischen *Whittington Hospital* wissen wir nämlich, daß bei zwei Dritteln aller Frauen, die mit einem Warzenträger verkehren, binnen einem Jahr ähnliche Warzen an den Schamlippen, in der Scheide oder am Gebärmuttermund entstehen.

Doch kommt es dann noch zu einer Herpesinfektion – und das können selbst die häufigen Lippenherpesviren sein –, dann entsteht ein Krebs am Gebärmuttermund. Die Papillomaviren Typ 16 und 18 induzieren nämlich eine Krebsvorstufe in der Zervixschleimhaut. Die Zeit bis zum offenen Ausbrechen des Tumors wird durch Herpesviren, aber auch durch Trichonomaden und Rauchen verkürzt.

Am Penisstamm und an der Vorhaut lassen sich Warzen leicht mit einer Podophyllintinktur entfernen, die vom Arzt sparsam und vorsichtig aufgetragen und erst nach drei Stunden gründlich abgewaschen wird. Bei tiefergelegenen und empfindlichen Warzenstellen sind praktisch immer Kältestifte oder Laserbestrahlungen notwendig. Besonders wirksam sind alle diese Behandlungen, wenn gleichzeitig *Isoprinosine*® dreimal täglich vier Wochen lang eingenommen wird.

## Wenn Sie plötzlich einen Busen bekommen

Als Nebenwirkung bei der Behandlung des Prostatakarzinoms oder von Hodentumoren kann sich ein Busenansatz beim Mann entwickeln. Normalerweise werden beim Mann nur die Hauptdrüsengänge und ein paar Abzweigungen im Laufe der Pubertät gebildet. Doch wenn das Verhältnis zwischen weiblichen Östrogenen und männlichem Testosteron durch medikamentös ausgelöste Hormonveränderungen gestört ist, dann wächst die männliche Brust wie bei einem Mädchen in der Pubertät. Während das richtige Verhältnis von Androgenen zu Östrogenen beim Mann einem fünfzehnfachen Überschuß von männlichen zu weiblichen Hormonen entspricht, besteht in allen Fällen, wo es zur Entwicklung eines Busens, also zu einer *Gynäkomastie*, kommt, nur noch ein etwa fünffacher Überschuß.

Hauptursache für den Busenansatz ist also sicher das Überwiegen eines weiblichen Hormoneinflusses:

- Alle Arten von Hodentumoren können unmittelbar Östrogen produzieren. Auch die bei der Tumorbehandlung übliche Chemotherapie kann das Verhältnis von Testosteron zu Östrogen beeinflussen, doch verursacht wird die brustbildende Wirkung meist durch eine Aktivierung von sogenannten Östrogenrezeptoren im Drüsengewebe.
- In der heutigen Zeit, wo mehr und mehr Alkohol getrunken wird, ist auch die Leberzirrhose ein keineswegs seltener Verursacher männlicher Brustveränderungen. Als Alkohol-Folgeschaden kommt es zu einem verringerten Abbau von Östrogen im Körper, zu einer geschädigten Hodenfunktion und bei einem von sechs Männern zu einem zusätzlich erhöhten Prolaktinspiegel – und dann gibt die Brustdrüse sogar Milch *(Galaktorrhö)*.
- Bei Einnahme von bestimmten Medikamenten, die entweder den Östrogenspiegel erhöhen, als Antiandrogen (Männlich-

keitsvernichter) wirken oder das Brustdrüsenhormon Prolaktin ausschütten, wie zum Beispiel

a) harntreibende Mittel, welche Spironolacton enthalten (*Acelat®*, *Aldace®*, *Aldactone®*, *Aldopur®*, *Aquareduct®* *Euleberol®*, *Osyrol®*, *Sagisal®*, *Sincomen®*, *Spironolacton®*, *Spiro-Tablinen®* und *Supra-Puren®*)
b) *Tagamed®*, *Sostril®* und *Zantic®* zur Behandlung von Magengeschwüren
c) herzstützende Digitalispräparate (*Allocor®*, *Coramedan®* *Digacin®*, *Digimed®* *Digimerck®*, *Digitoxin®*, *Digoxin®*, *Ditaven®*, *Lanicor®*, *LenoxiCaps®* *Lenoxin®*, *mono-glycotard®*, *Novodigal®* und *Tardigal®*)
d) Psychopharmaka (*Atosil®*, *Aolept®*, *Esucos®*, *Dapotum®*, *Decentan®*, *Diazepam®*, *Dominal forte®*, *Jatroneutral®*, *Lamra®*, *Lyogen®*, *Melleril®*, *Megaphen®* *Neurolytril®*, *Omca®* *Taxilan®*, *Tranquo-Tablinen®* und *Valium®*), kann es dazu kommen.

Natürlich muß nicht jedes Medikament bei jedem Mann zu einem Busenansatz führen. Eine entsprechende Wirkung setzt eine pharmakologische Empfindlichkeit des Mannes voraus.

○ Schuld an der Busenentwicklung kann auch als Arzneimittel verabreichtes *Testosteron* oder *Progesteron* sein, denn die werden in der Leber, im Fettgewebe und im Muskel zu Östrogenen umgewandelt.

Versiegt umgekehrt im Alter wegen eines Nachlassens der sexuellen Aktivität die Testosteronproduktion, so ist es der daraus resultierende relative Östrogenüberschuß, der zum Busenansatz führt.

Ein solcher Teilausfall der Testosteronproduktion kann aber auch Folge einer Unterfunktion der Hoden oder Nebenhoden sein, zum Beispiel nach einer vorangegangenen Infektion mit Mumps (Ziegenpeter).

## Knoten in der Brust – und was nun?

Entsprechend prädisponierte Männer können genauso wie Frauen knötchenartige Wucherungen des Brustgewebes *(fibroadenomatöse Hyperplasie)* auf beiden Seiten der Brust entwickeln. Das sollte kein Grund zur Beunruhigung sein, selbst dann nicht, wenn die Brust spannt oder sogar schmerzt. Alles verschwindet innerhalb von zwei Monaten von allein wieder.

Doch Vorsicht, wenn es sich um eine Verhärtung oder einen Knoten in einer Brust handeln sollte. Dann ist es sehr wahrscheinlich ein seltenes *Mammakarzinom*. Besonders gefährdet sind Männer zwischen dem 55. und 60. Lebensjahr. Diese Altersgruppe sollte darum auch bei allen Brustveränderungen so schnell wie möglich zum Arzt gehen. Nur wenn er frühzeitig behandelt wird, heilt ein Brustkrebs gut aus. Wird dagegen ein Mammakarzinom vom Mann zu lange verschleppt, kann nur noch die Überlebenszeit durch Kastration der Hoden verlängert werden.

Sie sehen also, wie wichtig es ist, daß Sie als Mann auf Ihre Geschlechtsorgane achten – und auch darauf, welche Medikamente Sie einnehmen.

## 16

# Damit Krankheiten und Medikamente nicht das Liebesleben ruinieren

Mit Unverständnis begegnen viele Menschen – darunter oft auch Ärzte – dem Wunsch von *Kranken* nach der Fortsetzung eines befriedigenden Sexuallebens. Dabei ist erwiesen, daß ein erfülltes Liebesleben gegen Kopf- und Rückenschmerzen, gegen Kreislaufbeschwerden, Schlaflosigkeit, Nervosität und Magengeschwüre, überhaupt gegen die verschiedensten Krankheiten, ja selbst gegen Krebs schützt. Wer in einer Partnerschaft glücklich ist, hat im Blut eine größere Zahl von Abwehrpolizisten gegen krankmachende Viren, gegen Bakterien und schädliche Fremdstoffe *(Allergene)* in Nahrung und Umwelt. Außerdem werden die Selbstheilungskräfte des Körpers aktiviert.

Alles dies sind gewichtige Gründe, um einer körperlichen Liebe nicht aus dem Weg zu gehen – besser noch, sie wo nur irgend möglich zu genießen. Es gibt keine Krankheit (wenn man von Notfällen auf der Intensivstation absieht), bei der ein Arzt mit gutem Gewissen den Geschlechtsverkehr verbieten könnte. Kein Mann kann zu schwach dafür sein, selbst bei hochgradigen Schwächezuständen geht es am Morgen – und warum soll nicht einmal die Frau dabei die aktive Rolle übernehmen? Und selbst wenn kein Bedürfnis zum Geschlechtsverkehr vorhanden sein sollte, das Verlangen nach körperlicher Berührung und Zärtlichkeit haben alle Kranken.

Den Kranken und Behinderten aber möchte ich an dieser Stelle aus Erfahrung versichern, daß es ein absoluter Irrtum ist zu glauben, eine Partnerin könne deshalb etwa kein Interesse mehr an einem Fortbestehen der Liebesbeziehung haben. Und vergessen Sie bitte nicht: Wenn eine Frau einen Mann liebt, dann ist das Glücksgefühl, ihm zu einem sexuellen Höhepunkt verholfen zu haben, für eine Frau ungemein befriedigend.

## Droht ein Herzinfarkt bei der körperlichen Liebe?

Vielleicht erinnern Sie sich noch an reißerische Schlagzeilen vom »Tod im Bordell«. Aber es passiert eben nicht mit einem vertrauten Partner. Nur bei Neueroberungen und unter verbotenen Umständen werden nämlich Streß- und Angsthormone in hoher Konzentration beim Geschlechtsverkehr ausgeschüttet, die zu einem krampfartigen Zusammenziehen der Herzkranzgefäße und damit zu einer akuten Mangelversorgung des Herzmuskels führen.

Andererseits ist nach Untersuchungen von Professor Aryeh Abramov ein unbefriedigendes Liebesleben ein wichtiger Mitauslöser des Herzinfarktes. Jeder Mann, der ohne allzu große Beschwerden Treppen steigen kann, sollte sich keine Sorgen über eine Fortsetzung seines häuslichen Liebeslebens machen. Und das auch nicht nach einem frischen Herzinfarkt. Die Ergebnisse einer breitangelegten Studie in Baltimore (USA), in der Herzinfarktpatienten im Alter zwischen 38 und 65 Jahren vier Monate nach einem Infarkt befragt wurden, haben erschreckende Konsequenzen aus mißverstandenen Informationen und falschen Vorurteilen gezeigt. Die durchschnittliche Häufigkeit des Geschlechtsverkehrs halbierte sich nahezu. Vorher beim Liebesspiel sehr beliebte Stellungen wurden nur noch selten praktiziert. Kein Wunder, daß sich für viele die bloße Erwartung einer verminderten Qualität des Liebeslebens denn auch prompt erfüllte. Allerdings fühlten sich 18 Prozent nach einem durchgestandenen Herzinfarkt dem Partner gefühlsmäßig wie sexuell mehr verbunden. Vieles, was in einer Beziehung selbstverständlich geworden ist, gewinnt im Angesicht des Todes wieder an Bedeutung.

Handanlegen oder intimes Streicheln und Küssen von seiten der Frau – allerdings nicht bis zum Orgasmus – ist bereits im Krankenhaus erlaubt, sobald der Patient dazu in der Lage ist, etwa zweimal am Tage gemächlich durch die Station zu schlendern. Das körperliche Liebesleben kann in jedem Fall zwei Wochen nach dem Verlassen des Krankenhauses wieder aufgenommen werden.

Üblicherweise dauert die Erregung einschließlich dem Vorspiel 16 Minuten, wovon das Herz nur während 120 Sekunden wirklich belastet wird. Diese Belastung des Herzens durch den Orgasmus ist aber nicht höher als bei kurzen Spaziergängen und sogar nur drei Viertel der Herzbelastung beim Autofahren. Nur auf vollem Magen, nach zuviel Alkohol, bei schwülwarmem Wetter oder nach einem heißen Bad ist die körperliche Liebe nach frischem Infarkt belastend.

Wer wirklich während des Zusammenseins noch Anfälle von *Angina pectoris* bekommen sollte, kann dem durch Einnahme von *Isosorbiddinitrat* oder *Nitroglyzerinkapseln* oder mit Nitroglyzerinpflaster vorbeugen. Meist reicht allerdings beim Gefühl eines drohenden Anfalls einfach eine Tempoverlangsamung oder eine kurze Pause. Fühlt sich der Infarktpatient noch fünfzehn Minuten hinterher durch Herzklopfen und Atemlosigkeit beunruhigt, hilft am besten ein *Betablocker*. Allerdings sind Betablocker für Raucher ungeeignet.

Das wohl schwierigste Problem liegt darin, daß ein bestehender Bluthochdruck gerade nach einem Herzinfarkt medikamentös behandelt werden muß. Und das führt bei Verschreibung der für den Betreffenden falschen Medikamente zu ernsten Problemen mit der Erektion und beim Samenerguß.

## Wenn der Signalfluß zwischen Gehirn und Penis unterbrochen ist

Da im Sexualzentrum des Gehirns ja alles seelisch verarbeitet wird und besonders visuelle Reize das weiter unten Erlebte verstärken, ist verständlich, daß Störungen im Hormonspiegel und in den Erregungsabläufen im Gehirn zwangsläufig zu Problemen im Sexualbereich führen.

Am besten wissen wir über die Ursache des geringen sexuellen Appetits bei der *Parkinsonschen Krankheit* (Schüttellähmung) Bescheid, woran immerhin 400 000 Männer im deutschen Sprachraum leiden. Hier besteht ein Mangel an dem wichtigen Neurohormon *Dopamin*, des Lusthormons der Männer. Deshalb werden mit Levodopa behandelte Parkinson-Patienten auch vorübergehend sexuell aktiver.

Ein Verschwinden des sexuellen Verlangens (auch der sexuellen Phantasien und Trauminhalte) ist besonders typisch für die *Depression*, doch kommt es dabei wegen der hemmenden Einflüsse auf das Sexualzentrum im Gehirn auch zu einer verminderten Ansprechbarkeit des Penis auf Küssen und Streicheln, und der Penis erschlafft sehr schnell beim Einführen in die Vagina. Auch das Orgasmuserlebnis kann verlorengehen. Alles normalisiert sich bei einer erfolgreichen Behandlung (siehe mein Buch *»Die Krankheiten unserer Zeit«*, Ariston Verlag, Genf 1986).

Ein ähnlich niedriges sexuelles Verlangen haben auch *Epileptiker*. Wieder gesellen sich dazu Erektionsschwächen und fehlendes Orgasmuserleben. Männer, die schon von Kindheit an unter der Epilepsie leiden, haben mitunter Ängste vor dem Geschlechtsverkehr entwickelt, weil in der Zeit der Pubertät sexuelle Erregung häufig mit den Zeichen eines nahenden Anfalls gleichgesetzt wurden. Leider verstärken viele der eingenommenen antiepileptischen Medikamente noch die bestehenden Erektionsstörungen.

Nach einem *Schlaganfall* bleibt dagegen die Erektionsfähigkeit selten auf Dauer gestört. Durch die bestehende körperliche Schwäche ist es aber häufig besser, wenn die Frau oben ist oder eine Seitenstellung eingenommen wird. In Mitleidenschaft gezogene Körperteile lassen sich durch ein Kissen stützen. Bei Harninkontinenz empfiehlt sich auch vorheriges Wasserlassen.

Es ist sicher leicht vorstellbar, daß jegliche Unterbrechung zwischen den Gefühlszentren im Gehirn und dem Penis als Ort des Geschehens zu einer Beeinträchtigung des Sexuallebens führt.

Bei der *multiplen Sklerose*, die ja besonders häufig zwischen dem 20. und 30. Lebensjahr beginnt, kommt es relativ frühzeitig durch Veränderungen der Pyramidenseitenstränge des Rückenmarks zu einem Erektionsversagen. Doch fast alle Männer im Frühstadium der Krankheit erholen sich davon wieder. Leider aber resignieren viele von ihnen, denn die Angst vor dem Versagen wird zum unnötigen Erektionsvernichter. Dabei verschwindet, wenn überhaupt, oft nur die Erektionsantwort auf psychische Reize, die Stimulation durch Berührungen bleibt dagegen unverändert erhalten. Mitunter dauert es nur länger bis zum Erfolg. Außerdem lassen sich auch Symptome der Krankheit durchaus in das Liebesspiel einarbeiten. Wenn man es erst einmal innerlich gelassen akzeptiert, kann es sogar ganz neue Dimensionen im Liebesleben eröffnen, es ganz langsam oder zitternd zu tun.

Zur wohl gravierendsten Unterbrechung des Erregungsflusses kommt es bei einer Durchtrennung des Rückenmarks.

*Eine Querschnittslähmung muß nicht das Ende sein.* Durch die 100 000 Männer in den USA, die als Folge von Verkehrsunfällen und Kriegseinwirkungen querschnittgelähmt sind, hat die Medizin heute ein sehr viel besseres Verständnis für die sexuellen Probleme bei diesem Krankheitsbild. Da das Interesse an sexuellen Zärtlichkeiten keineswegs mit einer solchen Verletzung nachläßt, ist es um so wichtiger, solchen Menschen, die in vieler Hinsicht extrem eingeschränkt sind, wenigstens ein Höchstmaß an sexuellem Vergnügen zu erhalten. Eine fortgesetzte körperliche Aktivität im sexuellen Bereich erhält für die betroffenen Männer nicht nur ihr Selbstwertgefühl, sie verhindert auch die Entstehung anderer körperlicher Beschwerden als Frustrationsfolgen.

Ganz wichtig ist die Feststellung, daß ein gewisses Maß an Empfindungsvermögen, sehr oft aber die Erektionsfähigkeit und damit sogar die Möglichkeit zum Vaginalverkehr (mit der Frau oben) nach einer viele Monate andauernden Phase des Schocks zurückkehrt. Allerdings ist es in manchen Fällen nötig, daß vorher die Blase und der Darm entleert werden. Was jedoch meist verlorengeht, ist die Empfindung für die Ejakulation wie auch der eigentliche Samenerguß. Kein Problem sind sogenannte unvollständige Rückenmarksverletzungen. Aber auch bei kompletten Rückenmarksdurchtrennungen oberhalb des Thoraxwirbels $T_8$ ist es möglich, daß der Mann Erektionen als Folge von psychischen Reizen, beispielsweise durch die Partnerin, bekommt. Ein vom Gehirn abzweigendes spezielles Nervenbündel läuft nämlich außerhalb des Rückenmarks entlang und löst – unter Unmgehung der geschädigten Erregungszentren – die Schwellkörperflutung im Penis aus.

Umgekehrt kann bei der Mehrheit der betroffenen Männer auch Streicheln oder Küssen des Penis lokal erregend wirken, selbst wenn dies vom Gehirn nicht wahrgenommen wird. Aus Träumen solcher Männer wissen wir, daß sich das Empfinden eines Orgasmus im Gehirn abspielt – so wird der Orgasmus aus dem vorangegangenen Tagesgeschehen nacherlebt, rein psychisch wirkt er ja immer. Noch besser ist es, für Berührungen empfindliche erogene Zonen an anderen Stellen neu zu entdecken, denn dann ist auch ein unmittelbares Orgasmuserleben wieder möglich.

Wenn aber nun der Fall eingetreten ist, daß sich von allein nichts mehr rührt, dann verbleiben immer noch genug Möglichkeiten. Zuerst einmal kann in etwa acht bis zehn Hypnosebehandlungen das Selbstwertgefühl wieder aufgebaut und die Fähigkeit zum sexuellen Genuß durch Erinnerung an frühere Erlebnisse im Trancezustand verstärkt werden. Durch intrakavernöse Injektionen (siehe neuntes Kapitel), die sich meist ein Querschnittsgelähmter selbst geben kann, erreichen neun von zehn Männern wieder ausreichende Penisversteifungen. Auch der Ejakulationsreflex läßt sich in zwei Dritteln der Fälle durch Vibromassage mittels eines aufgesetzten Vibrators wieder bahnen.

## Diabetiker resignieren unnötig

Durch die diabetischen Veränderungen der feinen Nerven, die die Durchblutung und die Muskelfunktion des Penis regeln (siehe mein Buch *»Mit Diabetes leben, ohne zu leiden«*, Ariston Verlag, Genf 1987), entstehen die verschiedenartigsten sexuellen Probleme. Die Hälfte aller männlichen Diabetiker klagt mit zunehmendem Alter über Potenzprobleme, allerdings können Erektionsstörungen auch schon in jungen Jahren einsetzen. Schon bei 30jährigen Diabetikern ist ein Erektionsversagen vier- bis fünfmal so häufig wie bei Nichtdiabetikern. Dazu kommt es sowohl bei Behandlung mit Insulin wie mit Tabletten, sehr selten aber bei Diabetikern, bei denen der Blutzucker allein mit einer Diät einstellbar ist.

Was ausfällt, ist der unbewußte Reflex, durch den Blut daran gehindert wird, aus dem Schwellkörper abzufließen, was ja die Grundvoraussetzung für eine Erektion ist (siehe achtes Kapitel). Die Impotenz beim Diabetiker beginnt schleichend, das Liebesverlangen ist im allgemeinen unverändert (warum Hormonpräparate die Situation nur noch belastender machen), und die Erektionsschwäche nimmt mit der Zeit zu. Deshalb gibt es auch in ihrem Ausmaß zeitlich wechselnde Zwischenstadien mit unzureichend steifem Penis. Klassischer Hinweis für eine wirkliche diabetische Impotenz ist die Unfähigkeit, sanfte Berührungen des Hodens, etwa mit einem Wattebausch, bei geschlossenen Augen zu spüren. Erhalten geblieben sind aber meist der Samenerguß und die Orgasmusfähigkeit. Ist der Reflex bei der Herausschleuderung der Spermienflüssigkeit gestört, läßt auch die Ejakulationsfähigkeit nach, und es wird nur noch ein schwacher Orgasmus erlebt. Umgekehrt bleibt die Orgasmusfähigkeit erhalten, wenn durch das funktionelle Versagen des ebenfalls autonom innervierten inneren Blasenschließmuskels *(Abbildung 4)* die Spermien nach hinten in die Blase abfließen. Da Blase wie Penis gewisse autonome Nervenstränge miteinander gemeinsam haben, leiden 80 Prozent aller Männer mit diabetischer Impotenz auch unter irgendwelchen Blasenstörungen.

Nur in einigen wenigen Fällen läßt sich eine solche Impotenz durch eine verbesserte Einstellung des Blutzuckers beseitigen. Bei einer kleineren Zahl von abgemagerten Diabetikern in den Fünfzigern hilft in diesem Sinne eine Umstellung von Tabletten auf das Spritzen von Insulin, denn bei ihnen ist ein Insulinmangel für die Impotenz verantwortlich.

Als letzte Lösung blieb bisher meist nur die Einpflanzung von Silikonstäben zur Penisversteifung, es sei denn, die Betreffenden lernten in einer harmonischen Ehe, sich an anderen Formen des Liebeslebens zu erfreuen. Ende 1983 wurde in England aber eine neue Methode entwickelt, die in 80 Prozent der Fälle eine Penisprothese unnötig macht. Diese Methode der intracavernösen Injektion (siehe neuntes Kapitel) steht inzwischen auch im deutschen Sprachraum zur Verfügung. Hierbei verabreicht sich ein Diabetiker mit einer sehr feinen Nadel 15 Minuten vor dem Zusammensein mit der Frau eine Spritze in die Peniswurzel (nur nicht gerade ins Fettgewebe, denn dann wäre sie wirkungslos). Gespritzt wird *Papaverin* zur Erschlaffung der glatten Muskulatur der Schwellkörper zusammen mit *Phentolamin*, einem Mittel zur lokalen Blockade der autonomen Nerven, die sonst die Ausdehnung des Schwellkörperinnenraums verhindern würden. Das einströmende Blut kann so den Penis versteifen. Selbst nach fünf Jahren totaler Impotenz hilft diese Methode.

Eine kausale medikamentöse Behandlung ist auch mit *Yohimbin Spiegel®* möglich. Denn dadurch wird die in den Schwellkörpern vieler Diabetiker erniedrigte Konzentration des Hormons *Noradrenalin* wieder angehoben.

Viele Erektionsstörungen sind bei Diabetikern aber durch Medikamente (siehe unten), zuviel Alkohol oder durch Umweltstreß verursacht. Medikamente kann man wechseln, und auf Alkohol kann ein Diabetiker verzichten.

Bei psychisch bedingter Impotenz kommt es zu einem plötzlichen Versagen der Erektionsfähigkeit und einem schlagartigen Verlust des Liebesverlangens. Keine Frage, daß ein Zuckerkranker anfälliger für die Entwicklung einer psychisch bedingten Impotenz ist. Schon allein durch die ständige *Angst* vor der *drohenden Impotenz* kann es leicht zu einer sich selbst erfüllenden Prophezeiung werden. Außerdem, in jedem Diabetikerleben gibt es Zeiten seelischer Belastung für eine Ehe. Und das kann zum Beispiel bedeuten, daß der Mann aus der Sicht der Frau in Liebesstimmung zu sein scheint, daß dann aber nichts passiert, weil alles nur die Nebenwirkung eines zu niedrigen Blutzuckers war. Zu diesem Alltagsstreß kommen noch die Versagensängste, nachdem einmal in einer Phase schlechter Blutzuckerkontrolle eine Potenzstörung erlebt worden ist – zum Beispiel das zu frühe Verschwinden einer Erektion. Alles nur, weil eine zu starke Erregung zuviel Blutzucker verbrennt. Darum sollte der Diabetiker auch vor der körperlichen Liebe etwas essen. In nahezu allen Fällen psychogener Impotenz hilft die Behandlung mit den im neunten Kapitel beschriebenen Partnerschaftsübungen.

Gerade bei jugendlichen Diabetikern, die von Kindheit an Insulin spritzen, tritt bei ungenügender Stoffwechselkontrolle über die Jahre ein zunehmendes Nierenversagen auf. Durch *chronisches Nierenversagen* kommt es aber bei neun von zehn aller betroffenen Männer zu Erektionsstörungen, da die Schwellkörperstrukturen bei den urämischen Veränderungen der Blutzusammensetzung nicht mehr richtig funktionieren können. Wegen des in solchen Fällen erhöhten Prolaktinspiegels hilft mitunter eine Einnahme von *Pravidel®*, gelegentlich auch von *Dyneric®*. Die Hämodialyse kann eine bestehende Erektionsstörung nur selten beseitigen, allerdings normalisiert sich eine beeinträchtigte Zeugungsfähigkeit wieder.

Besteht wegen der Dialyse allerdings ein nachweislicher Zinkmangel, so hilft die Verabreichung dieses Spurenelementes gegen das »Versagen«.

## Beim Rheumatismus sind es mechanische Probleme

Nein, Sie brauchen nicht ungläubig mit dem Kopf zu schütteln, zwei Drittel aller chronischen Rheumatiker haben Probleme, ihre sexuellen Bedürfnisse zu erfüllen. Am schwersten betroffen sind die Fälle mit einer *chronischen Polyarthritis* und einer Arthritis, die mit einer *Psoriasis* (Schuppenflechte) verbunden ist. Zu den eingeschränkten Gelenkbewegungen kommen hier noch erhebliche Schmerzen.

Es gibt keine Verbote für Rheumakranke – ganz im Gegenteil. Aber es soll wenigstens Freude bereiten. Ein Rheumatiker benötigt generell mehr Vorspiel und Zärtlichkeit – ansonsten ist alles ein Stellungsspiel mit Bevorzugung der Seitenlage (siehe *Abbildung 3, Seite 102*) mit der »Frau oben«, falls es sich um einen rheumakranken Mann handelt.

Was hilft, ist ein warmes Bad vorher und die Verlegung der sexuellen Aktivität auf den späteren Vormittag oder frühen Nachmittag – Zeiten, in denen die rheumatischen Beschwerden erfahrungsgemäß geringer sind. Versuchen Sie auch immer wieder einmal etwas Neues, sich verändernde Symptome eröffnen neue Möglichkeiten oder lassen solche aus der Vergangenheit wieder zu.

## Warum Krebspatienten nicht das Sexualleben einstellen sollten

Auch auf die Gefahr hin, daß ich mich wiederhole: *Ein glückliches Liebesleben aktiviert die Selbstheilungskräfte des Körpers* – genauer gesagt: *die Immunabwehr* gegen die Tochtergeschwülste von Tumoren. Sieht man von dem extrem seltenen Peniskarzinom ab, so gibt es keinen bösartigen Tumor bei Männern, der die vollständige Aufgabe des Sexuallebens nötig macht, denn *Krebs ist weder ansteckend noch »schmutzig«*.

Nachdem ich bei meiner Arbeit in einer speziellen Brustklinik viele Männer habe sagen hören, daß ihnen eine Brustamputation ihrer Frau hinsichtlich der Intensität ihre Liebeslebens nichts ausmache, können wohl auch Männer mit Berechtigung den umgekehrten Schluß für ihre Partnerinnen ziehen. Eine wirkliche Gemeinsamkeit wächst mit einer lebensbedrohenden Belastung. Weder eine Operation noch Chemotherapie oder Strahlenbehandlung können die geliebte Person so entstellen, daß ein wirklich tiefes Gefühl dadurch Schaden nehmen würde. Oft trauen sich die Frauen nur nicht, weil sie denken, der Mann wäre zu schwach für die körperliche Liebe.

Moderne chirurgische Operationstechniken haben nur noch relativ selten Nebenwirkungen hinsichtlich der Erektionsfähigkeit, etwas häufiger allerdings bei der Ejakulation. Natürlich können bei Operationen im Beckenbereich die feinen Erregungsnerven geschädigt sein. Doch sie erholen sich meist wieder – auch wenn es bis zu drei Jahren dauern kann.

Sieht man von der sehr seltenen Radikalentfernung der Harnblase ab, so sind diese Einflüsse am gravierendsten bei Entfernung eines Karzinoms des Dickdarms oder Enddarms, wo ein künstlicher Darmausgang *(Anus praeter)* angelegt werden muß. Ein solches *Stoma* läßt sich leicht unter der Kleidung verstecken. Ich kenne in England jedoch eine ganze Reihe von Paaren, die es sogar mit in ihr Liebesspiel einbezogen haben.

Damit aber ein Krebspatient ein inhaltsvolles Sexualleben führen kann, gilt es für Ärzte, möglichst keine Mittel zu verordnen, die nachhaltig die Erektionsfähigkeit ruinieren. Besonders gefährlich werden Männern die Zystostatika *Alkeran*®, *Cyclostin*®, *Endoxan*®, *Leukeran*®, *Myleran*®, womit wir denn bei der Wirkung eingenommener Medikamente auf das Liebesleben wären.

## Durch Medikamenteneinnahme werden »Störungen im Sexualbereich« zur Begleiterkrankung

Leider gehören zu den Verursachern eines beeinträchtigten Liebeslebens in unserer Zeit auch Medikamente, die für und gegen alles mögliche eingenommen werden. Nicht jedes der in diesem Kapitel beschriebenen Medikamente führt unweigerlich zu dem, was die Medizin als Störungen im Sexualbereich bezeichnet.

Die Wirkung und die Nebenwirkungen eines Arzneimittels unterscheiden sich individuell, es gibt so etwas wie eine pharmakologische Empfindlichkeit. Dabei hängt alles von Alter, Körpergewicht, Anwendungsdauer und anderen gleichzeitig eingenommenen Medikamenten ab. Bei Männern reichen die durch Arzneimittelwirkungen ausgelösten sexuellen Beeinträchtigungen von einem nicht mehr intensiv erlebten Orgasmus über einen vorzeitigen oder ausbleibenden Samenerguß bis hin zu anhaltenden Erektionsstörungen. Selbst das allgemeine Interesse am Liebesleben kann stark gedämpft sein. Ein Mann sollte immer an eine medikamentöse Ursache denken, wenn sein Problem ganz plötzlich aufgetreten ist.

Insgesamt ist jeder fünfzehnte Mann, der Medikamente nimmt, in irgendeiner Weise betroffen. In den USA haben die durch Medikamenteneinnahme verursachten Erektionsstörungen bereits »epidemische« Ausmaße angenommen, denn nach den Untersuchungen von Slag, Morley und Elson sind sie in einem Drittel aller Fälle von Versagern der unmittelbare Auslöser. Dabei sind noch nicht einmal solche Fälle mitgezählt, wo Antidepressiva und Bluthochdruckmittel nur die Intensität der »dabei« empfundenen Gefühle dämpfen.

*Bluthochdruckmittel (Antihypertensiva):*

Bei dreieinhalb Millionen Männern, die wegen eines Bluthochdrucks in der Bundesrepublik, in Österreich und der Schweiz behandelt werden, sind Antihypertensiva sicher der zahlenmäßig größte Auslöser von sexuellen Nebenwirkungen. Immerhin liegt bei einer medikamentösen Behandlung der Anteil solcher Männer, die eine *Erektionsstörung* bekommen, um 50 Prozent höher. So ist dann einer von vier Männern betroffen. Sicher ist ein gewichtiger Faktor dabei in der eigentlichen Blutdrucksenkung begründet, weil der gesenkte Blutdruck nicht mehr zur prallen Füllung der Schwellkörper ausreicht. Der entscheidende Einfluß besteht aber auf die Erregungsnerven und über eine Beeinflussung des Sexualzentrums im Gehirn. Durch diese unmittelbare Wirkung der Bluthochdruckmittel leidet jeder vierte Mann an einer *Ejakulationsstörung* (also einer Störung des Samenergusses), während dies im Vergleich bei unbehandelten Hypertonikern nur bei jedem vierzehnten Mann der Fall ist.

Die gefährlichsten Mittel waren lange Zeit die sogenannten Ganglienblocker wie *Hexamethonium* und *Pentamethonium*, die inzwischen aber nur noch bei akuten Hochdruckkrisen benutzt werden. So sind heute eigentlich nur noch *Ismelin*® und *Natrilix*® für die Behandlung von männlichen Hochdruckpatienten extrem ungeeignet, denn die Hälfte von ihnen hat dabei sowohl Probleme mit der Erektion wie der Ejakulation. Aber auch bei anderen Antihypertensiva wie *Reserpin* oder *Nortensin*® treten immer wieder ähnliche kombinierte Nebenwirkungen auf. Daneben gibt es noch eine Gruppe von Bluthochdruckmitteln, die bei einem Drittel aller Männer nur das Liebesverlangen einschläfert – Vorsicht also bei *Aldometil*®, *DopaHexal*®, *Methyldopa*®, *Presinol*® und *Sembrina*®.

Eine schwächer werdende Erektion kann gelegentlich bei Einnahme von harntreibenden Mitteln (Diuretika) beobachtet werden. Typisch in dieser Hinsicht sind *Sinesalin*® und *Hydrolong*®. Ein Diuretikum – das *Spironolacton*, enthalten im *Acelat*®, *Aldactone*®, *Aldopur*®, *Euteberol*®, *Osyrol*®, *Risicordin*®, *Sali-Aldopur*®, *Sincomen*®, *Spiro comp. ratiopharm*® oder *Supra-Puren*® – vermindert über einen Einfluß auf die männlichen Hormone vor allem die Lust auf die Lust. Unerfreuliche Nebenwirkungen im Sexualbereich haben auch Kombinationen von Diuretika und Reserpin wie *Adelphan-Esidrix*®, *Ben-digon*®, *Briserin*®, *Caprinol*®, *Durotan*®, *Modenol*®, *Resaltex*® und *Terbolan*®. Bei Einnahme von bestimmten *Betablockern* wie zum Beispiel *Dociton*®, *Indobloc*®, *Tenormin*®, *Temserin*®, *Solgol*® kommt es durch Einflüsse auf die Gehirnzentren bei einem von hundert Männern zu Erektionsstörungen; durch denselben Mechanismus sind es bei *Catapresan*®, *Dixarit*® und *Minipress*® nach meiner Erfahrung sogar vier von hundert Männern. Wenn beim Einnehmen eines Betablockers die Erektion schwächer wird, dann kann das auch an einem Verkrampfen der feinen Penisarterien liegen. In solchen Fällen muß auf die Verschreibung eines Kalziumantagonisten ausgewichen werden. *Dibenzyran*® bewirkt dagegen eine selektive Störung der Ejakulationsfähigkeit, da es den Samentransport durch die Samenleiter und die Harnröhre verhindert. Aber selbst pflanzliche Mittel zur Blutdrucksenkung wie die Rauwolfia-haltigen Antihypertonika Arte *Rautinforte*®, *Argoviscum forte*®, *Raucombin*® und *Rauwoplant*® sind Mitauslöser von sexuellen Problemen.

*Psychopharmaka*:

Da nicht weniger als zwei Millionen solcher Tabletten täglich in der Bundesrepublik eingenommen werden, wird immer wieder auch das männliche Liebesleben in Mitleidenschaft gezogen. In solchen Fällen sind das Liebesverlangen wie die Erektions- und Ejakulationsfähigkeit vermindert.

Gerade bei Mitteln, die bei Angst- und Spannungszuständen, bei Unruhe und Erregung gegeben werden, kommen immer wieder auch entsprechende Nebenwirkungen bei Männern vor. Mögliche »männerunfreundliche« Arzneimittel sind *Adumbran*®, *Ciatyl*®, *Cyrpon*® *Dapotum*®, *Decentan*®, *Dominal forte*®, *Eukystol*®, *Logen*®, *Glianimon*®, *Haldol*®, *Jatroneural*®, *Megaphen*®, *Melleril*®, *Meprosa*®, *Omca*®, *Praxiten*®, *Protactyl*® und *Taractan*®.

Aber auch die Mehrheit der *Beruhigungsmittel* wie zum Beispiel *Diazepam*® oder *Valium*®, *Librium*®, *Helogaphen*®, *Menrium*®, *Multum*® und *Uskan*® und *Schlafmittel* wie *Atosil*®, *Dalmadorm*®, *Noctazepam*®, *Normi-nox*®, *Mogadon*®, *Rohypnol*®, *Somnibel*® oder *Theralene*® vermindert bei entsprechend empfindlichen Männern immer wieder die Ejakulationsfähigkeit. Bei *Normi-nox*® sind Erektionsstörungen sogar recht häufig.

Soweit es zu Erektionsstörungen kommt, beruhen diese fast immer auf einer vermehrten Ausschüttung des Hormons *Prolaktin*.

Zu einem reduzierten Liebesverlangen, einem Überempfindlichwerden der Eichel sowie beträchtlichen Erektionsstörungen kann es vorübergehend bei Einnahme von praktisch allen gängigen *Antidepressiva* kommen. Beispiele sind *Dogmatil*®, *Equilibrin*®, *Laroxal*®, *Neurocil*®, *Nortrilen*®, *Pertofran*®, *Saroten*®, *Stangyl*®, *Tryptizol*® und *Tofranil*®, aber auch *Lithium*präparate wie *Hypnorex*®, *Lithium-Duriles*® oder *Quilonum*®. Die sogenannten MAO-Hemmer wie *Jatrosom*® und *Parnate*® beeinträchtigen nur die Erektion und den Samenerguß, während *Anafranil*® selektiv die Ejakulation »abschalten« kann, ohne allerdings die Orgasmusfähigkeit zu beeinflussen.

*Appetitzügler und Harnsäuresenker:*

Bei der Reduzierung des Übergewichts werden leider Männern gerade auch solche Appetitzügler verschrieben, die auch den Appetit auf die körperliche Liebe nachdrücklich zügeln. Solche

Nebenwirkungen sind immer wieder bei Einnahme von *Ponderax®* und *Ponderal®*, von *Sanorex®* und *Teronac®* beobachtet worden.

Doch auch der am meisten verschriebene Harnsäuresenker (als Mittel gegen die Wohlstandskrankheit Gicht) – das *Allopurinol* – ist ein Potenzvernichter. Enthalten ist Allopurinol neben Generika gleichen Namens vor allem in den Arzneimitteln *Allo-300-Tablinen®*, *Bleminol®*, *Cellidrin®*, *Dabroson®*, *Dura AL 300®*, *Epidropal®*, *Folligan®*, *Remid®*, *Suspendol®*, *Urobenyl®*, *Urosin®*, *Xanturat®* und *Zyloric®* sowie den ansonsten recht wirksamen Kombinationspräparaten *Acifugan®*, *Allomaron®* und *Harpagin®*.

*Mittel gegen Magen- und Herzbeschwerden:*

Bei Magengeschwüren sind es drei der am meisten verordneten Mittel: *Tagamed®*, *Sostril®* und *Zantic®*. In der medizinischen Literatur sind eine Reihe von Fällen veröffentlicht, wo es zu einer Minderung des sexuellen Verlangens wie der Standfestigkeit des Penis gekommen war. Auch andere häufig verschriebene Mittel gegen Entzündungen und Geschwüre der Magenschleimhaut, beispielsweise der damit zusammenhängenden Übelkeit und des Erbrechens, wie *Corrigast®*, *Gastronerton®*, *Gastrosil®*, *MCP®*, *Motilium®*, *Paspertin®*, *Peremesinzäpfchen®*, *Torecan®* und *Vagantin®*, können mitunter ähnliche Nebenwirkungen haben.

Wenn gegen *Herzrhythmusstörungen* (auch als Schutz gegen einen Herzinfarkt) die Mittel *Diso-Duriles®*, *Norpace®* oder *Rythmodul®* eingenommen werden, dann kommt es, wenn auch selten, zu einer beeinträchtigten Erektion. Zur Herzstärkung werden im deutschen Sprachraum relativ viel Digitalisglykoside verordnet (enthalten in *Allocor®*, *Digacin®*, *Lanicor®*, *Lenoxin®*, *Novodigal®*). Bei einem Drittel der behandelten Männer nimmt die sexuelle Aktivität ab, und das für die Erektion wichtige Verhältnis von Östrogen zu Testosteron wird negativ verändert.

Aus diesem Grunde können natürlich auch *Hormonpräparate* direkt auf die Sexualität des Mannes einwirken.

*Medikamente, die den Hormonspiegel verändern:*

Zuviel *Testosteron*, wie es immer wieder bei mangelndem sexuellem Interesse von den Ärzten verordnet wird, kann bisweilen die Erektionsstärke herabsetzen, weil dann das feinabgestimmte Verhältnis zu den weiblichen Hormonen, den *Östrogenen*, zu ungünstig für die normale Funktion der Gefäßstrukturen des Penis wird. Umgekehrt kann natürlich auch die Verordnung von Östrogenen zu den gleichen Störungen führen. Östrogene und Gestagene werden zum Beispiel bei Prostatageschwülsten verordnet. Beispiele sind *Depostat*®, *Parlutal*®, *Estradurin*®, *Honvan*®, *Merbentul*® und *Progynon*®.

*Anabolika*, wie sie noch immer zur »Muskelbildung« von Sportlern und beim Bodybuilding benutzt werden, senken den Testosteronspiegel bei Männern, am Ende haben wir einen Muskelprotz ohne Potenz.

# 17

# Mit Liebeselixieren und Liebesküche zu neuen Höhepunkten

Nach Untersuchungen der Wissenschaftler FISHER und OSOFSKY von der State University New York gehen die Interessen für gutes Essen und beglückenden Sex Hand in Hand. Es gibt viele Anreger im Essen, besonders bei den Gewürzen. Doch manchmal darf es auch der gezielte Griff zum Liebeselixier sein, egal ob in Form von Liebestropfen, Bädern oder Massageeinreibungen.

## Fehlwirkungen der am meisten angepriesenen Liebeselixiere

Auch wenn Sie immer wieder einschlägige Werbeanzeigen in Magazinen lesen – die dort angepriesenen Mittel steigern die Liebesfähigkeit des Mannes nicht. Wenn man diese angeblich den Geschlechtstrieb und das sexuelle Leistungsvermögen steigernden Mittelchen pharmakologisch näher untersucht, dann ist das Ergebnis: Die am meisten beworbenen Elixiere haben keine nachweisbare Wirkung, mitunter aber recht unromantische Nebenwirkungen:

- Die schon bei unseren Vätern und Großvätern bekannte *Spanische Fliege* (ein Extrakt aus Käfern) fliegt gar nicht erst zum Herzen, wohl aber zur Niere – und die kann sie innerhalb von 24 Stunden irreparabel schädigen. Ansonsten beruht die Wirkung auf einer Irritation der Blasennerven, die sind ja mit den

Erregungsnerven des Penis verschaltet. Es kommt zu einer juckenden Erektion. Doch diese positive Wirkung wird auf jeden Fall mit der Neigung zu Leibschmerzen, Durchfällen und Erbrechen erkauft.

- *Ginseng* hat eine schwache Östrogenwirkung – doch in dieser Richtung fehlt den allermeisten Männern kaum etwas. Sowjetische Publikationen sind da wohl recht produktfreundlich, was die *sibirischen Flechten* anbetrifft.
- Auch *Wermut* löst keine Liebe bei Ihrem Traumpartner aus – nur epileptische Krämpfe. Und wenn man der behaupteten Wirkung solcher Liebestropfen gar mit einer kräftigen Dosis nachhelfen will – dann dreht das so beglückte Opfer eher durch. Nun werden einige sagen: Liebe ist sowieso ein Zustand der totalen Unzurechenbarkeit. Das mag schon wahr sein, aber bewußt erleben möchte man den Rausch schon. Ähnlich gefährlich sind *Tollkirsche, Bilsenkraut, Stechapfel* und *Alraune* wegen der mit Wahnideen einhergehenden Erregungszustände.

Alles andere hat etwas mit sexueller Symbolkraft zu tun:

- Entstanden ist der Mythos vom *Rhinozeroshorn*, weil ein Bulle es bis zu drei Stunden ununterbrochen treiben kann – doch er tut es ja nur einmal im Jahr. Das legendäre Rhinozeroshorn enthält aber nur Kalzium und Phosphor. Zugegeben, wer in der Sahelzone Afrikas leben muß, bei dem verursacht ein Mangel an diesen beiden Mineralien Mattigkeit und Muskelschwäche. In unsere Nahrung aber sind diese Mineralien im Überfluß vorhanden.
- Ähnliche Assoziationen sind auch für das Essen von *Tigerfleisch* in Asien verantwortlich. Mit dem »Tiger im Tank« soll es besser gehen.
- Wegen ihrer penisähnlichen Gestalt werden heute noch vielerorts *Schlangen* gegessen oder wird ihr Blut getrunken. Vielleicht hilft dabei die zum Genießbarmachen verwendete Mischung mit Reisschnaps der Einbildungskraft.

○ Auch der *Mandragora*-Pflanze wurden schon in der Bibel wegen ihrer hodenähnlichen Wurzeln Liebeswirkungen zugeschrieben.

## Schnüffeln von Amylnitrit führt allmählich zum Erektionsversagen

Seit vielen Jahren gibt es bei uns Brechampullen mit *Nitramyl®* im Handel als Mittel gegen *Angina pectoris*. Doch Medikamente werden immer wieder zweckentfremdet. Denn das Mittel gibt es auch als »Poppers« in Sexshops oder auf dem schwarzen Markt. Wenn an einer offenen 50-Milliliter-Ampulle geschnuppert wird, erhöht sich die Hirndurchblutung. Dadurch fühlt man sich für eine Weile von allen ablenkenden Gedanken befreit und verliert seine Hemmungen beim Sex. Als reaktive Antwort auf den durch Amylnitrit verursachten Blutdruckabfall werden die Sympathikusnerven aktiviert. So hat der Betreffende etwa eine Minute nach dem Schnüffeln die Illusion, als ob der Orgasmus wesentlich länger dauerte und die Hautreize dabei intensiver wären. Dafür werden Kopfschmerzen und gelegentliche Übelkeit, Husten, Schwindel und Stimmungslabilität in Kauf genommen. Doch wie bei allen »guten Dingen« – zuviel ist zuviel. Allmählich braucht man eine immer höhere Dosis, und dann geht gar nichts mehr.

## Sexuelle Erfüllung läßt sich nicht mit Drogen erzwingen

Bleiben wir nur einmal beim *Amylnitrit*. Wer glaubt, daß er durch das Trinken einer solchen Brechampulle (die ja für 20 Herzanwendungen gedacht ist) nun die Garantie für den erfüllten Sex erwirbt, der irrt sich. Die Folge ist ein Bewußtseinsverlust, der Tage anhalten kann. Ja sogar Lähmungen und Sprachstörungen treten auf. Immer ist es ein krankenhausreifer Notfall.

Auch sollten Männer nicht etwa denken, einer unwilligen Partnerin ließen sich die Hemmungen austreiben, indem ihr ausreichend Drogen eingeflößt werden.

Am 26. Februar 1988 ging wieder einmal so ein Fall durch die Münchner Lokalpresse: Eine Sekretärin war durch einen exotischen Spezialcocktail, bestehend aus Orangensaft, diversen Rumsorten und einem starken Schlafmittel, zum Sex gezwungen worden. Es ist wahr, bestimmte Beruhigungsmittel, die dem Betäubungsmittelgesetz unterliegen, machen in Verbindung mit Alkohol Menschen völlig willenlos. Doch eine Frau, die kein Interesse am Sex hat, wird auch dann nicht erregt. Der Vergewaltiger hat nur eine lebendige Puppe zur Selbstbefriedigung. Da aber die weiblichen Geschlechtsorgane nicht auf Erregung eingestellt sind, ist mir unverständlich, woher ein solcher Mann sein Lustgefühl bezieht. Außerdem, eine solche zum Verkehr gezwungene Frau weiß genau, was ihr angetan worden ist. Geschlechtsverkehr ohne Einverständnis bleibt eine Vergewaltigung – auch mit ihren seelischen Folgen. Selbst Sex wird erst durch beiderseitiges Wollen schön.

*Drogen ruinieren* ohne Ausnahme irgendwann *das Liebesleben des Mannes,* denn sie unterdrücken alle mit der Zeit die Ausschüttung der Sexualhormone.

Am Anfang steigern *Amphetamine* als »Hallo-Wach-Mittel« noch die sexuelle Aktivität. Doch bei längerer Einnahme schrumpfen die Schwellkörper des Penis, und es kommt keine Erektion mehr zustande. Verantwortlich dafür ist eine Erschöpfung der Speicher für das wichtige Erregungshormon *Noradrenalin* sowie eine Umleitung des Blutflusses vom Penis in die Skelettmuskulatur. Zur Zeit gibt es Amphetaminderivate glücklicherweise nur noch in Dänemark, der DDR, Holland, Großbritannien, der Schweiz und den USA – ansonsten als *Speed* auf dem schwarzen Markt.

*Marihuana* und *Haschisch* verstärken in den ersten Monaten das sexuelle Empfinden, doch danach kommt es zu einem Abfall der Sexualhormone, und es geht in jeder Beziehung in den Keller. Dazu kommen noch störende Nebenwirkungen wie beim Haschischkonsum die nachlassende Muskelkoordination und die zunehmende Antriebslosigkeit; beim Marihuanarauchen behindern dafür Bronchitis und Asthma mit der Zeit alle Aktivitäten. Alles in allem: unter Haschisch oder Marihuana wird der Mann zum »sexuellen Faultier«.

Vom *Kokain* wird behauptet, daß es, in die Nase eingerieben oder gespritzt, ungeahnte sexuelle Energien freisetzen würde. Es enthemmt lediglich und dämpft körperliche Schmerzen. Aus diesem Grunde wird es bei sadomasochistischen Liebesspielen benutzt. Bei manchen Männern wird auch der Samenerguß unterdrückt, da jegliches Empfinden im Sexualbereich weganästhesiert ist. Sogar durch Einreiben des Penis mit Kokain werden auf diese Weise anhaltende starke Erektionen möglich. Da aber nichts gespürt wird, kommt es sehr häufig zu Penisverletzungen und der *Peyronieschen Krankheit*. Im Laufe der Zeit geht beim Kokainkonsum der sexuelle Appetit verloren. Außerdem verursacht eine Engstellung der Blutgefäße bleibende sexuelle Störungen. Am gefährlichsten sind unreine Kokainverschnitte wie *Basuco* und *Crack*, die sehr schnell zu schweren Hirnschäden und körperlichem Verfall führen.

Unter *Heroin* und *Morphium* wird der Blutzufluß vom Penis weg in die Gesäßmuskeln umgeleitet, und dann »steht« nichts mehr. Außerdem verschwindet das Liebesverlangen, denn die durch solche Opiate erzielte Befriedigung überspielt jegliches sexuelle Interesse. Es ist eine Art von ausschließlichem Verliebtsein in den eigenen Körper, wie es übrigens auch unter Kokain und Amphetaminen beobachtet wird.

In die Gruppe der Drogen gehört auch der *Alkohol*. Relativ gesehen am besten sind wohl diejenigen dran, bei denen es unter Alkohol noch funktioniert – auch wenn sie dann dabei nicht viel fühlen. Praktisch alle Glücksgefühle des Körpers sind nämlich blockiert, weil Alkohol die Ausschüttung der beglückenden Hormone verhindert. Im Anfang kann es beim Trinken noch zu einer vorübergehenden Steigerung der sexuellen Tätigkeit kommen, entfallen doch lästige Hemmungen, und selbst schwache erotische Signale regen an. Mit der Zeit wird Alkohol allerdings zum Erektionsvernichter. Durch Umleitung in andere Körpergewebe wird Blut dem Penis (aber auch den weiblichen Geschlechtsorganen) entzogen. Außerdem sinkt der Testosteronspiegel. Durch den gleichzeitigen Anstieg des Hormons *Prolaktin* nimmt die Empfindlichkeit der Testosteronrezeptoren für das verbliebene Hormon ab. Als Folge der hirnaktiven Wirkung des höheren Prolaktinspiegels leiden diese Männer dann auch noch zusätzlich unter sexuellen Versagensängsten. Von den Genußmitteln stimuliert besonders das Bier die Ausschüttung von Prolaktin, wobei der aktive Wirkstoff ein Bestandteil des Hopfens ist.

Wenn getrunken wird oder Drogen genommen werden, ist wohl das Fehlen jeglicher Kommunikation das Schlimmste für eine Partnerschaft. Durch gefühllosen Sex entsteht nur zunehmende Entfremdung. Beim Entzug müssen Paare deshalb erst einmal wieder lernen, miteinander zu sprechen, um die entstandene Gefühlsbarriere abzubauen, bevor sich langsam das Intimleben wieder normalisieren kann. Erfolgreiche Wege zum Entzug – auch zu Hause – sind in meinem Buch *»Die Krankheiten unserer Zeit«* (Ariston Verlag) beschrieben.

## Badezusätze und Einreibungen aktivieren die Liebesenergien

Genauer gesagt: Es sind spezielle ätherische Öle, die beiden beigemischt werden und die eine regenerierende Wirkung auf die Sexualdrüsen haben. Das aber steigert die körperliche wie sexuelle Kraft.

Diese ätherischen Öle können dem Bad zugesetzt oder durch leichtes Einreiben in die Haut zur vollen Wirkung gebracht werden, beginnend mit Brust und Nacken, über die Wirbelsäule bis zu Fußsohle und Kinn. Was die Einreibungen anbetrifft, so entfalten sie ihre maximale Wirkung, wenn sie am späten Nachmittag und dann noch einmal vor dem Schlafengehen einmassiert werden.

Schon die ägyptischen Pharaonentöchter wußten um diese Quellen der Lebensenergien. Nur müssen es sehr spezielle Mischungen sein, deren Rezepturen ein wenig wie ein Geheimnis gehandelt werden. Führend auf dem Gebiet der belebenden Aromaten ist Frankreich.

Es gibt zwei Bestandteile, die auch allein sexuell ermuntern:

- *Sandelholz,* das als Trunk, als orientalisches Bad, als Einreibung wie durch eine Aroma-Lampe wirkt;
- *Ylang-Ylang* von den Philippinen und der französischen Insel Réunion, das entweder eingerieben oder dem Essen zugesetzt werden kann.

Ansonsten empfehle ich aus Erfahrung folgende Einreibungsmischungen

- *Rosmarin,* das Kräutlein der mittelalterlichen Troubadoure. Es muß aber als Beigaben noch Bohnenkraut, Nelke, Thymian, Fichte, Zimt, Koriander und Ylang-Ylang haben. Doch ist es nichts für Nervöse.
- *Ingwer* in Verbindung mit Rosmarin, Bohnenkraut, Zimt und Nelke. Ergänzt durch einen Trink-Cocktail von Ingwer, Geranium und Zitrone, wirkt es besonders bei Lustverlust in der Liebe.
- *Koriander* im Verbund mit Wacholder, Zeder, Ylang-Ylang, Muskat, Nelke, dazu dreimal täglich einen Tropfen dieses Öles auf einen Kaffeelöffel Honig.

All diese Vit-Aromaten gibt es über CDD in Saarbrücken. Was davon in Ihrem Fall hilft, müssen Sie selbst ausprobieren.

## Elixiere zum langfristigen Aufladen der Liebesenergien

Die Franzosen haben es herausgefunden – erschöpfte und gestreßte Männer sollen in jedem Alter wieder regeneriert werden, wenn sie zwei bis drei Monate lang Bio-Virilis® nehmen. Es ist eine biologische Mischung aus Fruchtsäften und Aromaten.

Wer einen schnelleren Erfolg wünscht, für den ist nach Professor GREGOIRE JAUVAIS das Viguarom® gut, doch muß sieben- bis achtmal täglich ein Teelöffel davon genommen werden. Es ist ein naturbelassenes, recht anregendes Tonikum.

Männer, die möchten, daß auch ihre Frauen von diesem Jungbrunnen der Gefühlsbelebung etwas abbekommen sollen, schenken ihrer Frau Bio-Tonix®, das außerdem auch noch die Haut verschönert. Bezugsquelle ist wieder CDD.

## Anregende Medikamente aus dem Kräutergarten der Natur

Liebe ist etwas Natürliches. Kein Wunder, daß auch Mittel aus der Natur in dieser Richtung wirken. Die Medizin hat hier ein Erfolgsrezept aus biblischer Zeit »wiederentdeckt«. Nachweislich wirkt ein feinabgestimmtes Gemisch von 40 verschiedenen frischen Blütenpollen steigernd auf die Liebesbereitschaft und die Ausdauer bei Männern aller Altersgruppen, vorausgesetzt es wird über 30 bis 40 Tage genommen. Dieses »Geheimrezept« des Königs SALOMON gibt es in Form der Mittel *Regazell Energen®* und *Pollisynergen®* in der Apotheke.

Durch die intensiven Bemühungen der französischen Naturheilmedizin wissen wir heute aber auch um die gezielte Wirkung von geringdosierten homöopathischen Substanzen. In diesem Zusammenhang möchte ich den an Einzelheiten interessierten Leser auf eine Dissertation von PAUL MUSARELLA mit dem Thema *»Die Homöopathie in der sexuellen Praxis«* (Medizinische Fakultät, Marseille 1981) hinweisen.

Noch gibt es nur wenige fertige Präparate im Handel wie das *Conium-Oligoplex®*, dessen Bestandteile nach französischen Studien bei Erektionsschwäche helfen sollten und das *Agnus castus-Oligoplex®*, welches aus ähnlichen Überlegungen einem sexuellen Lustverlust entgegenwirken sollte. Doch jeder Apotheker kann auf Anforderung homöopathische Substanzen als Tropfen zubereiten. In diesem Sinne helfen von Fall zu Fall

- *Lycopodium* (D 18) bei *Erektionsschwäche*;
- *Aqua marina* (D 4) und *Caladium* (D 4) bei *Erektionsverlust*, was ich zusammen mit Selen besonders Rauchern empfehle;
- *Zink* (D 8) und *Gelsenium* (D 18) bei *vorzeitigem Samenerguß*. Besteht dabei noch ein Stimmungstief, lohnt ein Versuch mit *Thymol* (D 8);
- *Causticum* (D 14) bei »*Lustverlust*« besonders bei Rheumatikern und älteren Männern;
- *Conium* (D 18) und *Graphites* (D 18) als Versuch bei *schwacher Erektion und geringem sexuellem Interesse*;
- *Lachesis* (D 14), *Nux vomica* (D 18) und *Phosphor* (D 14) bei *Erektionsstörungen von Alkoholikern*;
- *Baryta carbonica* (D 10) zur Abkürzung einer *langen Refraktärzeit im Alter*;
- *Calcarea carbonica* (D 18) oder *Kali carbonicum* (D 18), wenn jedes Liebeserlebnis in totaler körperlicher Erschöpfung und Schwächezuständen resultiert;
- *Gelsenium* (D 24), *Graphites* (D 18), *Conium* (D 18) und *Silbernitrat* (D 14), wenn eine *Angst vor dem Einführen des Penis* in die weibliche Scheide besteht;
- *Schwefel* (D 14), sollte der *Orgasmus schmerzhaft* sein.

## Die Liebesküche kann Wunder bewirken

Sehr viel kann jeder für die Belebung der eigenen Liebesenergien zu Hause tun – und zwar über die Zubereitung des Essens. Jeder Gang und seine ausgewählten Gewürze tragen dazu bei, daß Liebende in Stimmung kommen. Gerade die Trüffeln sind wegen ihrer Liebeswirkung gepriesen worden. Aber auch *frisches* Bohnenkraut, Fenchel, Rosmarin, Ingwer, Koriander, Knoblauch, Petersilie, Tarragon, Curcuma, Patschuli, Sassafras, Kresse, die Muskatnuß und nicht zuletzt Chili-Pfeffer wirken als Aphrodisiaka. Dazu kommen noch all die Inhaltsstoffe in den Speisen selbst.

*Vorspeisen:*

Hier möchte ich mit Carl Zuckmayer sagen: »Vorspeisen sind wie Segel über Buchten, schlank und zum Hafen schnellend in erregter Fahrt.«

Ganz vorne an stehen *Artischocken*: Gekocht im Biotopf 15 Minuten lang. Dann die Blätter abziehen, deren Fleisch aufheben und später zur Füllung des Bodens hinzugeben. Je nach Geschmack können sie mit Essig mariniert und mit Salaten von Thunfisch, *Spargel* oder feinem Gemüse gefüllt werden. Auch eine Füllung mit feingehacktem Hühnerfleisch, gebunden mit Mayonnaise und dekoriert mit Eier- oder Trüffelscheiben, ist zu empfehlen. Wenn Sie die Artischocken lieber mit Krabben servieren wollen, nehmen Sie bitte 3 Eßlöffel Distelöl, 2 Eßlöffel Zitronensaft, weißen Pfeffer und Salz für die Soße. Sie können Artischockenböden aus der Dose zwei Stunden marinieren lassen und das ganze mit Creme fraîche verfeinern. Dann 6 Eßlöffel Kräuterremoulade auf den abgetrockneten Böden verteilen und mit Krabben garnieren.

Auch *Kalbszunge* verfehlt selten ihre anregende Wirkung. Sie kann gekocht, mit Malaga abgeschmeckt und in Scheiben geschnitten werden. Oder Sie nehmen ein geräuchertes Stück Zunge und vermengen es im Mixer mit zwei Stück eingelegtem Ingwer und einigen frischen Salbeiblättern, bevor Sie alles mit Sherry abschmecken. Ein entsprechend bestrichenes Vollkornbrot wird mit trockenem Sherry serviert.

Gehört haben Sie sicherlich, daß *Sellerie* eine bestimmte Wirkung haben soll: egal ob Sie ihn kochen, in grobe Streifen oder Würfel schneiden oder heiß mit Essig, Öl und Chili-Pulver beizen. Ideal sind fingerlange Stücke mit wenig Butter, Salz, grünem Pfeffer und Muskatnuß gewürzt und so lange gekocht, bis die Bedeckung aus Fleischbrühe fast verdunstet ist. Dann auf eine Platte geben und mit geriebenem Käse bestreuen.

Auf Mann und Frau gleichermaßen wirken *Avocados.* Der Möglichkeiten sind viele. Es können zum Beispiel ganz dünne Scheiben sein, die schwach gesalzen und mit 4 bis 5 Eßlöffel weißem Portwein übergossen werden. Eine Stunde bei Zimmertemperatur stehenlassen. Dann 150 Gramm Parmaschinken in Streifen schneiden, mit grünem Pfeffer überpudern und mit den Avocadostreifen mischen. Danach 2 Teelöffel Zitronensaft, einen halben Teelöffel Balsamico-Essig, einen Spritzer Tabasco und einen Teelöffel Pernod hinzugeben und für eine halbe Stunde zugedeckt in den Kühlschrank stellen. Eine Alternativzubereitung ist eine zerdrückte, reife Avocado, die mit etwas Basilikum und einigen Tropfen Zitronensaft, Tomatenstückchen, Sahne, Muskat, feingeschnittenen Schalotten und Worchestersoße vermischt und später gekühlt serviert wird.

Nicht zu vergessen sind auch *Anchovis* oder *Sardellen.* Dazu in einer feuerfesten Schüssel 120 Gramm Margarine schmelzen, vom Feuer nehmen und rohes Eigelb, einen Teelöffel Anchovis-Paste und etwas Chili-Pfeffer hinzugeben. Gut mischen. Dann auf einem warmen Toast von Vollkornbrot mit Petersilie servieren. Sardellen lassen sich noch besonders schön mit einem Hauch von Mehl und Öl auf dem Rost braten und mit Ingwersoße servieren.

Natürlich darf es auch die richtige *Suppe* sein. Die französische Liebessuppe besteht aus einem Liter einfacher Fleischbrühe, versetzt mit feingehacktem oder durchgedrehtem Fisch, Eiklar, kleingeschnittenem Lauch, Petersilienstielen und Weißwein. Sie wird langsam 25 bis 30 Minuten lang gekocht und durch ein Tuch passiert. Oder es ist eine Fenchelsuppe, wozu fünf enthäutete Fenchelknollen fein zerhackt und in Rinderbouillon weich gekocht werden. Die passierte Suppe wird durch Creme fraîche verfeinert.

*Austern gelten als Aphrodisiakum.* Schon CASANOVA schwärmte von ihrer Wirkung. Er bevorzugte Austern entbartet, umlegt mit einem Ring aus Kaviar und mit marinierten Tomatenscheibchen dekoriert. Madame DUBARRY bot ihrem königlichen Liebhaber Austern abgesteift in eigenem Saft und in ausgehöhlten Kartoffeln an, das Ganze mit Rahmsoße bedeckt, mit geriebenem Parmesan bestreut und im Ofen überbacken. Es dürfen aber auch ausgelöste Austern in Verbindung mit einem großen Krabbenschwanz und geräuchertem Lachs sein – mit einer zarten Chili-Pfeffer-Soße. Auch *Hummer* tut es.

Ist dagegen nur ein *Salat* zur Enstimmung gefällig, gibt es auch hier recht wirksame Varianten. Sie können zum Beispiel Äpfel, Chicoreescheiben, Walnüsse und rote und grüne Paprikaschoten kombinieren, dazu Kumarinsoße. Oder Sie nehmen Streifen von Hühnerbrust und Ananas, Spargelspitzen, Rahm-Mayonnaise und ein wenig Chili-Pulver. Ein echtes »Turteltäubchen« bedeutet kaltes Taubenfleisch auf einem Bett von gebackenen Austerpilzen – mit Koriander-Vinaigrette-Soße. »Liebes-Eier« bestehen aus halben hartgekochten Eiern, bei denen das Eigelb entfernt, mit Sahne, Pfeffer und Koriander verrührt und dann wieder in die Eiklarhälften zurückgefüllt wurde. Dann müssen noch zermahlene Kürbiskerne darübergestreut werden. Es dürfen aber auch Eier in Omelettform sein. Zum Beispiel wird Hühnerleber fein geschnitten, in Butter gebraten und mit reichlich Basilikum bestreut, worüber dann 6 Rühreier geschichtet werden.

*Hauptspeisen:*

Den besten Kommentar dazu gibt OSCAR WILDE: »Liebe heißt sich beim Kochen übertreffen.«

Keine Frage, *Fisch* ist sehr gut. Weit oben in der Gunst der Franzosen steht Steinbutt mit Evas Apfel. Es ist ein in Mehl gewälztes Steinbuttfilet, in Butter gebraten, mit runden Apfelscheiben belegt und erneut gedämpft, mit Zitronensaft beträufelt und dann mit brauner Butter übergossen. Oder es ist ein enthäuteter, entgräteter Aal à la Parisienne. Der wird in größere Stücke geschnitten und mit getrüffeltem, magerem Fisch (Kabeljau, Hecht) gefüllt, in Weißwein poschiert und mit Krebsschwänzen und Kräuterbutter garniert.

Vielleicht darf es aber auch *Kalbshirn* sein. Dazu wird das Hirn in heißem Wasser abgebrüht und gesäubert und dann zusammen mit einem Leinensäckchen (gefüllt mit Petersilie, Knoblauchzehen, Rosmarin, Sellerie und einigen Gewürznelken) und etwas trockenem Weißwein für etwa 10 Minuten simmern gelassen. Das Hirn kommt dann auf eine vorgewärmte Platte. Die eingekochte Soße wird mit Creme fraîche, frischer Petersilie und Basilikum veredelt. Dazu gibt es frische Pellkartoffeln.

Auch *Edelgeflügel* verfehlt seine Wirkung nicht. Es stimmt, Wachteln haben es in sich, gefüllt mit frischer Ananas und kurz in Butter gebraten. Oder Sie entscheiden sich für Ingwer-Hähnchen, die reichlich mit Petersilie gewürzt und mit frischen Ingwerscheiben belegt werden.

Wer mehr für Fleisch ist: es kann auch eine gegrillte *Rinderlende* sein, belegt mit Markmedaillons, dazu feine Bohnen mit recht viel Bohnenkraut und feiner Petersiliensoße.

*Desserts:*

Wählen Sie zwischen *fritierten Bananen*, zart in Butter gebakken und mit *Waldhonig* karamelisiert, einem tonisierenden *Fruchtsalat* aus reifen Mangos mit Kiwis, mit Pastis (Anisschnaps) und Honig aromatisiert und mit rosa Champagner aufgefüllt, oder einem *Champagner-Ananas-Cocktail*, wobei man kleingeschnittene Ananasstückchen in wenig Weißwein und Fruchtzukker im Kühlschrank ziehen läßt und kurz vor dem Servieren mit

Champagner auffüllt und mit Erdbeeren oder Himbeeren garniert. Wo immer Sie können, benutzen Sie bitte Zimt aus Ceylon, der wirkt besonders stimulierend.

*Getränke:*

Natürlich ist Champagner auch als Aperitif wirksam. Das sind ebenfalls Rum-Getränke, grüner Chartreuse, Pastis und als Weißwein Claret.

Sie werden sehen, ich habe bewußt keine stark eiweißreichen Speisen empfohlen. Heute weiß man nämlich, daß *zuviel tierisches Eiweiß* sogar die Liebesfähigkeit *dämpft.* Überhaupt sind zu üppige Mahlzeiten »vorher« echte Gefühlsvernichter, denn viele Männer haben mit einem zu vollen Magen ein deutlich geringeres Orgasmuserlebnis.

Übrigens, wenn weder Ihre Fau noch Sie Kochkünstler sein sollten, dann hilft auch mal ein Griff zur Kapsel – und zwar drei mal täglich zwei Kapseln mit *Extrakten aus Austern und Algen* von CDD.

Sie sehen, was die Liebesküche für Möglichkeiten bietet. Doch bedenken Sie bitte, wenn nur einer von Ihnen stark gewürztes Essen, besonders aber Knoblauch oder Zwiebeln ißt, dann wirkt sein Schweißgeruch auf den anderen Partner unangenehm. Also essen Sie möglichst beide die gleichen Dinge, damit Sie danach auch die gleichen Dinge tun wollen.

Lieben heißt etwas gemeinsam erleben, es bedarf der Vorbereitung zu zweit.

Packen Sie es an! Und ich möchte sagen: »Wohl bekomm's!«

# Wichtige Adressen

Wenn Ihr Hausarzt nicht wissen sollte, an welchen Sexualmedizinern Sie sich in Ihrer Nähe wenden können, hier einige Kontaktadressen zum Nachfragen:

*Deutsche Gesellschaft für Andrologie*
Präsident: Prof. Dr. med. C. Schirren
Friedrich-Kirsten-Straße 25
D-2000 Hamburg 65

*Deutsche Gesellschaft für Praktische Sexualmedizin*
Sekretär: PD. Dr. med. I. Schmid-Tannwald
Frauenklinik im Klinikum Großhadern
Marchinistraße 15
D-8000 München 70

*Deutsche Gesellschaft für Sexualforschung*
Sekretär: PD. Dr. med. F. Pfäfflin
Abteilung für Sexualforschung
Universitätskrankenhaus Eppendorf
Martinistraße 52
D-2000 Hamburg 20

*Gesellschaft zur Förderung der sexualmedizinischen Fortbildung*
Präsident: PD. Dr. med. H.-J. Vogt
Dermatologische Klinik
der TU München
Biedersteinerstraße 29
D-8000 München 40

*Deutsche Gesellschaft für sozialwissenschaftliche Sexualforschung*
Präsident: Prof. Dr. med. E. Borneman
Gerresheimerstraße 20
D-4000 Düsseldorf 1

*Deutsche Gesellschaft zum Studium der Fertilität und Sterilität*
Präsident: Prof. Dr. med. W.-B. Schill
Dermatologische Klinik und Poliklinik
der Ludwig-Maximilians-Universität
Frauenlobstraße 9
D-8000 München 2

*Behandlung von Erektionsstörungen durch Injektionen (SKAT)*
Professor Dr. J. E. Altwein
Krankenhaus der Barmherzigen Brüder
Romanstraße 93
D-8000 München 19

Professor Dr. U. Jonas
Urologische Klinik
Medizinische Hochschule
Konstanty-Gutschow-Straße 8
D-3000 Hannover 61

*Penischirurgie und Einsetzen*
*von Penisprothesen*
Professor Dr. L. V. Wagenknecht
Städtisches Krankenhaus
Altenwalder Chaussee 10–12
D-2190 Cuxhaven

*Österreich*
Prof. Dr. med. K. Löwitz
AG für Fortpflanzungsbiologie
und Sexualmedizin
Institut für Medizinische Biologie
und Genetik der Universität
Schöpfstraße 41
A-6020 Innsbruck

*Schweiz*
Professor Dr. D. Hauri
Urologische Klinik
Universitätsspital Zürich
CH-8091 Zürich

PD. Dr. med C. Buddeberg
Psychiatrische Poliklinik
Universitätsspital Zürich
Culmannstr. 8
CH-8006 Zürich

*Liebeselixiere, Einreibungen und Badezusätze*
mit »Vit-Aromaten« erhalten Sie von
Centre de Diffusion
Reppersbergstraße 6
D-6600 Saarbrücken 1

# Literaturhinweise

ALTWEIN, STIEF und BÄHREN: SKAT (Schwellkörper-Autoinjektions-Therapie). *Zeitschrift für Allgemeinmedizin,* Bd. 63, S. 471–475, 1987.

ARENTEWICZ und SCHMIDT: Sexuell gestörte Beziehungen. Springer Verlag, Heidelberg 1986.

BADINTER: Ich bin Du. Piper Verlag, München 1988.

BANCROFT: Grundlagen und Probleme menschlicher Sexualität. Enke Verlag, Stuttgart 1985.

BAHR und KUPPERMAN: Testosteron – der Männlichkeitsfaktor. Was neueste Hormontherapie beim Mann zu bewirken vermag. Ariston Verlag, Genf 1994.

BOKUN: Wer lacht, lebt länger. Von der Heilkraft des Humors. Ariston Verlag, Genf 1987.

BUDDEBERG: Sexualberatung. Enke Verlag, Stuttgart 1987.

CHANG: Das Tao der Sexualität. Von der tieferen Weisheit des Liebens. Ariston Verlag, Genf 1992.

CHERFAS und GRIBBIN: The redundant male. Pantheon Verlag 1984.

DÖRNER, ROHDE, STAHL, KRELL, and MASIUS: A neuroendocrine predisposition for homosexuality in males. *Archives of Sexual Behaviour,* Bd. 4, S. 1–8, 1975.

EATON: Clomipramine (Anafranil®) treatment of premature ejaculation. *Journal of International Medical Research,* Bd. 1, S. 432–434, 1973.

EICHER: Seuxalmedizin in der Praxis. Fischer Verlag, Berlin 1980.

EISSLER: Goethe – eine psychoanalytische Studie. Band 1 + 2. Verlag Stroemfeld/Roter Stern, Frankfurt am Main 1984.

FRANK, ANDERSON, and RUBINSTEIN: Frequency of sexual dysfunction in »normal« couples. *New England Journal of Medicine,* Bd. 299, S. 111–115, 1987.

GESCHWIND and GALABURDA: Cerebral lateralization-biological mechanisms, associations and pathology (cognitive neurosciences). MIT Press, 1986.

GILBERT and STIEF: Spongiolysis – a new surgical treatment of impotence caused by venous leakage. *Journal of Urology*, Bd. 138, S. 784–786, 1987.

GLADUE, GREEN, and HELLMAN: Neuroendocrine response to oestrogen and sexual orientation. *Science*, Bd. 225, S. 1496–1499, 1984.

HITE REPORT. Bd. 1: Das sexuelle Erleben des Mannes. Goldmann Verlag, München 1982.
Bd. 2: Die sexuellen Vorlieben und Praktiken des männlichen Geschlechts. Goldmann Verlag, München 1985.

HITE: Frauen und Liebe. Bertelsmann Verlag, München 1988.

HUBER: Die Hormontherapie. Gesundheit, Jugendlichkeit, blühendes Aussehen. Ariston Verlag, Genf 1990.

HUBER: Hormone für die Schönheit. Haare – Haut – Figur – Gewicht – Cellulite. Ariston Verlag, Genf 1992.

HUBER: Kinderlos – warum? Antworten und Lösungen. Ariston Verlag, Genf 1991.

HUTCHINSON: The biological determinants of sexual behaviour (besonders Kapitel 2 »Early experience and sexual preferences«). Verlag Wiley 1978.

KAPLAN: Disorders of sexual desire. Verlag Brunner/Mazel, New York 1979.

KAPLAN: The illustrated manual of sex therapy. Granada Publishing 1981.

KAPLAN: Mit Diabetes leben, ohne zu leiden! Ariston Verlag, Genf 1987.

KINSEY, POMEROY und MARTIN: Das sexuelle Verhalten des Mannes. Fischer Verlag, Berlin 1966.

KOCKOTT: Sexuelle Funktionsstörungen des Mannes. Enke Verlag, Stuttgart 1981.

MASTERS und JOHNSON: Impotenz und Anorgasmie. Verlag Krüger/Stahlberg, Frankfurt 1973.

NACHTIGALL und HEILMAN: Östrogen. Was heutige sichere Therapie zu bewirken vermag. Ariston Verlag, Genf 1987.

NIESCHLAG, LAMMERS, FREISCHEM, LANGER, and WICKINGS: Reproductive functions in young fathers and grandfathers. *Journal of Clinical and Endocrinological Metabolism*, Bd. 55, S. 676–681, 1982.

REID, MORALES, and HARRIS: Double-blind trial of Yohimbine in treatment of psychogenic impotence. *Lancet*, S. 421–423 (1987).

ROSEN: Sexual deviation. Oxford University Press 1979.

SENGER: Was heißt schon frigid! Intimtatsachen, die auch jeder Mann kennen sollte. Ariston Verlag, Genf 1983.

SENGER und HUBER: Hormone. Was sie sind – was sie bewirken. Ariston Verlag, Genf 1989.

SIGUSCH: Therapie sexueller Störungen. Thieme Verlag, Stuttgart 1980.

SIPOVA, and STARKA: Plasma testosterone values in transsexual women. *Archives of Sexual Behaviour*, Bd. 6, S. 477–481, 1977.

SLAG, MORLEY, and ELSON: Impotence in medical clinic outpatients. *Journal of the American Medical Association*, Bd. 249, S. 1736–1740, 1983.

SCHWARTZ: Computer graphics show Mona Lisa is a self-portrait Leonardo da Vinci's. *American Art and Antiques Magazine.* New York 19. 12. 1986.

VON TANA: Das große Schönheitsbuch für die Frau. Ganzheitliche Schönheitspflege. Ariston Verlag, Genf 1994.

YALOM, GREEN, and FISK: Prenatal exposure to female hormones – effect of psychosexual development in boys. *Archives of General Psychiatry*, Bd. 28, S. 554–561, 1973.

# Sachregister